中国最后的状元相国——陆润庠

高小平　著

苏州大学出版社

图书在版编目(CIP)数据

中国最后的状元相国——陆润庠 / 高小平著. —苏州：苏州大学出版社,2014.11
ISBN 978-7-5672-1090-5

Ⅰ.①中… Ⅱ.①高… Ⅲ.①陆润庠(1841—1915)-生平事迹 Ⅳ.①K827=52

中国版本图书馆 CIP 数据核字(2014)第 224282 号

书　　名：中国最后的状元相国——陆润庠

作　　者：高小平
责任编辑：刘　海
策划编辑：周建国
装帧设计：吴　钰

出版发行：苏州大学出版社(Soochow University Press)
社　　址：苏州市十梓街 1 号　邮编：215006
印　　装：苏州工业园区美柯乐制版印务有限责任公司
网　　址：www.sudapress.com
邮购热线：0512-67480030
销售热线：0512-65225020

开　　本：700mm×1000mm　1/16　印张：18.75　字数：307 千
版　　次：2014 年 11 月第 1 版
印　　次：2014 年 11 月第 1 次印刷
书　　号：ISBN 978-7-5672-1090-5
定　　价：42.00 元

本书简介

这本书，不是史，也不是人物传记。读这本书，更多的是看尽机关百态，感受时世变迁，研究政治行政。或许比起读一般的历史来，会有别样的体验。

本书讲的是晚清一位状元大学士、末代帝师的事。他致力于发展中国近代民族工商业，曾经与张謇同时创办了大型企业，筹资建设沪宁铁路；他致力于维护中国的统一，反对签订不平等条约；他致力于推进政治和行政革新，参与了清末“官制改革”方案的设计；他致力于培养人才，改进官员考核方式，协助张之洞创办三江师范学堂；他致力于帮助维新人士梁启超获得平反，从日本返回祖国。

他对改革的态度是“成规未可墨守，新法斟酌行之，研求国内历史，以为变通”；他提出“顺直联动”的思想，在北京与周边省份之间建立用人、行政的合作机制；他是个清官，把钱财看得很淡，以“和、易”二字保廉洁；他做人、做官、做事，对人、对己、对朋友，既坚持原则又善于变通；他虽贵为三朝元老、当朝一品，但不摆老资格，始终像个刚出道的秀才，兢兢业业，忠于“当差”的职守；他对人文、历史有着精深的造诣，作为晚清最有成就的书法家，与翁同龢、刘春霖并称为“三绝”……

张之洞在临终前写下遗嘱，推荐他为预想中的君主立宪国家的首任总理大臣、最高行政长官。

他就是大学士陆润庠，中国最后的一位状元相国。

本书分为上编和下编，上编介绍陆润庠为官、做事的情况，下编介绍陆润庠为文、做人的情况。每一章后面有一段作者的点评。书中大量的插图，为陆润庠的书法作品。

序 一

近日，高小平同志完成了一部新作《中国最后的状元相国——陆润庠》（以下简称《陆润庠》），嘱我写序。小平是行政管理学界的专家，我哪里敢揭这个“榜”。但是他的理由非常充分，令我完全没有推脱的可能——这部著作的主人公陆润庠是我祖辈的至亲，而我又长期在行政学界从事教学研究工作，不论于私于公我的确都应该说些什么。

陆润庠是我祖母的伯伯。记得我很小的时候就听父亲说过，祖母家里是“祖孙状元”（陆润庠七世祖陆肯堂也是状元）。父亲还说，陆家和徐家是换亲。父亲的大姑妈嫁给陆润庠做儿媳，我的祖父则娶了陆润庠弟弟的长女，这便是我的祖母。也就是说，论辈分，陆润庠的儿子是我父亲的姑父，陆润庠的弟弟是我父亲的外公。因为是换亲，我的祖母婚后并没有离开陆家，父亲说他是在这个“宰相府”（父亲原话）度过的童年和少年。不过父亲从未多言祖上的事情，他甚至没有说过这两位状元姓甚名谁。在那个政治运动频仍的年代，祖上有状元就成了我心里的一个小秘密。上大学时，看到学校图书馆有《中国历代状元名录》，便突发好奇，去查清代陆姓状元，果然查到。心里还想，什么“祖孙”，中间隔了好几代呢。

陆润庠是同治十三年（1874 年）的状元，那年他不过 33 岁。他的七世祖陆肯堂是康熙二十四年（1685 年）的状元，时年 35 岁。今天想来，他们都属于少年得志了。陆肯堂考中状元以后一直在京为官，曾任翰林院修撰、翰林院侍读、殿试弥封官等，但是由于体弱多病，年仅 47 岁就在京病逝了。陆润庠的履历则远比他的这位状元前辈丰富得多，他一生经历了道光、咸丰、同治、光绪、宣统五个朝代，入京为官 40 年。这 40 年里，直接侍奉了同治、光绪、宣统三位皇帝。步入仕途后，他也是从翰林院修撰、侍读做起，此后做过多年的地方学政，中央各个部门的官员，在工部、礼部、吏部等多部任要职，最后入阁为协办大学士、大学士(相国)。从状元到朝廷的一品大员,陆润庠走过的是一条那个年代汉人的标准仕途。辛亥革命后,他不愿到新政权为官,忠心耿耿于清帝,做了末代皇帝溥仪的老师,被这位退了位的皇帝"封"为太傅,"赏"双眼花翎。1915年陆润庠病逝于北京,享年75岁。《清史稿》说他是"遇变忧郁,内结于胸而外不露。及病笃,竟日危坐,瞑目不言,亦不食,数日而逝"。家里人则说他是"饿死的"。这个"饿",当然不是"没饭吃",而是"不吃饭"。作为儒官,陆润庠笃信儒家礼教,在政治上就一定是传统秩序的坚定卫道士。面对辛亥革命推翻清王朝,袁世凯出任大总统后,准备称帝的混乱局面,他自感无能为力,最好的选择只能是"眼不见,心不烦"。在那个年代,陆润庠的选择应该是有代表性的。

陆肯堂、陆润庠都是从苏州走出去的状元。家谱说,陆氏"世居苏州阊门内崇真宫桥下塘",这个地方就是今天的苏州阊门内下塘街10号。2003年,苏州市文物委员会把"陆肯堂陆润庠故居"定为"控制保护建筑",2013年又列入苏州第二批古宅保护修缮工程。这个祖宅规模宏大,是陆肯堂高中状元以后购置的,至今已经有300多年的历史了。现在保留的"陆肯堂陆润庠故居"的建筑面积有2569平方米。家里老人说,其实,这不过是原来老宅的一部分,老宅的后院已经在战乱中烧毁,不复存在了。陆肯堂以后的子孙世代居住在这个祖宅里,陆润庠当时住在中院,我的祖母、也就是陆润庠弟弟陆菓这一家住在西院。祖宅里还有娘姨(裁缝)、厨子、司机等佣人的专门住处。不过辛亥革命以后,陆家衰败,子孙或为谋生,或为躲避战乱逐渐四散。新中国成立后,祖宅充公,陆家人彻底离开这里。现在即便还住在苏州的陆家后人,也只是把祖宅当作一种回忆。

家里老人说,老家里的家风严谨。陆肯堂曾留下三条家规,一是"僧道无缘",即不做佛事,不摆道场,不许和尚、尼姑、道士进门;二是不吃牛肉;三是不买田亩。陆家后代一直遵守着这些家规,甚至延续到我这一辈。在我的印象中,父母从来没有做过烧香拜佛的事,家里也从来不吃牛肉。记得初中在学校食堂吃午饭,那时的食堂是份饭,不知道菜名。有一天吃饭,我对同学说,今天这个肉的味道有点怪,同学笑我,说是牛肉。这是我第一次尝到牛肉的滋味,所以记忆特别深刻。至于这个家规的寓意,我想前两条应该是状元祖先对儒学和农耕文化的尊崇,第三条则应该是对儒家忠君思想的践行。帝王专制时代,"普天之下,莫非王土",不购置田亩,就是不与天子争利。此外,老家里对子孙的接人待物、言谈举止也是有严格规范的。小时,祖母和我们同住,她总是对我们说，“站要有站像，坐要有坐像”，她不许我们趿拉鞋，不许吧嗒嘴，客人来了不许喧哗，吃饭时筷子不许叼在嘴里，碗里不许留米…… 太多的“不许”不一而足。我长大后，偶尔见到陆润庠亲笔抄写的《朱柏庐治家格言》，不禁豁然开朗，祖母的这些“规矩”，不都是对“治家格言”的遵从吗？

尊敬师长，勤于修业，甚于炫耀祖上的功名，也是家风之一。陆氏家谱中有专门一页，按时间顺序恭恭敬敬地记载着曾授业于陆家的先生的姓名字号，相比之下，家谱对一族两位状元倒是一笔带过，老人对后人也不把祖上的功名挂在嘴上。不论是祖母还是父亲，都没有对我们提起过状元祖先的仕途，不是小平的《陆润庠》，我真的不清楚这位状元先祖做了些什么官。父亲可以告诉我家里有两位状元，但是却没说过他们的功名，这其中固然有那个年代的历史原因，但是可以肯定的是，在家人的心目中，状元的学术地位甚于一品大学士的官职地位。因为，陆肯堂、陆润庠两个状元在朝廷为官，全凭自己的学识、能力，而不是靠祖宗的官宦福荫。勤学、优学被家里的长辈用以激励晚辈顺理成章。

细读《陆润庠》让我感慨颇多，原来我的这位状元先辈还有这么丰富的理政思想，还有这么多可圈可点的政绩。我虽然从小就知道家里有一位状元先辈，但我对这位状元的了解，从来只是一个模糊的概念，遑论其政绩、思想。即便在清代的正史中，贵为一品大员的陆润庠的名字也鲜有所见。今人知道陆润庠的大名，也多半是因为他的书法，或者还有他的名医家世、状元门第，反正不会是因为他的政绩。甚至他的弟弟——我父亲的外祖父陆蕖，对他的评价都是，“什么大官都做过了，什么大事也没做成”。但是小平却在这部著作中系统、全面地记述了陆润庠的所作、所为，更挖掘了许多不为常人所知的陆润庠的所言、所思。他通过充分的史料告诉我们，陆润庠亲历了中法战争、中日甲午战争、戊戌变法、八国联军入京、辛亥革命、清帝逊位等中国近代史上的重大事件。作为那个特殊时代的高层官员，还是顺应潮流，在中国历史上留下了不少可圈可点的政绩。比如兴办洋务，他参与创办的苏州苏纶纱厂和苏经丝厂，是晚清最早的民族工业之一；比如致力吏部改革，他变革官员管理体制，在管理重心下移的同时，强化对官员的考评制度；比如肃贪惩腐，管理京城治安，他提出并建立了“顺直联动”机制，成效显著；比如抢救国宝《永乐大典》；比如釜底抽薪禁种鸦片；比如力主效法国际惯例，实行星期制度；等等。不过儒官自有儒官的特点，这便是《清史稿》对他的评价，“性和易，接物无崖岸，虽贵，服用如为诸生时”。陆润庠行事中庸，为官低调，一生清廉，这样的性格让他有别于历史上的风云人物，但并不妨碍他为国效力。否则,他怎么能40年不倒,且步步高升呢?

《陆润庠》为我打开了一扇了解近代中国行政史的新门,这样的阅读所得,远远超出了我满足好奇心的初衷。从1982年至今,我在政治学、行政学领域从事教学研究30多年,专业学习和研究的内容,除了本国的大政方针,更多的是向西方借鉴。尤其是公共管理兴起的这十几年,有的青年学者更是几乎到了"言必称希腊"的地步。比较之下,我们对自己国家古代的行政思想史、行政改革史进行研究的兴趣要小得多。《陆润庠》告诉我们,实际上在中国的典籍中,在中国历朝历代官员的政绩中,是不乏我们今天可以借鉴的行政思想和行政经验的。陆润庠当年科举的状元文就是讨论养老问题的,今天看来,文章中的一些真知灼见也未过时。陆润庠在任内没少改革,改革也不可谓不成功,而不为人知的主要原因,就是儒官的中庸秉性让他选择的是渐进式改革的路线。那么他这样的改革实践,是不是也可以启示我们,国家行政要顺应环境的改变而改变?而行政改革实行与否、何时实行、以何种形式实行等等,都应该是有规律可循的。陆润庠的行政改革实践就证明,"最小的改革是最好的改革",最小震动的改革,是最有可能成功的改革。中国历史上固然政治行政不分,但那是总体而言。其实在中国古代的行政历史中,除了行政监察、科举考选,还有很多的行政管理宝藏亟待我们去发掘。

小平不是学历史的出身,工作也和中国近代史没有关系,怎么会成就《陆润庠》这样一部人物传记?作者在书中解释说,写陆润庠的出发点,一是为研究中国近代史提供点滴佐证性资料及可能的启示,二是为抚慰乡情。但我并不认同他的解释,或者说,也许作者的写作初衷是这样,但这部著作实际带给我们的远不止这些。30多年的职业积淀和使命感,早已让作者的著作立意超越了乡情。这是一部行政学人写行政人的学术专著,而不是家乡人写家乡人的人物传记。众所周知,苏州从来不缺状元,当然也不缺为史传记的文化人。我们不妨随便上"百度"看看,今天拿苏州状元说事的大有人在。在他们那里,苏州状元要么成了旅游的"卖点";要么成了各类补习学校招生的镀金招牌;甚至,房地产开发商也可以从状元的名头中分一杯羹。但是,小平则完全不同,他以行政学人的视角在看苏州状元,如同他在《后记》中所言,他希望自己和读者,通过了解这个历史人物,了解中国的这段历史,了解当时中国的行政。这就是让我感慨的又一个方面。在行政学界多数人都热衷于向西方借鉴行政良方,向西方学者寻求理政思想时,小平却冷静地将目光转向了自己国家的历史,自己国家的历史人物。尽管我们都知道，什么时候“古为今用”“洋为中用”都应该是今人前行的“两条腿”，但是，曾几何时，我们对中国行政的研究就偏向了厚今薄古，所幸《陆润庠》可以做一些弥补。小平奉献给读者的这部人物研究，通过丰富翔实的史料，通俗流畅的文字，真实、生动地记录了一个晚清大学士（相国）的为官、为事、为人、为文。更重要的是，他用行政学人的眼光审视他的生平、思想、功绩，不仅运用了大量前人未曾提及的有关陆润庠生平的史料，而且从前人已经用过的史料中，也找出了状元相国主持行政改革的史实，以图为今人提供借鉴。更可称道的是，本书每一章之后，作者都通过“感言与物议”的形式带给我不一样的思考和启示。正是这样的探索性、开创性的著述工作，让近代的一段人物历史更接近原貌，也让作者的乡情跃出地域的束缚，成为学术研究的组成部分。

小平在著作中反复谈到一个观点，历史人物一定要放到他所在的那个时代去了解，不能用今天的眼光看历史的人物。我想，这是他写作本书的理念，也是我们每一个读者阅读这部著作时应有的心态。用这样的心态对待陆润庠这个人物，对待陆润庠所生活的历史时代，我们一定都会从中得到有益的感悟。

徐双敏

二〇一四年八月于武昌竹苑

序 二

在2014年7月中国行政管理学会与黑龙江大学联合举办的行政哲学研讨会上，我的学长高小平介绍了他关于末代帝师陆润庠的研究成果。会后，我提出要为其著作写序，高小平说已请陆润庠后人徐双敏教授为之作序，但还我是坚持写这个序，希望作为序二使用。这些年来，我写过许多序，但主动提出作序还是第一次。

我之所以希望为这本书作序，是因为我长期以来有着这样一个愿望，那就是想研究中国清末的社会治理变革的状况，想去发现从中国典型的统治型社会治理模式向管理型社会治理模式转变的逻辑。也就是说，这是一个我长期想做而没有做的事情，高小平现在做了这方面研究，令我无比兴奋，所以，颇想为之作序。需要说明，虽然是作序，实际上只是读了高小平的这本书的一些感想。

社会治理中的“变”与“稳”

表面看来，这是一本关于陆润庠的传记性作品，实际上，却是一本对清末朝廷困局进行全景描述的著作，作者扣住了陆润庠这个历史人物而对清末的变革时代进行了描述，特别是对官制改革的背景、动力、措施、困难以及结果进行了细致的分析，形象地展现了改革失败的原因和后果。也就是说，作者围绕变法的主线展开，对社会治理的各个方面做出了较为深入的分析。阅读中可以发现，高小平以清新的文笔闲话家常似地介绍了陆润庠，并以陆润庠为中心，说史论今，尽情挥洒，把社会治理变革的重大课题蕴于陆润庠的“行”和与陆润庠相关的“事”之中，使之活灵活现地展示给读者，让本应是学术上的问题在绘画般的直观描绘中呈现，从而让人强烈地感受到，行政管理、社会治理的历史其实是一串串生动故事。虽然高小平的这本书所述的是陆润庠这个人以及与他相关的事，一旦开始阅读就会发现，以陆润庠为线索去写晚清社会治理却是一个很好的切入点。因为，陆润庠一直是朝中重臣，以陆润庠为线索，可以对晚清政治、经济、文化、教育等各个方面展开描述与研究。正如高小平所指出的，写陆润庠这位中国王朝治理时期的最后一位状元相国和倒数第二位吏部尚书，是为了总结中国整个封建时期的行政管理思想及其经验、教训。

陆润庠在朝中为官经历了两次重大的变法运动，一次是“百日维新”，另一次是八国联军事件后慈禧主持的变法。特别是在后一次变法中，陆润庠是直接的参与者。我们知道，那是一个需要变革也想变革的时代，但清廷并没有在变革中度过危机，反而陷入了王朝的全面崩溃。正是这一点引起了人们持续的关注。这是因为，人类历史上的转折点并不只有那一次，在走向未来的道路上，相信还会遭遇历史性社会转型的问题，了解和认识中国清末这一段历史，是可以从中发现许多经验和教训的，至少，可以启发我们思考。就清末的变法而言，主要是受到外部刺激后而开展的行动，因而，在“稳”与“变”的问题上分歧巨大，特别是在变法的行动中患得患失，致使所变之处不仅无法收获积极成果，反而带来的是消极后果。由是观之，在变法的问题上，基本要义在于“变”，即不停歇地谋求变，不能停留，一旦歇脚，变法就会变味。这一点对于我们来说，可能会感受得更深，当改革转化为“维稳”的时候，任何一种意想不到的灾难性后果都可能发生。

今天看来，在改革的时代最容易产生的分歧是在“改革”与“维稳”方面。现在，人们在谈论“百日维新”失败时，总是将其归结为当事人及其权争，在我看来，光绪与慈禧之争恰是一个改革还是维稳的问题，百日维新的失败证明维稳战胜了改革。经八国联军事件后，慈禧亦意识到“变法”一途，经派员出洋考察，形成立宪之识，认为宪法是“安宇内、御外侮、因邦基、保人民”之根基，并预备立宪。然而，终究未能付诸行动。这说明，主张维稳的人在看到了维稳的后果后又会转向改革。然而，就慈禧的改革而言，可能是时机已过，由于到了社会贫富分化非常严重和矛盾随时都会激化之时，已经无法找到一个合适的改革路径了，因而，革命发生了。这说明，改革也有一个时机的问题，并不是在任何时候都适宜于改革。在某种意义上，改革需要发生在社会矛盾激化之前，而不是等待着社会矛盾激化之后再行发动。任何时候，一个社会都会存在着各种各样的矛盾，在矛盾面前，如果以维稳为先而不是以改革为重的话，只能会陷入越维稳越不稳的状态，甚至可能会因此而错失改革的时机。

清末的社会变革并不是一个自然过程，在很大程度上，这场变革是被动的，是因为外部刺激而做出的反应。1840年爆发的鸦片战争让国门被攻破,这对中国社会造成了一场巨大的精神冲击,促使国人在所有方面进行反思,要求变法图强。就此而言,是外在因素激发起了中国社会变革的要求,国人在寻求变革的目标与道路时,也是“以强为师”,是希望通过向那些欺负了我们的国家学习,希望达到了那些国家的水平而不再受欺负。这显然是一个极其简单的思维逻辑,但对于一个思维极度僵化的王朝而言,也只能停留在这个水平上了。尽管如此,在“学习什么”和“怎样学习”的问题上,还是存在着巨大的分歧。这些分歧正体现在对变法的态度上。在思想倾向上,陆润庠也是主张变法的,但与康、梁等人不同,他所主张的“变法”没有“维新”的追求,属于变法不维新。因为,从当时的情况看,“维新”包含着西化的内容,陆润庠是反对西化的。陆润庠看到了积法成敝,法敝而成弊,所以,主张变法。但是,他所希望的是消除流弊,而不是根本性的变革,所要维护的还是旧体制,避免这种旧体制受到西化的冲击。这显然是一种“改良”。其实,我们在评价清末变法历史时,也是将康、梁的变法维新主张归入“改良”的范畴,与康梁相比,陆润庠的主张则是更为温和的改良。这可能与他出身世代医家有关,其改良主张恰似一剂中药疗病的方子。

的确,一谈到改革,我们就会想到如何改的问题,因为改革的路径关系到改革的成败。从改革路径争执看清末的变法,也许会提出另一种假设——虽然历史是不可以假设的,但我们完全可以在历史中去寻找两种思路:如果光绪不去与慈禧开展政制方面的直接争执,而是着重于推进实业、教育等,促进市场经济的形成和发展,可能晚清中国的历史又当重写。事实上,在变革的时代,最容易滋生出激进的主张,一旦展开争论,就会指向基本制度方面。这样做往往是加重了改革的难度,增添了改革中的变数。所以,在改革的时代,温和的变革立场往往显得弥足珍贵。高小平认为陆润庠是一个温和的改革派,虽然他与翁同龢同为光绪的亲信,但在变法的问题上,显然有着不一样的考虑。正是由于这一原因,维新失败后,翁同龢被罢而陆润庠得以留下。在这个问题上,陆润庠与翁同龢的不同并不在要不要变法,而是两者在变法的路径上有着不同的立场。其实,正如高小平所指出的,在清末兴办企业、大举洋务的过程中,市场经济的各要素也迅速生成了,而且,在产权的问题上,出现了股份制因素;在经营管理方面,也有了“官办”与“商办”的问题。依此路径走下去,市场经济就会成长起来,就能够引领着改革的路径。也就是说,如果不是停留在政治体制的问题上进行争论,可能就不会出现“百日维新”,也就不会再有慈禧的二次变法。这一点可能对每一个历史转折点上的改革都具有启发意义。

在书中,高小平分析道:清廷的变法、新政等,都未能避免政治的崩盘,其深层原因是腐败、外患和人民的不满。面对这些问题,清廷急于求成、过于激进,从光绪到慈禧,都犯了要么不变法、要变就急于求成的错误…… 作者的这些分析是中肯的,在政治体系已经病入膏肓之时,不治便是等死,而下猛药则是促亡。所以,就清王朝自身的存续而言,陆润庠的改良之策应是可行的。如果视野放得更大一些,还可以看到,清末新政中是包含着放权、自治等内容的,今天看来,这显然是朝着社会治理现代化的方向行进的,可以说是一个正确的方向。但是,随着权力的下放,随着自治的兴起,地方上需要自主建巡警、设学堂,出现了大量财政需求,而这些财政需求又都着落在了百姓身上。政府为了补充地方财政的不足,除了加重地方税赋外,也把买卖官职作为一项重要收入,使腐败呈加速之势。百姓负担的加重在现实中并不是每一个人负担的平均加重,往往是以贫富分化的形式出现,特别是在把社会治理的成本下放的过程中,出现了腐败的问题,而腐败又会成为贫富分化的催化剂。剧烈的贫富分化又导致了社会矛盾的激化,从而使改革中断而以革命代替之。这也说明,在社会治理的问题上,并不是简单地放权和自治就能解决问题的。

长期以来,在民族主义精神的训导下,我们往往以人的行为是否有利于国家或民族而对人进行定性,把一些人归入爱国人士,而把一些人归入卖国贼。对于清末那代人而言,恰逢国家内忧外患之时,可以说,朝中大臣在忠君爱国方面是一致的。在这个时期,如果简单地把一些人归入"卖国贼"的行列,应当说是不符史实的,这与外敌入侵后一些人谋求自保而卖国是不一样的。然而,即便是朝中大臣都有着忠君爱国之心,在攘外治内的问题上,也必然会存在着激烈冲突,特别是在"稳"与"变"之间,呈现交锋之势也就不可避免,以至于处在决策中枢的每一个人都必须有着自己的立场。陆润庠是一位主张变革的温和派,他很少用言语去表达主张,而是用行动去响应变革和促进变革,从他"丁忧"期间举办企业来看,不仅仅是表达了救国情怀,而是要借此促变。既然最高统治者不思变革,那么,在自己能力所及之处,也用实际行动去促变,哪怕这种贡献是微不足道的,然而却是积极的和珍贵的。在变革的时代中,我们总会发现更多的人愿意去表达主张和提出意见,而在自己去行动的时候,却显得不甚乐意。其实,行重于言,具有改革愿望的人,应当首先用自己的行动去诠释改革,而不是空谈什么样的制度或什么样的政治模式更优。在这方面,陆润庠堪称楷模。

基于公共管理视角的新解读

高小平的这本书应当看作是一部对清末行政管理史进行探讨的学术专著，所要把握的是中国行政管理现代化的线索，特别是对清末官制的考察最为清楚。事实上，高小平着墨较多和反复提及的是陆润庠任吏部尚书期间的事迹和业绩。这说明作者更多的是从行政管理的专业角度来认识陆润庠这位清末历史人物的，希望寻找的是中国行政管理现代化的踪迹。当然，中国行政管理现代化的进程显然是外部因素影响多于自身的发展需求，是不能看作为一个自然演进过程的，也不是包含着主动性的自觉探索过程。但是，在外部因素如何转化为内在动力的问题上，还是有一些经验可以发掘的。

我们知道，公共行政学科是个舶来品，从事这个学科研究的学者们对西方（尤其是美国）的行政管理的理论、实践以及发展历史非常熟知，谈到某个方面的问题时，都可以如数家珍，然而，对于中国历史上的行政管理状况，却显得非常陌生，即使学识渊博的学者，也许只能从历史书中获得一个大概的印象。当然，在中国历史上的王朝治理阶段，并不存在现代意义上的公共行政，但王朝治理也是通过行政管理的途径而得以实现的。也就是说，在中国历史上，也存在着行政管理，有着与王朝治理相适应的完整的行政管理体系，也肯定包含着丰富的行政管理经验。其中，很多经验甚至教训都是今日之行政管理可以借鉴的因素。事实上，中国历史上的王朝治理一直是以官制为轴心的，是通过官制的不断调整去完善行政管理的。对于已经建立起了公务员制度的今天，这一点具有什么样的启发意义，可能是值得研究的。读了高小平的书，我们看到，他在“引子”中集中探讨了中国宰相制度的嬗变过程，虽然宰相只是中国历史上的官制中的一个官位，但作者在“引子”中对它的介绍显然是点明了全书的主题。

王朝治理条件下的官基本上是一种身份，不仅是由具有某种身份的人来承担，而且本身就意味着一种身份。与之不同，现代社会治理体系中的官仅仅是一种角色。官从身份向角色的转变决定了官制性质上的不同。考察清末官制，去发现官从身份向角色的转变，无疑是一个很好的切入点。当然，中国王朝治理中的官作为一种角色是可以追溯到秦王朝的，秦的“废分封、设郡县，废诸侯、设官吏”促使官制中的身份向角色转化，但是，直到清末，官一直保有身份和角色二重内涵。由于在整个农业社会的历史时期中政府并未在社会的层面上对身份制作出实质性的触动，导致官总是与身份联系在一起，或者说，官本身就意味着身份。不过，我们也应看到，尽管秦之后的官制中存在着时淡时浓的身份色彩，但身份与角色的二元共存格局已经确立起来，从而形成身份与角色相互制约的局面。中国农业社会历史阶段的社会治理状态是，在王朝治理的框架下，身份与角色是可以相互转化的，官员在身份制语境中的角色扮演也会把最终获得某个身份作为目标。可是，在历史行进的脚步中，我们却看到角色被一笔一笔地描绘得越来越浓重。到了清王朝后期，虽然人们所持有的依然是身份意识，而在实际行动中，却用角色行为向身份发出了挑战。

总体看来，农业社会是一个身份等级制的社会，社会治理也是建立在等级身份的基础上的。根据现代社会科学的认识，人的社会角色是在身份制解体的前提下出现的。正是因为人的社会角色的出现，才使人们之间的关系契约化成为可能，也正是在此意义上，才有了梅因所说的那种从身份向契约的转变。但是，正如我们所指出的，在中国王朝治理时期的官制中，官职尽管一直与身份缠结在一起，却留下了角色化的轨迹。中国官制的演进有着一条明晰可辨的踪迹，那就是身份的色彩逐渐变淡而角色的特征则越来越明显。到了清代，官制中的身份色彩已经变得很淡了，做官基本上成了一种角色扮演。对此，人们往往归于"满人"统治，但放在中国历史的发展过程中，却可以看到走到这一步的清晰轨迹。所以，中国王朝治理中的官制包含着向现代化逼近的迹象，官职的身份色彩的淡化和角色特征的增强，并不是可以用"满人"统治这种偶然事件来做出令人满意的解释的，而是一个包含在历史演进趋势中的目的地。

高小平的研究发现，清末的官制改革虽然流产，但在讨论和起草方案过程中形成的行政体制思想是有价值的，其一，包含了政治与行政分离的思想，既维系君主（政治）集权又建立内阁（政府）分权体制；其二，有了分权制衡的思想，在建立立宪政体的目标下，提出了将立法、行政、司法三权分开的要求；其三，有了职位分类、职权与职责一致的设想；其四，有了打破满汉身份差别、依资历和能力任用官员的思路；其五，有了设立相对独立的监察权的争论。从这些思想和准备实施的措施中，都可以看出明显的现代性色彩，这是学习西方政治、行政体制知识和文化的结果，但也包含着清末改革者自己的理解，特别是充分考虑到了中国君权统治的现实，在出于一种既要改革又不使君权成为激烈的反制因素的目的之下，新旧势力所做出的改革路径设计。也许以激进的眼光看，这是新旧势力妥协的方案，但是，在旧势力非常强大的情况下，如何迈出现代化的第一步，显然是意义重大的行动。在起草官制改革的方案时，陆润庠所努力追求的就是避免激进，而是首先迈出第一步。就此而言，既是务实的，又包含着为实现理想而打下坚实根基的设计思路。

清末的官制改革也是以机构改革为切入点的。比如，在官制改革的初期，是从“裁冗衔、裁吏役、停捐纳”开始的，这显然就是我们今天所说的机构改革。特别要注意到的是，在慈禧主持的改革中，官制改革是为“预备立宪”作准备的，它的成败决定了立宪能否启动。也就是说，机构和职能方面的调整是作为预备立宪的一个阶段来看待的。然而，在一个缺乏社会分工的社会中，在混权状态中，在自上而下的所有官员都追求权力的完整性的背景下，机构的调整必然会遇到巨大的主观阻力，而且会陷入了争权的斗争中，以致机构改革的所有设想都会落空。清末的改革正是如此，所以，“预备立宪”的改革在机构调整的过程中就卡壳了。就当时的情况来看，由慈禧主持的变法自官制改革开始，根据高小平的分析，当时所制定的方案已经具有了责任内阁制的雏形，这在很大程度上是派员出洋考察的结果，也是服务于建立君主立宪政体的目标的。然而，由于改革触动了既得利益，由于既有的权力结构没有列入调整的范畴，从而出现了权术上经营（如袁世凯等人试图趁机攫取权力等），引发了派系冲突，直至官制改革夭折。这说明，从机构改革着手是一条切实可行的改革路径，但是，机构改革如何与权力结构以及权力关系的调整结合在一起并实现同步推进，则是机构改革能否成功的保证。虽然这是一个技术性的问题，却是至关重要的。

显而易见，机构改革可以导向政治腐败的方向，也可以导向政治清明的方向。当权力下放的时候，让地方拥有了更多的自主治理权，也就意味着这种自主治理权会成为压榨剥削民众的自由放任。这样的话，地方为了营造所谓业绩，就会加重税赋，即使税制不变，也会变着法儿把各种各样的负担加予百姓。结果就是贫富分化、社会矛盾激化。再者，在预备立宪的改革中，从思想线索来看，主要停留在要不要学习西方以及学到什么程度的问题上，而不是通过改革去寻求社会治理的现代化。也就是说，在造就一个什么样的治理模式方面，缺乏明确而系统的构思。应当说，君主立宪政体并非不可行，关键是这一政体中所包含的现代化内涵没有被清末的改革者所理解。最为重要的是，在每一个社会变动时期中，都可以看到投机者的身影，而且可能是极其活跃的，在每项改革进程的启动之时，都必然会有野心家去窥视可资利用的机会。所以，每当这个时刻到来时，社会就会变得较为复杂，改革的进程就会有着更多的变数。由于存在着这一问题，在改革的过程中防范野心家的投机行为也是改革者必须充分考虑的。总的说来,清末的改革应属于从统治型社会治理模式向管理型社会治理模式转变的范畴,然而,统治者却将改革理解成强化统治的举措,或者说,将改革理解成对统治方式的调整。这就决定了改革必然流产。

高小平注意到了清末朝廷在机构上的变化,虽然“百日维新”以及清朝垂亡前由慈禧亲自主持的变法都失败了,但也并非一无是处。在变法维新的过程中,朝廷各部门的职能发生了较大变化,其中包含着现代化的内涵。按照高小平的说法,原先,朝廷的各部门类似于皇帝的秘书性机构,而在清末的变革过程中,朝廷各部门逐渐在事务性的方面获得了较大的自主性,可以在获得皇帝认可和批准的条件下放手开展行动。这说明,政府机构的性质在清末已经开始发生变化。虽然在王朝治理体系中发生的这种变化依然从属于统治的需要,但在机构自主权的增长中,却包含着管理的内涵,反映了管理的需求。也就是说,在清末变法的过程中,机构改革适应了管理的需求,管理的内涵进入了量的增长的阶段。如果这种演进达到某个阶段的话,突破其统治的外壳应是可以期待的。

在清末官制改革中,陆润庠是参与者,或者说,吏部尚书这一角色决定了他也是主持人。根据高小平的考察,在清末的官制改革中,陆润庠的一份奏折促成了《行政裁判院官制草案》这份可以看作中国历史上第一份反映了行政法治思想的立法草案。虽然它因革命的爆发而未得实施,但思想的历史往往并不以具体的历史事件而更改前行的道路,在思想史的行进轨迹中,将此确认为中国行政法治的始点,应当说是不会有争议的。尽管这一行政法治思想来自西方,但它包含着对中国历史上的官制经验及其积弊的深入省察,是可以付诸实施的。事实上,在后来北京国民政府的实践中可以清晰地看到,陆润庠的这一行政法治的思想得到了保留。另一方面,在机构的调整中也同样可以看到新的因素。一般说来,在集权体制中,行政部门内设监察机构是必要的。在清末官制改革中,陆润庠不赞成盲目照搬西方三权分立体制,坚持在行政部门中设立“都察院”,这无疑是对当时王权结构的深刻体察而形成的设计思路。

另外,陆润庠任吏部尚书期间大力推行了考核制度。应当说,对官吏进行考核是一项古已有之的做法。陆润庠以自己的博学多识,熟知中国历代官制中的考核措施,但他不仅仅把历史上的成功经验加以应用,而是有所创新,即把考核制度与权力结构结合在一起加以应用,按照层级结构建立起逐级负责的考核制度,而不是由中央全面掌握考核权。此时,在西方,正是马克斯·韦伯构思官僚制之际,就陆润庠对官吏考核制度的设计而言,可以清楚地看到科层结构的色彩。就此而言,可以说是一项组织模式现代化的自发行动。高小平认为,陆润庠任吏部尚书期间所推行的官吏考核措施已经具有了“绩效考核制”的性质,果若如此,不能不说是官制现代化的重大举措。我们知道,“绩效考核制”是与现代公务员制度联系在一起的,是公务员制度的一个重要组成部分。在王朝治理的条件下,不可能提出公务员制度建设的要求,但是,在旧官制中引入考绩制,却是可以促其变化的,而变化的方向无疑就是公务员制度的建立。所以,陆润庠所引入的官吏考核制度如果具有考绩制的性质,对官制的改革而言,其意义是巨大的。也就是说,在施行的过程中必将促使官制发生根本性的变革,并有望把旧官制改造为现代公务员制度。同样,在陆润庠主持吏部期间,还引入了官员任职培训制度,这也无疑是一项具有现代性的官员教育理念,包含了专业化的追求。

我们必须指出,在社会治理体系中,官吏的作用也许不应被夸大,但是,官吏的行为如果是与某种官风一致的,其作用还是不能低估的。从晚清的情况看,即使陆润庠主持吏部时对官制进行了改革,但在“正官风”方面并没有找到很多切实措施。所以,机构的调整和人员的精减都不可能达到目标。这一教训是值得记取的,在机构改革的过程中,官风败落的有害性是巨大的,它不仅会成为导致腐败泛滥的因素,还会促使整个社会风气败坏。在某种意义上,清末改革的失败是与官风败落、世风日下联系在一起的。在社会转型的时刻,社会治理体系的变革从机构改革着手是一项硬任务,但是,它必须在“正官风”这项软任务方面也有着切实可行的措施。官风正则可以使机构改革事半功倍,反之,官风不正则机构改革不仅无法取得预期效果,反而会流产。这一点不仅清末的改革者没有意识到,也可能是其他历史转型期中的改革者未能充分认识的问题。

在社会治理中,如何解决社会保障的问题是一个非常重要的课题。当前,社会保障的问题也是一个热点问题,所以,高小平在这方面着墨不少。高小平以陆润庠的状元文为着力点去阐发他关于社会保障方面的想法,指出陆润庠的状元文虽然是以《孟子》议论为题的考试文章,但其中包含着“分工”和“轮作”的思想,有着直指效率的追求。这一认识应当说是准确的,在清末的历史条件下,已经产生效率意识是可信的。正是这一点,包含着走向社会治理现代化的内涵。也就是说,有可能促进社会治理从统治型模式向管理型模式转变。在今天，社会治理体系已经被打造成了一个分工—协作体系，但是，在这种分工—协作如何优化的问题上，如何成为一个全社会的积极因素都被纳入其中的分工—协作体系的问题上，显然还是有着许多文章可做的。如果考虑到时代已经不同了，我们今天正处在一个后工业化进程中，那么，不仅仅是一个如何优化分工—协作的问题了，可能还需要实现进一步的升华，即建构起新型的社会治理模式。

对历史演进逻辑的研究

我是不太相信历史书的，我认为关于历史的描述很难具有真实性。以我们亲身经历的“文革”为例，在我所读到的关于“文革”的作品中，几乎全都存在着似是而非的问题。在我们这些经历了“文革”的人还活着的时候，就已经把“文革”写得面目全非了，后人在回顾这段历史的时候会写出什么样的东西呢？但是，我相信历史事件背后的逻辑，或者说，对于历史事件，只有从历史演进的逻辑中加以解读，才能真实地把握之。高小平的这本书以陆润庠为线索去写晚清历史，着重把握的恰是历史事件背后的逻辑。换言之，严格地说，本书不是对历史的研究，而是对历史逻辑的研究。而且，在写陆润庠时，作者心中所想的正是当下的现实，在每章后的评议之中，总是试图发掘一些具有启发意义的要素。的确，在历史中是可以发现大量对现实行动具有启发意义甚至指导意义的因素的，以史为鉴并不仅仅是从中发现教训，也包含着经验。但是，我们也必须看到，每个时代又都有着属于自己时代的问题，即使是表面上看来相似或相同的问题，所在的背景也是不同的，如果在一个系统中看，参与互动的因素更是不同。就社会治理而言，陆润庠所在的时代是一个从统治型的社会治理模式向管理型社会治理模式变革的时代，清廷之所以被革命，从根本上说，是没有担当起这场变革的使命。在这一点上，其启发意义是最为可靠的。如果看不到这一点，而是在具体的事件中去看问题，就会模糊不同历史阶段的界限，就会使我们时代中真正重大的课题游离于视线之外。

这本书所展示的王朝衰落时那种颓败之象是发人深省的，用以镜鉴，必获大益，愿这本书能尽早到出版，让我们能在阅读时对照自己所生活的社会，以增危机意识和改革的紧迫感。高小平的目标是要通过一件又一件小事连接而成的轨迹去考察清末变革时代走向现代化的踪迹，因而，作者围绕着陆润庠这个人物进行了细腻的描写。比如，他从星期日休息的西方定制在中国的引入而去领悟社会时空以及连续性与中断性的哲学奥义，并从中发掘中国现代化的标识物。由于这本书对人对事的描写非常细腻,增强了学术性,不仅对于希望了解那个变革时代的读者,而且对于研究者而言,都可以从中发现有价值的因素。也就是说,高小平的这本书所叙述的是封建王朝解体的过程,考察的是封建王朝垂危之际的改革过程,但这段历史中却包含着一些在今天具有启发意义的因素。我们今天也处在一个改革的时代,相似的争议今天也存在,尽管我们在改革过程中已经取得了巨大进步,但是,如果不是把改革看作为走向一种新型社会治理模式建立的步骤,而是满足于学习西方的话,就无法走出一条新路。那样的话,在复制西方成功经验的过程中就会把中国社会改造成与西方相同的社会。事实上,这是不可能的,不仅在世界的中心—边缘结构中西方发达国家不允许中国成为它的复制品,而且在全球化、后工业化浪潮激荡的条件下,我们也不具有复制西方经验的条件。

读了高小平的这本书,对陆润庠的敬意油然而生。因为,在列强打破中国国门的时候,民族自觉意识尚未生成,那个时代的人因畏惧列强而崇敬列强和学习列强是自然而然的,所以,会有"兴洋学、办洋务"之举,会要求把西方的制度以及具体的体制都移植过来,而陆润庠在此过程中却能够保持一份独立思考,并用自己的实际行动而有取有舍。现在,中国社会已经有了自觉的条件,而一些人却表现出超强的对西方的依附心态,认为那是成熟的,是可以无条件搬用的。我对此一直是持怀疑态度的。事实上,人类社会正处在一个根本性的转折时期,全球都面临的着后工业化的课题,即便是西方社会,也必须面对这一新的课题提出的各种各样的挑战,我们有什么理由定位于简单的学习和模仿,而不是去与西方一道解决那些全球性的课题?

张康之

2014 年 8 月

目　录

引 子

远在他乡工作的人,最想念家人。收到来自家中的书信,常常是一件喜事,“家书抵万金”,那是说的报平安的,如果是家里人生病了,那这封信的分量可就重了。

1894年的一天,国子监祭酒陆润庠[①]正在给学生上课,突然门房的当差老董火急火燎地跑来,连门都没敲,就大喊:“大人,您府上来急电了,赶快看看吧!”陆润庠略带愠意地看了他一眼,接过了电报,打开一看,脸色大变。但他很快和颜悦色地对当差的说了句“你忙去吧”,又接着上课。

一下课,陆润庠立即回到办公室,再次打开电文,上面只有五个字:母病危,速回。他马上叫来老董,说:“你等我一下,我要写个告假的奏折,写好后你立即送进宫去。”

中国古代有个制度,官员的父母病危、去世,可以告长假,最长可以三年。

陆润庠的告假折子第二天就被恩准了。他这一回家,照料了病重的母亲,处理了母亲的后事,还做了一件当时惊天动地的大事情:他在家乡创办了两家大型工业企业,这两家企业成为晚清工业革命的新起点。

这世界上不公平的事真不少。

比如,对待历史、对待历史人物,我常有一种“不平”之感。中国历史上的皇帝,大家一般都记得住,而相国就往往忽略了;离现在最近的清朝末期的事情,大家都知道得不少,而人物呢,只记得那几个叱咤风云的封疆大吏,更多的跑跑颠颠当差的官员则被忽略了。这反映了国人历史观上存在着一定的片面性。用现代危机管理的理论分析,属于只看到了冰山露出水面的部分,而不去注意

---

① 庠(音xiánɡ),古代称学校为“庠”,又与“养”同义。《说文》:礼官养老,夏曰校,殷曰庠,周曰序。《孟子》:庠者养也,校者教也,序者射也。

和管控风险的源头，这要是当了船长，他驾驶的这条船很可能会像泰坦尼克号那样被冰山撞沉。对于晚清汉人相国陆润庠的被历史冷落，我就觉得是这么回事。

中国历代状元相国

“状元相国”在中国历史上是文人追求的最高目标。“状元”代表了学术地位的最高境界，“相国”代表了社会地位的最高境界。“状元”是学习“最好”的代名词，三百六十行，行行出状元，便是说通过学习可以达到业界的顶峰。午门是紫禁城的正门[①]，可以从午门出来的只有三个人：第一个是皇帝，第二个是皇后，第三个就是状元。皇帝至高无上，皇后代表了朝代的世代繁衍与因袭，状元则是代表了国家对知识的繁衍与因袭。“相国”是行政“最高”的代名词，是通过人的努力能达到的官场职阶顶峰，一人之下，亿万人之上。能把“状元”和“相国”两大头衔合而为一，此人必定有过人之处。

在中国科举历史上出的状元有504名（不含武状元）[②]，但一共只有40个状元相国。

状元是科举的产物。中国科举选官的制度自隋朝开始，隋朝之前不是靠考试选拔人才，而是靠举荐，就是大领导推荐自己熟悉了解的人当小领导，或者当自己的接班人，所以任用人的吏制实行的是举荐制。

隋朝开始实行科举选任的干部管理体制，但是属于初创阶段，只选拔秀才、进士，由于统治时间短，总共也没考几次，秀才加上进士就12人。因此，隋朝没有状元相国这一说。

唐代出了251名状元，其中地位达到宰相者有10人。在唐代初期一个也没有，中唐出现了1个，中晚唐之交有3个，唐末集中出现了6个，唐代状元相国占状元总数的3.98%。而这10位状元相国除了郭子仪在平定安史之乱中发挥了重要作用外，其他人基本上都没有很好的归宿，任期都没有超过5年的，死于非命的倒占了一半，这是因为唐朝没有在制度上把读书与当官很好地统一起来。唐朝的科举制为文化发展服务得比较好，状元里出了不少文化名人，如张

---

① 子午是中国传统的说法，在中国的传统方位中，子是正北，午是正南，所以故宫的正门被称为午门。经线在中国又被称为子午线。

② 晓华：《中国历史上出了多少位状元》，《先锋队》2005年第9期（下半月刊）。

九龄、王维、柳宗元、贺知章等。

宋代是一个崇尚文治、重视知识分子、重视用知识管理国家的朝代，开国君主赵匡胤就曾说过“宰相须用读书人”（宰相即相国，明朝之前多称宰相）。状元相国登上历史舞台，能发挥一定的决策作用，正是从赵匡胤开始。宋代的第一位状元相国是河南洛阳人吕蒙正（946—1011 年，字圣功），他以优美的文笔、敏捷的才思，获得了皇帝的青睐，成为太宗朝第一位钦点的状元。吕蒙正发展很快，仕途 11 年就登顶，成为宋代第一位状元相国，也成为中国历史上第一位发挥重要作用的状元相国。“公侯头上堪走马，宰相肚里能撑船”说的便是这位吕蒙正，他是一位大度的宰相。初次担任参知政事（副宰相）时，有一个陌生的中级官员指着吕蒙正说道：“这小子也能当参知政事啊？”吕蒙正假装没有听见，径直走了过去。其他大臣愤愤不平，斥问说这话的人叫什么名字。吕蒙正赶紧制止，说道：“一旦知道了他的名字，便终生不能忘记，还不如不知道啊！”听到这话的人无不叹服吕蒙正的气度。吕蒙正不仅大度，而且能力极强，因此遭人嫉妒，三度当宰相，三度被免职，开创了中国政界“三起三落”的先河，后来，慈禧也有过两次发动政变、三度垂帘听政的“三起三落”的经历。宋代还有一位状元相国，就是宋末的文天祥，其取得的成就这里就用不着说了。

元代时期的科举，将蒙古人、色目人和汉人、南人分别取士，一共产生了 32 名状元，没有一个当上宰相的。有个名叫普颜不花的人，他的官位是中书参知政事，相当于副宰相，是元代所有状元中达到的最高职位。

明代的科举比较正规，状元中一共出了 17 位相国（朱元璋取消了宰相一职，大学士相当于宰相、相国）。其中李春芳（江苏句容人）曾任吏部尚书、中极殿大学士，《明史》称李春芳居官恭慎廉洁，持论平允，不事操切，有所作为。顾鼎臣（苏州人）也不同凡响，他在考试时有意将试卷末尾留出 19 行空白，而这一次的阅卷大臣恰巧 19 人，按照当时的规定，每个阅卷大臣都要写上自己的评语，大家一致感叹道：“此人用心不凡，我们每个人写评语的地方都留好了！”于是，便推荐了他，皇帝听了这个故事，也就点了他为状元。顾鼎臣是明朝中期的经济学家，《明史·食货志》记载有他提出的关于经济的主张及动议。古代的田赋是国家的重要财政来源，“自洪武迄弘治百四十年，天下额田已减强半”。天下额田已减少一大半，国家的税收财政已无以为继。据此，顾鼎臣提议重新丈量全国田亩，清查庄田，还田于民，改革赋役制度。于是，世宗敕谕户部清查庄田，对被强占之民田，都归还原主。此外，他修筑昆山城，抗倭保家乡的事迹也在江南广泛流传。

清代做了状元相国（清沿袭明代的制度，不设宰相，设相当于这一级别的大学士）的一共14位，名单如下：

顺治年间有山东聊城傅以渐（武英殿）、江苏武进吕宫（弘文院）、江苏昆山徐元文（文华殿）；

乾隆年间有江苏金坛于敏中（文华殿）、广东番禺庄有恭（协办）、浙江会稽梁国治（东阁）、陕西韩城王杰（东阁）、江西大庾戴衢亨（体仁阁）、江苏吴县潘世恩（武英殿）；

道光年间有直隶南皮张之万（东阁）；

咸丰年间有江苏常熟翁同龢（协办）、安徽寿州孙家鼐（武英殿）；

同治年间有江苏嘉定（现属上海）徐郙（协办）、江苏元和陆润庠（东阁、体仁阁）。

由于光绪和宣统年间的状元没有当上相国的，所以陆润庠就成为中国历史上最后一位状元相国。

宰相的地位

宰相是中国古代最高的行政长官。“宰”，就是主宰的意思；“相”，字本义为相礼之人，引申有辅佐之意。既是主宰，又是辅佐，这就是宰相，也简称为相。因为真正的主宰者是皇帝，而宰相是跑跑颠颠的当差官员的总头头，是对君主负责、总揽政务的人，实际作用就是皇帝身边专管日常政务的秘书长。商朝时为管理家务和奴隶之官；西周和春秋时期有执掌国政的太宰、公卿，是为官的通称。宰相联称，始见于《韩非子·显学》，但只有辽代以其为正式官名，其他各代所指官名与职权广狭则不同，而且名目繁多。

关于宰相职责，西汉的丞相陈平有过总结：“宰相者，上佐天子，理阴阳，顺四时，下遂万物之宜，外镇抚四夷诸侯，内亲附百姓，使卿大夫各得任其职也。”

宰相的正式官名随着朝代的更替，先后出现过相国、丞相、大司徒、侍中、中书令、尚书令、同平章事、军机大臣、内阁大学士等多达几十种官名，通常民间用“相国”一词较多。据记载，早在商周时代已有太宰、尹、太师之称，这些官职虽有辅佐天子管理国家之意，但在当时尚不具备国家机器中幕僚长阶的性质。到了春秋战国时代，“相”的名称出现了，如管仲为齐国相，蔺相如为赵国相。由于当时养士之风盛行，不少有知识的人被各国招聘为相。秦国由于变法彻底，发展迅速，是战国时代第一个设立郡县制的国家，并于秦武王二年（前 309 年）任樗里疾、甘茂为左右丞相。丞相之名由此而始。秦始皇统一六国后，宰相作为官制首次被确定下来。在秦以前的殷周时代，国家的最高统治者是通过分封诸侯进行统治的，商朝的王或周朝的天子不能干涉分封国的内政，又因分封国的国君由贵族世袭，所以天子无权解除他们在分封国的统治权力。秦之后，废分封，设郡县，废诸侯，设官吏，皇帝不再通过宗法亲缘关系进行统治，改为通过任命官僚向全国发号施令，因此有必要组织一套官僚机构，并借助于宰相、大臣辅佐政务。宰相就在这一历史条件下产生了。这种宰相制一直沿袭了两千多年。

清代相当于宰相的大学士、军机大臣的人数，每一时期有所不同。光绪年间 53 人，宣统年间 12 人。

需要特别说明的是，古代的宰相与现代国家的总理、首相等职务是有着很大区别的。工业化以来，政治与行政有了分工，国家治理实行决策与执行分开制度，政治和行政各自组成自己的体系，行使法律规定和允许的职权，议会、政党管决策，政府、行政系统管执行。政府的首脑在本组织系统中具有决定权，不再充当别人的“秘书长”的角色。当然，这种区分是相对的，政府的执行者的地位，决定了它仍然受政治的管辖，宰相的影子依然存在。毕竟，现代化也是从历史走过来的啊。

本书里的主人公陆润庠就是一位宰相，也就是做具体行政管理工作的那类官员。老子说：“为无为，事无事，味无味。大小多少，报怨以德。图难于其易，为大于其细。天下难事必作于易，天下大事必作于细。是以圣人终不为大，故能成其大。夫轻诺必寡信，多易必多难。是以圣人犹难之，故终无难矣。”（《道德经·第六十三章》）

官大还是官小，是相对而言的。做的事情属于大还是小，倒显得更加重要。让我们来看陆润庠和他做过的事吧。

绪 论

40 年官场人生与 150 年前的中国

陆润庠这个名字，知道的人并不多，原因在哪里呢？这个以后再分析。陆润庠是 100 年前的人物，但是我总觉得似乎离我们不远，他的背影隐约就在前面，我一直希望他掉转头，回看我们一眼，也让我们看清楚他的面容。

40 年官场人生

陆润庠，字凤石，号云洒，生于清朝道光二十一年(1841 年)，卒于民国四年(1915 年)，苏州府元和县(今江苏苏州)人。①

陆润庠于清同治十三年甲戌(1874 年)成进士，殿试一甲第一名，成为清朝第 101 名状元②。他入仕以后，从任翰林院修撰开始，先后任提督山东学政、国子监祭酒、都察院左都御史、厘定官制大臣、工部尚书、吏部尚书、东阁大学士③、体仁阁大学士、弼德院院长。官至一品，授太子太保衔。逝后被追授太子太傅衔，谥号“文端”。陆润庠曾经陪光绪皇帝读书，又做过末代皇帝溥仪的首席师傅，成为继翁同龢之后的另一位两代帝师。当时的人们这样说陆润庠：祖上三代状元，本人两朝帝师。辛亥革命后，陆润庠拒绝加入北洋政府，居青岛，病逝于紫禁城宫中。

---

① 清代苏州府所辖九县、二厅，吴县、长洲县、元和县(雍正二年即 1724 年析长洲县置县)、昆山县、新阳县(雍正二年即 1724 年析昆山县置县)、常熟县、昭文县(雍正二年即 1724 年析常熟县置县)、吴江县、震泽县(雍正二年即 1724 年析吴江县置县)、太湖厅(乾隆元年即 1736 年于洞庭东山置厅)、靖湖厅。元和县与吴县、长洲县衙同置苏州府城内(今苏州市古城区)。元和县辖境北起阳澄湖，东南抵角直、陈墓、周庄。1912 年元和县并入吴县。1995 年撤销吴县，设吴县市(县级)，2000 年撤销吴县市，改设苏州市吴中区和相城区。2012 年吴江撤市设吴江区。

② 老苏州人说“第一”“唯一”“一个”这类词常常不直接说，而是说“一百零一”，可能缘于此。

③ 明代和清代的大学士是文官中最高级别的官员，政治地位相当于宰相。

陆润庠一生经历了从道光到清末五个皇帝，是同治、光绪、宣统三朝为官的元老，历经了中法战争、中日甲午战争、戊戌变法、八国联军侵华、辛亥革命、清廷逊位等重大历史事件。在任时参与了很多重大政治活动，先后在清政府的六个部中的四个部任要职，还以尚书衔兼管理顺天府（相当于以国家副总理临时兼北京市市长）。

陆润庠一生做了很多值得一书的事情：他致力于发展中国近代民族工商业，曾经与张謇同时创办了大型工厂，筹集资金建设沪宁铁路；他致力于维护中国的统一，反对签订不平等条约；他致力于推进政治和行政革新，执笔起草了清政府的“变法诏书”，参与了清末“官制改革”方案的设计；他致力于培养人才，改进官员考核方式，协助张之洞创办三江师范学堂；他致力于帮助维新人士梁启超获得平反，让他从日本返回祖国……

陆润庠秉持中庸的从政理念，为人平和，为官廉洁，行事上属于开明型保守派。他最有名的是书法，这也是他留给后世的主要遗产。

作为中国历史上最后一个状元相国，作为清王朝 275 年中汉族人在清廷官阶最高的官员之一，作为一言一行对晚清历史有重要影响的人，作为完成了一个传统知识分子最高追求的文化人，可惜的是清史研究者对这位历史人物重视不够，研究很少。我既理解又不太理解。这也是我撰写这本书的初衷之一。

150 年时间跨度的意义

综观中国的历史，每隔 150 年，或者 150 年的倍数，常常会有大的事件发生，成为转折点或者是转折过程中的一个大的节点。如果把历史当一条线的话，每隔 150 年就是一个带有标志性的点，这些点连起来，就是一部比较完整准确的历史。

为什么 150 年的时间长度有这样的效应？

根据世界卫生组织 2013 年 8 月 15 日发布的《2013 年世界卫生统计报告》，全球 194 个国家和地区的卫生及医疗数据显示，2011 年，中国人均寿命 76 岁。该《报告》称，全球平均预期寿命已经从 1990 年的 64 岁增加到 2011 年的 70 岁；日本、瑞士和圣马力诺三国人均寿命为 83 岁，澳大利亚、冰岛、芬兰、以色列、新加坡等国人均寿命为 82 岁；中国的人均寿命为 76 岁；非洲的布隆迪、喀麦隆、中非和莱索托等国人均寿命为 50 岁左右。中国国家统计局 2012 年公布的第六次全国人口普查详细汇总资料显示,2010 年我国人口平均预期寿命达到 74.83 岁。两者的数据是一致的。

150 年正好是中国人的平均寿命的两倍,这是说,150 年是医学意义上的两代人寿命总长度,也是社会学、人类学、法学意义上的七代人的代际长度之和[①]。古代的中国人平均寿命肯定比现在短,但是,重要人物由于生活水平和医疗条件显然比较好,平均也超过 70 岁,所以可以笼统地归入其中。

现在我们要来分析的问题是:七代人有什么特殊的意义呢?

首先,每隔 150 年、七代人换一个朝代,或者 150 年的两倍换一个朝代的事,在中国不少。夏朝、商朝和西周大体都在 300 年左右,西晋 151 年,南北朝 169 年,唐朝近 300 年,北宋 167 年,南宋 149 年,明朝、清朝都是近 300 年。中国近代史就是从 150 多年前开始的。

然后,更加重要的是,从中国现代化的进程看,最近的两到三个 150 年,实在是关键环节,我们的先人抓住了机遇,就有大发展,就离现代化近了一步;没有抓住机遇,就在现代化的路上落伍了。

从现在往前推,300 年前,18 世纪初,中国充满了自信,开始建设圆明园。但是,150 年前,19 世纪的 60 年代(咸丰十年),圆明园被烧毁。再往前看,3 个 150 年,即 450 年前,1564 年(嘉靖四十三年),明朝中后期鼎鼎大名的政治家张居正进宫,成为裕王朱载垕的侍讲侍读,他利用侍读兼任国子监司业的职务,熟悉了很多后来进入官场的人,积累了大量人脉,在万历年间成为内阁首辅。掌握权力后,他大力推动国家实行了著名的“万历新政”改革,使他成为继商鞅及隋唐革新之后直至近代前夜影响最为深远的改革家。

还要再往前推吗?600 年前,明成祖朱棣在位(1402—1424 年),年号永乐。郑和七次下西洋,加强了中外友好往来,维护了中国版图的统一与完整,发展了文化事业。郑和出海巡游世界用的船,比麦哲伦的船大 10 倍!公元 1421 年,明朝的首都由南京迁到北京。当时中国的版图是这样的:东到今朝鲜、日本(属国)、琉球群岛,西到帕米尔高原(今巴基斯坦境内),南到今越南、老挝、缅甸全境(印度洋出海口),北至外兴安岭及北蒙古(西伯利亚)。不仅如此,海外的马来西亚马六甲(明朝时称为满喇加)、缅甸北部(明朝称为木都剌)和印尼中部

① 按照法律上的“亲等”划分,一辈人为一代,自己算作第一代,子女辈为第二代,孙辈为第三代,曾孙辈为第四代,玄孙辈为第五代……如果按照平均 25 岁生育子女,$25 \times 6 = 150$,即七代人就是 150 年。

（明朝称为大明旧港宣蔚司）一共有 100 多万平方公里的土地是明朝有驻军的海外属地，明朝的海外属国有 60 个。明永乐年间组织编修《永乐大典》①。

还是让我们回到第一个 150 年前吧。那时，中国是个什么样子？

惊人准确的预言

道光二十年（1840 年），英国对中国发动了一次战争，史称第一次鸦片战争。道光二十二年（1842 年），英军攻陷镇江，切断京杭大运河南北交通，继而直抵南京。清政府在英军兵临城下的情势下，被迫签订了《南京条约》。这是清政府第一份不平等条约。十多年后，1856 年至 1860 年期间爆发的第二次鸦片战争，是第一次鸦片战争的延续，只是在战争发动者中增加了一个法国，背后还有沙皇俄国和急于想成为世界新霸主的美国。1860 年 10 月 18 日，英法联军占领北京，在北京城郊抢掠烧杀近 50 天，圆明园、清漪园、静明园（玉泉山）、静宜园（香山）、畅春园等均被付于一炬，圆明园的大火持续了三天三夜，300 多名太监和宫女葬身火海。从 1840 年第一次鸦片战争之后，清政府被迫和列强签订的不平等条约有 1000 多份，割让土地 150 多万平方公里，相当于 3 个法国或 5 个德国，赔款 19 亿多银圆，总额相当于 1901 年清政府全年财政收入的 16 倍。清末的中国，就是在炮火声中从闭关锁国走向开放。南方一些开明地主乡绅已经开始搞工业，新的生产方式在自然经济的母体内孕育发展。中国社会就像一个老人，常常会有一些新的想法，但是一旦行动便立即有力不从心之感。

1865 年，捻军在山东击毙御前大臣、都统僧格林沁后，清廷大为震动，急调曾国藩督师北讨。曾国藩北上时，赵烈文（字惠甫）一直送行到江都北边的邵伯镇才返回。在这一个多星期里，两人的关系翻开了新的一页：经不住赵烈文的请求，曾国藩答应收下他做弟子，并在邵伯镇写下一幅四白多字的横幅，送给这位后来成为自己心腹幕僚的人。同治六年（1867 年）两人再次聚首金陵，赵烈文成为曾国藩幕府后，几乎无日不长谈，无话不可言，两人最重要的一次谈话发生在同治六年六月二十日晚上。赵烈文发出了石破天惊的预言："不出五十年清朝必亡！"

这次谈话是这样的：

---

① 《永乐大典》这部书的价值以及该书与本书主人公的关系，我在后面要专门介绍。

曾国藩忧心忡忡地说:“得京中来人所说,云都门(京城)气象甚恶(形势不好),明火执仗之案时出,而市肆乞丐成群,甚至妇女亦裸身无裤。民穷财尽,恐有异变,奈何?”

赵烈文回答说:“天下治安,一统久矣,势必驯至分剖(势必会形成分裂割据的局面)。然主威素重,风气未开,若非抽心一烂(指中央政府先垮台),则土崩瓦解之局不成。以烈(赵烈文自称)度之,异日之祸,必先根本颠仆,而后方州(指各省)无主,人自为政(地方割据),殆不出五十年矣。”

听了赵烈文这话,曾国藩沉思半天才说:“然则当南迁乎?”显然,他认为清王朝不可能完全被推翻,顶多是南北分治。

赵烈文明确地说:“恐遂陆沉(指亡国),未必能效晋、宋也(不一定能像晋代和宋代那样南北分治)。”

(《南方周末》2014 年 1 月 17 日)

1898 年戊戌变法失败后,清廷下令通缉康有为、梁启超。梁启超匆忙乘日舰逃往日本,什么东西也没有带。舰长将一本日本小说《佳人奇遇》送给梁启超消磨途中时光。没想到,这本小说竟深深吸引了梁启超,他做了两件对后来影响很大的事情。一是梁启超百无聊赖地反复看了几遍这本《佳人奇遇》后,把它翻译为汉语,这是梁启超第一次翻译,后来梁启超的头衔中就多了一个翻译家的称号。第二件事情是自己写小说。《佳人奇遇》是日本政治家、作家柴四郎写的“政治幻想”小说,书中虚构的留学美国的日本青年东海散士邂逅流亡异国的西班牙将军之女幽兰、投身爱尔兰独立运动的女志士红莲和助其从事复国活动的明末遗臣鼎泰琏的故事,深深吸引了梁启超。他喜欢上了“政治幻想”小说,1902 年梁启超干脆自己也创作了一部专谈中国的“政治幻想”小说《新中国未来记》。为发表这部作品,梁还专门创办了文学杂志《新小说》。这部小说共五回,约 9 万字,并未写完,虚构了从 1902 年到 1962 年这 60 年间中国的变化。小说的主旨是,中国应通过改革而不是革命的方式实现民主共和。小说的主要内容是八国联军攻克北京后,南方各省开始自治,到 1912 年全国国会开设,中国实现共和制(而不是梁启超之前自己主张的君主立宪),国名叫“大中华民主国”,皇帝罗在田自动退位,被国会选为大统领,即大总统。“罗在田”其实就是光绪皇帝,“罗”是光绪皇帝的姓“爱新觉罗”之意,“在田”是光绪皇帝的名字

“载湉”的谐音。新的共和国定都南京。通过维新造就共和国的首功之臣名叫黄克强，他被选为第二任、第三任大统领。“黄克强”取“炎黄子孙能自强”之意，后来辛亥革命功臣黄兴的字就是“克强”。小说中的中国，经过维新 50 年，经济、文化高度发达，已成世界超强国家，外国人纷纷学习汉语。所以在 1962 年全国人民在首都南京大庆维新 50 周年的时候，各国政要纷纷前来祝贺，参加盛典。梁启超在小说中的预言及其他场合说的“现今之政治组织不改，不及三年，国必大乱，以至于亡”，将来世界字典上决无“宣统五年四字连属成一名词者”有所应验——宣统三年，清王朝真的灭亡了。①

关于预言，毛泽东在 1961 年 1 月 30 日《在扩大的中央工作会议上的讲话》中谈到了 50 年后的 2012，其中也有一段预言，而且他用往前推两个 150 年的观察方法分析了中国历史。毛泽东说：

> 对于社会主义建设，我们还缺乏经验。有一个美国人叫斯诺。他老要来中国，一九六〇年让他来了。我同他谈过一次话。我说：“社会主义建设，过去没有干过，还没有经验。你会说，不是已经干了十一年了吗？是干了十一年了，可是还缺乏知识，还缺乏经验，就算开始有了一点，也还不多。”斯诺要我讲讲中国建设的长期计划。我说：“不晓得。”他说：“你讲话太谨慎。”我说：“不是什么谨慎不谨慎，我就是不晓得呀，就是没有经验呀。”
>
> 一九六一年，我同蒙哥马利谈话，也说到上面那些意见。他说：“再过五十年，你们就了不起了。”
>
> 中国的人口多、底子薄，经济落后，要使生产力很大地发展起来，要赶上和超过世界上最先进的资本主义国家，没有一百多年的时间，我看是不行的。也许只要几十年，例如有些人所设想的五十年，就能做到。果然这样，谢天谢地，岂不甚好。但是我劝同志们宁肯把困难想得多一点，因而把时间设想得长一点。三百几十年建设了强大的资本主义经济，在我国，五十年内外到一百年内外，建设起强大的社会主义经济，那又有什么不好呢？
>
> 从现在起，五十年内外到一百年内外，是世界上社会制度彻底变化的伟大时代，是一个翻天覆地的时代，是过去任何一个历史时代都不能比拟的。

① 中国的 GDP 占全球 GDP 的比重，1820 年时是 32.9%，1913 年时下降到了 8.9%，但中国在世界 GDP 的排名仍然靠前，是第二位，2010 年中国恢复了在 1913 年的国际地位，占 8.9%。

毛泽东的这段话，起码说明了两点：一是对国内发展做出了一个科学准确的预测。“中国在五十年内外到一百年内外要强大起来”（现在正好50年），让西方的兰德、麦肯锡等著名的智库都惊叹至极！二是对中国的发展、中国在世界上的作为，提出了一个头脑异常冷静的基本原则，这就是韬光养晦。尽管把“韬光养晦”作为一个根本国策定下来，是邓小平的贡献，但在其之前毛泽东就曾经对国际形势的复杂性及中国发展的艰巨性做了足够的研究，并提出类似的观点。

陆家七代人

150年前。陆润庠是一个意气风发的年轻人，而且可以毫无疑问地说，是属于如果买彩票一定会中彩的一类。“顾绪一瓯春有味；春风百里雪初晴”，陆润庠在自己书写的一副对联中的情景，用来描述他当时的心情是再合适不过的了。

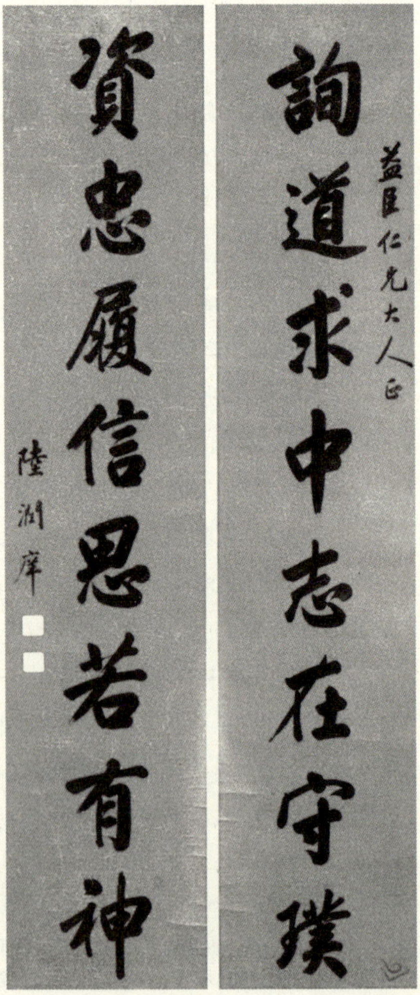

陆润庠出生在一个书香之家，他祖上出过两代状元，一是唐代的陆贽，二是清代康熙时期的陆肯堂，到陆润庠，是三代状元。但陆润庠不是“官二代”，他的父亲和祖父都是普普通通的医生，偶尔兼做个衙门小官僚。

陆润庠在参加科举会试前填写的履历表中，这样记录其家世：七代世祖陆肯堂，康熙乙丑会元、状元；曾祖陆庠生；祖父陆嵩，镇江府学训导（相当于校长）；父陆懋修，直隶州州判（地方衙门中辅佐主官的下层秘书，七品芝麻官）。

陆润庠的七代世祖陆肯堂，是康熙时期的状元。生于顺治七年（1650年），卒于康熙三十五（1696年），字邃深（一作邃升）、澹成，江苏苏州人。参加科举考试时进入前十名，康熙皇帝将10本试卷（包括三次的试卷）仔细阅读后，用朱笔批曰：陆肯堂“首场格局醇正，二场工稳，三场议论好”，“第一甲第一名”，得状元。2012年5月31日，华东师范大学宣布该校图书馆在整理古籍中偶然发现了一份陆肯堂的状元卷，卷面字体隽秀，论述条理明晰。清代殿试的卷子都是统一存放于内阁的，但在宣统元年重修内阁大库，移旧存书籍于学部图书馆，由于地方比较小，较早的试卷流入民间。凭借这一机会，陆肯堂的殿试卷子为陆氏后人所得，陆氏后人将其重新装裱，作为一份重要的文献保存至今。宣统元年，陆肯堂状元卷与陆肯堂次子陆赐书的殿试墨卷，同时被收藏。陆赐书是康熙四十五年（1706年）丙戌科二甲二十二名进士，官至川东道布政使。陆赐书殿试卷子上有皇帝朱笔“第二甲第二十二名”，卷末见印卷官职位、姓名。华东师范大学图书馆所藏陆氏父子二人的殿试卷子堪称“双璧”。那么，这两份珍贵的试卷是谁保存的呢？就是他们的后人陆润庠。他还请到当时的名人徐世昌①、陈宝琛②等在试卷上题跋吟咏，使之更具有历史价值和文化价值。

陆润庠祖父陆嵩（1791—1860年），字希孙，号方山、房山。陆嵩在陆润庠填写的履历表中是“镇江府学训导”，这其实只是陆嵩的一个职务——在镇江领导学习和负责教育行政管理。陆嵩更大的成就是文学，他是中国近代文学史上有很大影响的诗人。陆嵩虽然只考上了个贡生（科举时代挑选出府、州、县秀才中成绩或资格优异者升入京师的国子监读书，称为贡生，意谓以人才贡献给皇帝。明代有岁贡、选贡、恩贡和细贡；清代有恩贡、拔贡、副贡、岁贡、优贡和例贡），但是他的文学成就很高。道光八年（1828年），陆嵩以贡生身份赴顺天（北京）乡试，未中。此后，游历浙皖幕府作客。道光十九年（1839年）上任官镇江府学训导。鸦片战争时期，英军进逼镇江时，陆嵩曾号召乡民起而抗敌。

① 徐世昌（1855—1939年），字卜五，号菊人，又号弢斋、东海、涛斋，直隶（今河北）天津人。其曾祖父、祖父在河南为官居，出生于河南省卫辉府（今卫辉市）。前清举人，后中进士。自袁世凯小站练兵时就为袁世凯的谋士，并为盟友，一文一武，互为同道。1905年任军机大臣。徐世昌深谋远虑，颇得袁世凯的器重；但他又能与袁保持距离，进退有度，在袁称帝时以沉默远离之。1918年10月，徐世昌被国会选为民国大总统。1922年6月辞职，退隐天津租界以书画自娱。辞掉总统职务后，多次拒绝日本人的劝诱，不供伪职。

② 陈宝琛（1848—1935年），字伯潜，号弢庵、陶庵，福建闽县（今福州市）螺洲人。十三岁成县学秀才，十八岁中举，二十一岁登同治戊辰（1868年）科进士，授翰林院庶吉士。官至内阁学士兼礼部侍郎，与陆润庠同为溥仪之师。在陆去世后为首席师傅。1935年卒于京寓，得逊清“文忠”特谥及“太师”觐赠。是辜振甫的外祖父。

陆嵩今存诗1200多首，起嘉庆十三年（1808年），迄咸丰十年（1860年）。他关心现实，推崇杜甫、元结忧时悯民的创作。他生活地位较低，动乱中曾流走民间，所以诗作中反映社会现实的诗篇较多。如《鬻儿行》《寓孥吴江以避兵书此志感》等，从中可以清晰地看到当时政治腐败、民不聊生的情景。反映鸦片战争的诗篇，如《江州述感》《赠龚蓝生照琪大令》《京江都护行》等，或讴歌抗敌英烈，表彰人民抗敌精神，或抨击、讽刺上层社会的腐败无能，都表现了作者的爱国热情。陆嵩的诗作重点沿袭汉魏唐时期文学之风，尤爱杜甫、李商隐，曾著《读杜一得》和《玉溪生诗解义》。张肇辰说他"实学杜而得其质厚一体者"（《意苕山馆诗稿序》）。他也写了一些山水风物的小诗，诗思挺秀，清逸隽永。据《苏州府志》卷一百三十七《艺文二》记录，陆嵩著有《意苕山馆诗稿》16卷并有《续集》1卷，《古文》2卷，均以光绪刻本传世。

陆润庠的父亲陆懋修，字九芝，号江左下士，又号林屋山人，生于嘉庆二十三年（1818年），卒于光绪十二年（1886年）。陆懋修少年时刻苦读书，想取得功名，但屡试不第，转而继承家业——行医。他是一位儒、医理论兼通，又精于临床看病的医家。《清史稿》中有《陆懋修传》，可见他的历史地位是很高的。陆懋修在医学专业里著作等身，共有16部、33卷，中医学专著分别是《文》16卷、《不谢方》1卷、《〈伤寒论〉阳明病释》4卷、《〈内经〉运气病释》9卷（附《〈内经〉遗篇病释》1卷）、《〈内经〉运气表》1卷、《〈内经〉难字音义》1卷，洋洋百万言。且重订及校正《傅青主女科》《广温热论》《理虚元鉴》《校正王朴庄伤寒论注》，合为《世补斋医书续集》（见王璟：《试论陆懋修的学术思想与成就》，《天津中医药大学学报》1999年第3期）。陆懋修不仅是当时全国著名的医生，而且他写的医书直到现在仍然是学中医的大学生的必读书。陆懋修行医出了大名、发了大财，还做了大量慈善事业，悬壶济世，一面行医积德，一面又开了个"小米行"，专门用于赈济穷人，苏州人称陆懋修家开的米店叫"米自量"。居民说："你就到阊门内下塘街'米自量'那儿去买米好了。他们陆状元（是说陆懋修祖上出的状元陆肯堂）家行善积德，你去买米，不给钱或随便给点钱都行，量多少可根据你自己的需要而定。"

陆润庠出生在道光二十一年（1841年）五月，正值内忧外患的第一次鸦片战争期间。陆润庠的祖父陆嵩在《金陵》一诗中写道："惊见羽书传昨夜，忽闻和议出崇朝。秦淮花柳添憔悴，玄武旌旗空寂寥。往事何人更愤切，不堪呜咽独江潮。"正寄托了文人对那个时代的情愁。

根据陆润庠的后辈人陆咸①写的资料，陆润庠出生在陆嵩担任训导（即校长）的“县学”校园里面，他的名字，应该是陆嵩起的。古代学校称“庠”，学生称“庠生”，陆润庠名字中的“润”是镇江（镇江古称润州），“庠”就是学校。陆润庠的字是“凤石”，就是陆嵩的书斋名。此时陆嵩已年过半百，借着家里诞孙之喜，借着为孙子起名字，抒发了爱国、爱家、爱人生的情感。在陆嵩为孙子起名字的“赐名诗”中写道：“润庠记毓地，聊以命儿名。非幸江山秀，钟此芝兰馨。欲知近圣居，生已殊蚩氓。吾苟毕忧患，将偕汝归耕。一编课儿读，孝弟传先型。”这里，最后四句“吾苟毕忧患，将偕汝归耕。一编课儿读，孝弟传先型”，表面上是流露出回归田园的愿望，但真实思想是表达对外敌入侵的愤懑，希望子孙们能够像前辈那样奋起抗敌，做一个忠诚于国家的人。诗中解释了为什么起名里有个“润”字，原因是“圣居”，明代中叶至清末，镇江的“府学”（府学、州学、县学等建制是古代政府办的学校性质的机构，中央政府是国子监，地方分别设立府、州、县学，通过科举考试网罗任官人才）所在地是定波门内日精山（今解放军 359 医院内），而丹徒的“县学”在朝阳门寿丘山麓（今江苏大学梦溪校区内），在此做过训导的名人，明代有文学家冯梦龙，清代有朴学家刘台拱，所以这里被称作“圣居”。

陆润庠的出生地有两种说法：一是说浙江省湖州市南浔区和孚镇荻港村岐塘路陆家庄，二是说江苏镇江。湖州的荻港村确实是陆家祖籍地，而且陆润庠去世后也埋葬在那里，但陆润庠的出生地在江苏镇江的说法则较为靠谱。《清史稿列传》卷二百五十九等文献中虽未见有陆润庠父何时来镇执教及陆润庠诞生于镇江之事，却从出生于 1870 年的盐城蔡云万所著的《蛰存斋笔记》中见有“吴县陆文端公润庠，字凤石。相传其封翁为润州教谕时诞公于官廨，生之夕，母夫人梦至园中，见一凤凰落阶石上，寤而公生，名以润庠”。言其生于润州庠序（即学校），关于字“凤石”，一符其母梦兆之祥，另则因旧时县学（今江苏大学梦溪校区内）壁端立有凤石碑一通。按照上面记载的事情，陆润庠的出生地为寿丘山（陆游《入蜀记》：寿丘者，宋高祖宅，有故井尚存），宋代这里曾是官办的

① 陆咸，吴文化研究专家。陆晋（苏州市第六中学历史老师）的胞弟。新中国成立前参加革命，从事地下工作，新中国成立后在新华社苏州支社当记者，1957 年被打成右派，1978 年后担任《苏州日报》副总编辑、中共苏州市委宣传部副部长、苏州市经济研究中心总干事。陆咸写过两篇关于其家族的文章，一篇是《陆家两状元》，发表在《苏州杂志》2007 年第 3 期，比较全面地介绍了他所了解的家族史，其中对陆润庠的介绍不多，评价偏低，可能与他“避嫌”有关；另一篇是《陆氏三代儒医》，发表在《苏州杂志》2006 年第 1 期。

学府，即“县学”。原址自20世纪初叶以来先后为师范传习所、民众教育馆、省立镇江师范学校、镇江地区第一师范学校、镇江师范专科学校，21世纪初成为江苏大学梦溪校区。今江苏大学梦溪校区内就有“凤石碑”端立。根据1958至1961年在此学校（当时是江苏省立镇江师范学校）任教的江慰庐先生回忆：学舍中有宋乾道二年（1166年）《凤石图赞》，记载凤石碑长一尺半余，宽约半尺，顶端刻有古奥别致的阳文汉篆“凤”字，中间还刻有大凤鸟。这件仿汉石刻是南宋府学的遗物，现已移置到焦山碑林宝墨轩。由此可见，陆润庠取字凤石，系用镇江“县学”的镇山之宝命名的。镇江焦山栈道上的石壁刻有陆润庠写的七律《寄越尘》楷书：“坐隐茅庵愿未偿，十年归梦绕江乡。鼎铭佶屈思周汉，崖刻迷离记宋唐。帝里风光多阅历，海天云影入微茫。丹青绘就劳相寄，珍重旃檀一瓣香。”有题记：“不到焦山逾十载矣，山僧越尘以所绘山水大幅及手拓二鼎摩崖诸题名见贻，赋诗 为谢。己亥九月，陆润庠。”这首诗写于1899年。受赠人是越尘，他是焦山自然庵内有道行、富文学修养的高僧，同时期的达官名宦如彭玉麟①、赵舒翘②等都与之交游并题赠翰墨。越尘俗籍镇江，其师鹤山和尚圆寂后，越尘住持庵事。值得注意的是，诗中“十年归梦绕江乡”，“帝里风光多阅历”等句，表达了陆润庠对出生地镇江和寿丘山的深厚感情。他以出生在南朝宋武帝刘裕的故里和发祥地而自豪。③

陆润庠自幼勤奋好学，博闻强记，聪颖过人，10岁便读完了儒家的“九经”，很多篇都能背诵，对家传医学也用心学习，小小年纪就能为人把脉问诊开方。“陆润庠少年时，温文尔雅，弱不胜衣，故侪偶中多戏以凤姐呼之，陆亦漫应之无愧色。”④有人说，“男人女相主富贵，女人男相多劳累”。陆润庠在读书和做官的日子中，既富贵、又劳累，可谓被言中了。

本书分为上编和下编，各十四章，合为二十八章。上编主要介绍陆润庠为

---

① 彭玉麟（1817—1890年），字雪琴，号退省庵主人、吟香外史，祖籍衡永郴桂道衡州府衡阳县（今衡阳市衡阳县渣江），生于安徽省安庆府。清末水师统帅，湘军首领，人称雪帅。与曾国藩、左宗棠并称大清三杰，与曾国藩、左宗棠、胡林翼并称大清“中兴四大名臣”，湘军水师创建者、中国近代海军奠基人。官至两江总督兼南洋通商大臣，兵部尚书。彭玉麟绘画作诗，以画梅名世。他的诗后由俞曲园结集付梓，题名《彭刚直诗集》（八卷），收录诗作500余首。

② 赵舒翘（1847—1901年），字展如，号琴舫，晚年号慎斋。陕西长安（今西安市）人。清穆宗同治九年（1870年）科试一等补廪生，十二年（1873年）中举，翌年又中进士，授刑部主事，先后在刑部任提牢厅主事、直隶司主事等职。他刚直不阿，不畏权贵，多次平反冤案。

③ 裴伟：《晚清状元陆润庠与镇江》，《镇江高专学报》，第19卷第3期，2006年7月。

④ 李伯元：《南亭笔记》，内蒙古人民出版社，2003年版，第171页。

官、做事的情况。在那个特殊的年代，在风起云涌的历史大潮中，谨慎为官，踏实做事，坚守政治统治与行政管理的底线，力所能及地发挥作用，在某些领域做过、做成了一些大事。下编主要介绍陆润庠为文、做人的情况。通过观察他的所历、所行，分析他的所思、所想，从他一丝不苟的态度和诗书情怀诠释政治的特有方式中，考察他的政德、政风、文风、人格，从他的宁静致远和格物致知中，测度定力的分量。每一章后面有一段楷体文字，取题为“感言与物议”。感言是，笔者针对陆润庠做事或做人生发出的想法。物议[①]，是笔者汇集众人对某些问题的议论的一点杂谈。

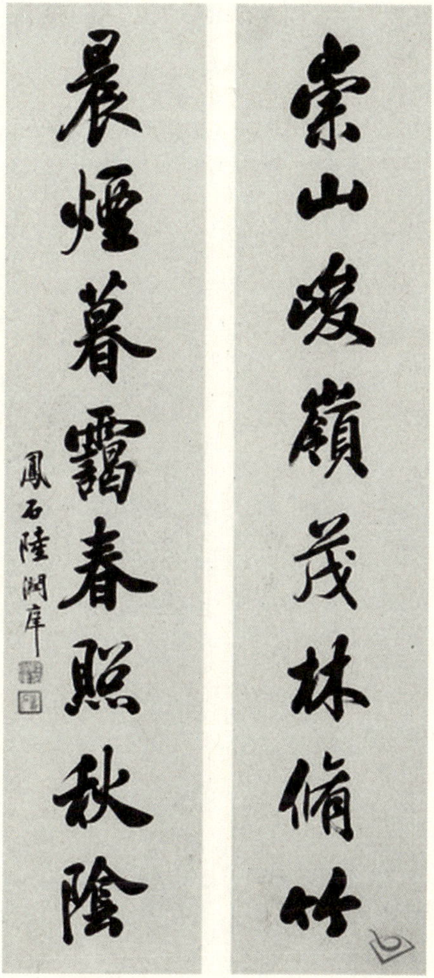

陆润庠写过一首诗：“名山自是无双地，妙法仍旧不二门。名花异果雕阑护，古款新铭小篆镌。”

本书专门加了大量插图，均为陆润庠的书法作品。

① 物议，是指众人的议论。出处：《宋书·蔡兴宗传》：“及兴宗被徙，论者并云由师伯……师伯又欲止息物议，由此停行。”宋代孔平仲著《续世说·方正》：“子一知异不为物议所归，未尝造门，其高洁如此。”

上编

为官　做事

风生碧涧鱼龙跃；
月照青山松柏香。

——陆润庠赠余似山联

第一章
状元文研究养老策　同治末中兴选良才

在康熙时期陆肯堂考上状元之后，隔了雍正、乾隆、嘉庆、道光、咸丰五朝，陆肯堂的七世孙陆润庠在同治年间也考上了状元。

什么妙文成状元

陆润庠考状元，考的什么题目？写的什么文章？这文章到底水平有多高？这是本书首先要交代的。

自从隋朝开始实行科举制度，历代的考试规定和方法都有一些变化，但是明清时期则相对比较稳定。中央政府组织的、选拔县级（七品）以上官员的科举考试叫作“会试”，分三场举行，每一场要考三天，也就是一共考九天。第一场考《论语》《中庸》《大学》《孟子》，三道“四书”题，每道要求写 200 字以上，四道“经义”题，分别要求写 300 字以上；第二场考五经一道，并考诏、判、表、诰一道，均要求写议论文 300 字以上；第三场考五道“时务策”，即结合经学理论对当时的时事政务发表议论或者见解。

陆润庠考的其中一篇是《五亩之宅树墙下》的命题作文。这个题目是根据《孟子》里面的内容出的题。孟子说：“天下有善养老，则仁人以为己归矣。五亩之宅，树墙下以桑，匹妇蚕之，则老者足以衣帛矣。五母鸡，二母彘，无失其时,老者足以无失肉矣。”

这个题目的基本要求是讲“如何养老”。而其真正的“题气”“神气”在于要把“养老”与“议政”有机结合起来。

陆润庠写的原文是古文言文,且极为艰深,为了方便阅读,笔者请海棠诗文社秘书长、江中才子刘杰博士精心作了翻译,而把原文作为本书的附录,供看官阅读。

翻译为白话文的《陆润庠状元文》全文如下:

细察周代有关养老的方针、政策、策略,我认为主要是解决好老人的衣食等温饱问题,并在此基础上有更高一些的要求。

要让老者穿有帛,就需要赋予养蚕种桑的承担专门责任;要让老者食有肉,就要使喂养猪鸡有一定的规模。周代养老的方针、政策、策略的基础内容便是如此。

我曾研读《诗经·豳风》,其中记载了这样的美好景象:人们手执深筐,纺棉装丝,制成衣裳;酿成春酒,佐以羔羊,有吃有穿,延年益寿。这里虽然不是专门讲养老的事,但包含了与养老有关的丰富思想——这就是要培养良好的风尚,形成合理的社会分工。因此,为了使制衣的人有布料,不仅要让种田人懂得辨别种植什么样的作物适合做布料,还要培养精于织布的女工。而要利用好丰厚的自然物力,使其能不断增长供给,我们就要按照事物本来的内在定律办事,这可以到民间去访问长者老人(获知)。考究制作精良之衣,准备精美之食,靠的是平时的积累,包括传承制丝织布的技术,也包括经常对老人保持尊重。

我下面再试从文王治理岐山这个地方的经验,来分析、观察和学习其养老的政策。文王治理,在养老这方面,首要是解决老者之所急需——穿衣、吃肉的问题。

单布做的衣服,适合夏天、但不适合冬天,所以仅靠织布不可度年;皮做的衣服,适合穿在外面、但不适合穿在里面,所以即使把供奉的祭品全都用来做皮衣服,也不能使所有人能温暖过冬。要让老人们有帛可衣,必须发展生产。平原和山上都种上了桑树和其他各种杂树,让桑叶供给养蚕,长成材的树砍伐后整车整车地运出去,将蚕茧缫丝,将树皮做成麻,人们才有得穿。要解决穿衣和吃肉的问题,必须勤于这些事。

粗茶淡饭并非不可吃,问题在于老人的牙齿和肠胃都退化了,容易哽噎,也不好消化,如果吃粗粮就一定要煮得烂些。这就告诉我们一个道理:凡事都要有所备,有备才能无患。麋鹿当然好吃,但来自野外芦苇滩涂,不可能经常供应。要使老人常常有肉可食,还得发展人工养殖。不管是来自野外的还是家养的,也不管是陈设筵席还是家常便饭,以及为了披蓑戴笠,需要割草放牧,等等,都是一个道理——要有所储备。

再进一步讲,种桑养蚕,制丝织布,不仅需要勤劳尽职,还要讲究合理布局。高树适宜种植在开阔的地带,这样就不会影响到在树下种的庄稼,因此以五亩大小的空地为宜。桑树在春天枝叶繁密,怎么充分利用桑叶,要垒出矮墙,以免在采高处桑叶的时候不至于因为爬树而摔下来。妇女在夏日里纺线织布,人要休息,可以使织机不空,搞轮班,这样效率才高。要真正使养老政策得到落实,做到"衣帛足",还有很多问题要解决。

同理,养鸡和猪,看起来微不足道,但要让其繁衍生息,供人进食,必不能错失时节。根据夏正之册记载,老鸡孵养小鸡,宜以五只一起养,最为经济。又根据《尔雅》记载,成双成对养的猪,其猪崽才众多。有美食奉献给老人,使老人怡心,其实最重要的是让老人看到后辈会劳动、有技能。

所以,可以从穿有衣帛推论老者何以欣然而乐。但是,尊长之愿望,不仅在于解决温饱问题,还要体现到教育和鞭策晚辈上,使他们担负起生产的任务。到了夕阳西下的时候,老人们或在夕阳下欣赏美景,或在树荫下纳凉,看着晚辈们忙了一天把劳动工具收拾完毕放到墙脚,看着背负桑木的人们伴随黄莺的啼叫声回家,看着养蚕的人们带着蚕宝宝茁壮成长的喜悦感和成就感顺着河边归来,看着一家家都和睦生活,此种欢欣,绝不是有没有衣穿、有没有饭吃所能取代的,甚至也不是衣服合不合体、饭菜可不可口所能比拟的。这就足以说明一个道理:养老不但要解决衣食住行等基本保障,还要解决好老人的精神生活问题。

因此,从食有肉馔,可以推论出老者满足,再推论出他们怡然而乐。耄耋之年而能精神矍铄,关键在于见到牲畜繁衍生息,圈棚满满。至傍晚踱步,拄着拐杖,回家细数家珍,看到母鸡率小鸡成群啄食,肥硕母猪领小猪成群入圈,对家禽之状的满足,就不是仅限于有得吃有得穿的心满意足了,而是实现了从"养其口"到"养其志"的跨越了。

综上所述,普通的人家过日子就是要解决温饱问题,而国家像周朝这样连养老问题都能解决的统治,才是善啊。这就是周文王的善治。

陆润庠的这篇《五亩之宅树墙下》，首先是破题，以两句话拆破题面，“周政，帛与肉交足”，就是说，《孟子》讲的周朝养老政策，是要保证老年人有丝绵袄穿，也有足够的肉吃，题意和题神都藏在了其中。接着，他的文章直接破题：周朝的养老政策能够保证给老人的这两个条件。接着是起讲部分，借映题字人，《诗经·豳风》记载了周朝的民俗，但是不是养老的好制度，应该去问田间的老人。入题部分，起题神，入口气，就周文王治理岐山的情况来考察周朝的养老之制。接着就丝棉袄和肉的获得方法，提出养老需要预作准备。中股部分，通过反论来发挥题心：丝棉袄和肉的获得需要准备天时地利等条件才行。后比部分发余意，提出既要满足老人的吃穿，也要满足他们的精神要求。结尾部分，点出本题的核心观点：像周朝这样连老人都没有温饱问题的统治，才是善政。这里隐含了陆润庠的想法，就是要把物质的温饱与精神的温饱一起来解决，才是真正好的养老政策。

陆润庠通晓历史，这个最早关于养老的文字记载出现在《孟子·离娄上》：“吾闻西伯善养老者。”后来又经司马迁在《史记》中的《周本纪》《齐太公世家》《伯夷列传》等处提及，从此周文王“善养老”的事迹便广为人知了。但根据传说，早在原始氏族公社时期就开始有了养老的机制。那时没有家庭，老人由集体供养，养老院与学校合一。《礼记·王制》记载，“有虞氏养国老于上庠，养庶老于下庠”；《礼记·明堂位》记载，“米廪，有虞氏之庠也”；《孟子·滕文公上》记载，“设为庠、序、学、校以教之。庠者，养也；校者，教也；序者，射也”。当时设有庠、序、学、校以教之。庠者，就是养老。这说明我国历史上最早的学校萌芽，其主要任务是养老，同时带有一些教育的功能。进入奴隶社会后，有了家庭、国家，学校也更加正规，不再担负养老的职责了。《礼记·王制》记载：“夏后氏养国老于东序，养庶老于西序；殷人养国老于右学，养庶老于左学；周人养国老于东胶，养庶老于虞庠，虞庠在国之西郊。”说的是行“养老”之礼，并非真的把老人养在学校里，而是发挥学校的一点作用而已。在夏、商、西周时期，学校不再是真正意义上的养老之所，但学校里的老师却基本上都由德高望重的老年人担任，而且他们都是些年龄较大的退休或在职官员。“西伯善养老”就是发生在这个时期，即德高望重的老人应该被奉养在天子之学里。

鲁迅在其小说《采薇》中描写道：“伯夷、叔齐兄弟二人讨论周准备攻商的事，伯夷说：我们是客人，因为西伯肯养老，待在这里的。烙饼小下去了，固然不该说什么，就是事情闹起来了，也不该说什么的。叔齐回答说：那么，我们可就成了为养老而养老了。"从叔齐的不满言论可以看出，鲁迅先生对"西伯善养老"也有很深的了解。①

陆润庠的"状元文"，朝廷给出的题目、他发挥的思想，写的是关于养老的事情，这真是一种"天意"。陆润庠名字中的"庠"，他出身的地方是学校，他在中了状元后进入官场有将近20年的时间是从事与教育有关的工作，而在老年时又担任皇帝老师一职，这一切都与中国传统养老有着天然的联系。

华东师范大学的金春风博士以《明清八股文程式研究》为题写了博士论文，对中国明清八股文进行研究。论文认为，陆润庠和蔡元培等人写的15篇文章，是整个明清八股文中写得最好的文章（见中国知网"2013届研究生博士学位论文库"）。陆润庠的文章也被王凯符主编的《八股文概说》（中华书局出版，2002年版）作为优秀范文列入，该书一共选了历代优秀八股文41篇，清朝只选了20篇。这些都说明，陆润庠的"状元文"确实有着较高的价值，对中国文学的发展、对社会保障事业的发展、对陆润庠从政之途，都有着深刻的影响。

赶上了"末班快车"

陆润庠的漫漫从政路，从考上状元这年，也就是1874年开始。

清代的兴盛时期，人们记得住的是康熙雍正乾隆时期，简称康乾盛世，或康雍乾盛世。其实，在辛亥革命之前50年，即1861年至1874年这14年，也有过一小段辉煌的时期。史学上把这一段时间称作"同治中兴"。陆润庠考中状元就在"同治中兴"的最后一年（1874年）。

同治，是清朝第十个皇帝的年号，同治皇帝五岁登基，时间是1861年11月，他在位14年，前12年由摄政团和他母亲慈禧皇太后主持政务。这是清朝后叶，就是300年清王朝存在的最后半个世纪中比较美好的岁月。1860年清政府与英法媾和，太平天国运动被平息（1864年），政治上出现了一个安定时期。清政府抓住机遇，做了三件事情，一是降低农村赋税，鼓励耕作及发放粮种，安抚人民的反政府情绪。二是大办洋务，掀起了中国近代史上第一次轰轰烈烈的产业革命。三是大兴科举，增加考试取录名额，延揽更多人才，特别是汉族知识

① 肖玉峰：《西伯善养老的深层理解》，《泉州师范学院学报（社会科学）》，第23卷第5期，2005年9月。

分子，客观上造成了中国进步文人的觉醒。

陆润庠中状元的当天就被皇帝召见，赐御用冠服，人称是“异数”——属于极为特殊的情况、极为例外的情形。从那年算起，他用了10年时间当上山东学政（省一级主管教育和科举考试的领导，相当于厅长，品等为正五品）、国子监祭酒（相当于国立大学校长，品等为从四品），又用了10年时间当上了内阁学士（皇帝的大秘书，品等为正四品）、工部侍郎（中央部门的副职，相当于副部级，品等为正四品），又用了10年时间当上了工部尚书（相当于正部级、品等为三品），最后又用了5年时间，总共是35年时间，到达了大学士、宰相的位置（品等为一品）。

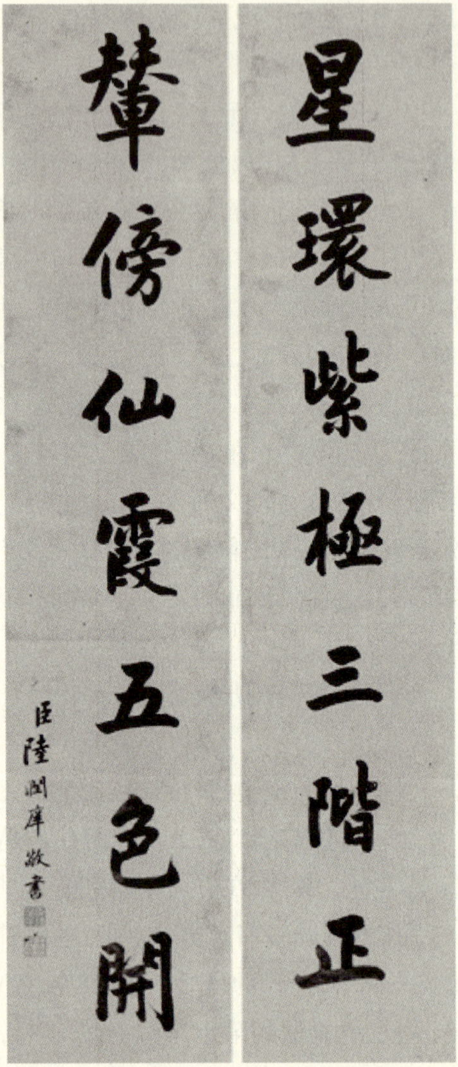

满人入关后，统治中国的清朝政权在“同治中兴”前一直奉行“重满抑汉”的政治主张和行政体制。“重满抑汉”最主要的体现是在官员的任用上，比如朝廷的中央六部便分别设立双尚书、双侍郎，满汉各一，以满为主。如，肃顺当过户部的满族尚书，周祖培为汉族尚书，实权掌握在肃顺手中。这种一个机构两个负责人的制度，在清代之前的中国历朝历代都没有出现过。为了巩固政权，清廷也尽可能吸纳汉族士人参政，但一些重要的职位如军机大臣，特别是首席军机大臣，一般只能由满人担任；而各地的总督、巡抚也大多为满人。但是，随着时间的推移，那些曾经精明强干、建功立业的满人贵族相继去世，他们的子孙往往不学无术，沦为纨绔子弟，满人的整体素质也大为下降，大多数的政务和军事活动最后还是要依赖汉人，譬如康熙平三藩、雍正征噶尔丹策零，最后都是依靠汉人才得以成功；而那些满族子弟早已沦为老爷兵，靠边站了。更要命的是，这种趋势到晚清更是愈演愈烈，八旗子弟往往成天遛狗斗鸡，出入戏院茶楼，身为满人的肃顺曾说，“满人大多是浑蛋”。清政府决定改“重满抑汉”祖制，是从咸丰和慈禧这对夫妇开始的。首先，新设立了“总理各国事务衙门”①这个重要机构，其主要领导职位不分满汉，只设立一名尚书、两名侍郎，打破了原先六部中设置满汉尚书和侍郎的“双轨制”。这一举措，彻底改变了清朝沿袭了两百多年的祖制，实际上也成为后来的机构改革的先声。紧接着就是调整各级领导班子，到同治四年(1865 年)，全国 10 名总督(管理地方的最高军政领导)中除湖广总督官文一人之外，其余 9 人全是汉人，而 15 省的巡抚(省级最高行政领导)则是清一色的汉人，对汉人的重用程度可谓前所未有。陆润庠一路走来，从南书房(相当于皇帝的秘书班子)成员，到工部(主管工商业、手工业)、吏部(主管组织、人事)的一把手，以至一直到达“宰相级”的大学士，他的仕途上虽然也有风浪，但是总的看是顺风顺水，要是没有“同治中兴”时期的政治制度变革，当然不可能有这等好事。

朝廷开始重视行政变革

在“同治中兴”的政治家中，洋务派占据上风，曾国藩、李鸿章、左宗棠、张之洞等一大批掌握实权又有雄心的人，以改良与改革为旗帜，办了很多当时看来很新奇的事物，如前面讲到的“总理各国事务衙门”，这是相当于现在的外交部的机构，在此之前，中国历来的政府中都没有专门负责外交事务的部门，只是在礼部下面设了个二级机构(相当于现在的司局级机构)对外交事务进行管理。1860 年英法联军打到北京，深刻地教训了一下清政府，因此才得以成立这个机构。

朝廷设立的另一个新机构就是同文馆。这是清代在北京开办的采用班级授课制的第一所洋务学堂。建于同治元年(1862 年)七月二十九日，隶属于总理各国事务衙门，教师以外籍为主，光绪二十七年(1902 年)并入京师大学堂。在增设一些政府机构的同时，成立了上海江南制造局和福州船政局。江南制造局在 1868 年 9 月 28 日自造的第一号火轮船竣工下水，成为我国近代造船史上的一个里程碑。

---

① 相当于清廷后来设立的外务部、外交部，与现在很多国家的外交部、美国的国务院职责类似。

福州船政局及其附设学堂则是大规模建造船舰和培养人才的机构。福州船政局从1866年至1907年共造各种船舶40艘,其中有铁胁兵船和铁胁巡海快船(即巡洋舰)、鱼雷快船,并自造复式轮机。船政局于1866年设立的马尾船政学堂(初建时称“求是堂艺局”),以培养驾驶人才为主,也培养大副(船上最高行政领导)等人才。该学校是中国最早引进西方教育模式的近代技术型学堂。马尾船政学堂采用法国教育体制,把船舶工程学校与海军学校合二为一,是一所按技术分设专业的近代高等院校。前学堂学制造,采用法国军港士官学校的科目训练;后学堂学驾驶,采用英国海军的培养方法训练。在此后的40多年里,船政学堂共毕业学生510名(连同民国初期毕业的共629名),选送出国留学生4批及零星派出共111人,很多人后来都成为我国科技力量的主要骨干,严复、邓世昌、詹天佑等众多的仁人志士都是那个学校培养的 。该学校 在全国最早开设了行政管理课程。清政府的洋务运动为出生于经济发达地区的江南高官提供了实现实业救国的机会。

梁启超听说中国的船政学堂开设行政管理专业课程后,大喜过望,奋力研究,认为这是一门致力于治理变革的大学问,他在1897年大力呼吁“我国公卿要学习行政学”①,成为中国历史上第一个提出“行政管理科学化”的人。20世纪30年代,中国开始全面研究行政学。新中国建立后,曾停止了这一学科的研究。改革开放以后,夏书章②在1982年提出恢复研究行政管理理论的倡议,得到当时的国务院主要领导重视,遂指示国务院办公厅会同有关部门于1984年联合举行“行政管理科学研讨会”,并筹备成立中国行政管理学会(1985年建立筹备组,1988年正式成立)。

陆润庠在从政的路途上虽然也有很多荆棘,但是基本没有太大的险象。究其原因,第一个就是他的起点高。他在“同治中兴”的最后一年进入到中央核心机构,这个“起点”奠定了他在晚清众臣中的历史地位。中国历来是个讲究资历

---

① 关于梁启超是否讲过“我国公卿要学习行政学”,学术界存在分歧。我的朋友余兴安在《中国行政管理》2011年第2期发表《梁启超真的讲过“我国公卿要学习行政学”吗?》一文,认为:在20世纪80年代即见有行政学著作中讲到梁启超曾于1897年所著《论译书》中提出:“我国公卿要学习行政学”,最近仍见有行政学教科书袭用此说,并以此为题考学员,梁启超果真在《论译书》中有过此论吗? 笔者在二十余年前就曾认真阅读过《论译书》,未见此语及与之相关的表述。

② 夏书章(1919年—),江苏高邮人。中国行政学家。中国当代行政科学的主要奠基人。早年毕业于原国立中央大学(现南京大学)法学院政治学系和美国哈佛大学管理学院(今肯尼迪政治学院)。1947年起任中山大学教授至今,期间担任中山大学副校长。

的国家，陆润庠作为“同治状元”，比他后面的“光绪状元”“宣统状元”就天然地高出了一筹，这为他在从政路上搭乘快班车打下了历史性的基础。我们在晚清大官们写的日记里大致能读出他们对陆润庠一路顺风顺水的“羡慕嫉妒恨”，个中原因就在于他们与陆润庠的起点不同。当然，每个人的起点不同，从中央机关开始工作，起点固然高，在基层工作好像起点比较低，但这些都不是绝对的，优势是相对的，是可以转化的。从政起点的实质在于认识的起点、思想的高度。客观条件比较差的，可以通过努力改善环境，创造出优异的业绩，寻找到适合自己的高起点。二是他的积累多。陆润庠33岁开始进入官场，此前已经有了相当丰富的学习经历。比如，他先是在俞樾主办的苏州紫阳书院学习多年，与章太炎、吴昌硕同为俞樾的弟子，后又在北京金台书院学习多年，属于高学历一族，有深厚的理论功底和文化基础。我们每个人都有自己的积累，工作时间短的，可能在工作量上有优势，就可以成为积累的源泉。工作时间长的，需要把经验上升到理论的层面，才会形成对自己有用的积累。三是他接近下层。陆润庠的祖上虽然出过状元，但靠近的几辈人都以行医为主，接近社会的下层，他自己父母的家境也属于比较贫寒的。这样的家庭背景下走出来的人，对现实的敏感把握准确，能做一些在古代被认为不上档次的、排在“仕、农、工、商”后两位的办商业、办工厂等事（后面要专门写），这是他带动民族工业的发展，形成早期市场经济思想的根源之一。在基层工作的人是不是天然就具备了对下层状况的了解呢？也不一定。问题在于要进行素材的再分析，在于把下层的带有普遍意义的情况整理出来。四是他懂得珍惜。陆润庠40年的人生经历中写下最多的是助人为乐、低调做事、平正行事等词语，说明他十分珍惜来之不易的荣誉和职位，看重在身后留下美名。他与同代叱咤风云的人物相比，少了些许豪气和霸气，却不乏平凡之中的优秀。事实上，在剧烈动荡的时代，要做到平淡与坚守，也很不容易。就像在“文革”中要做个“逍遥派”，既不“造反”，也不“保皇”，是很难的一件事情，道理是相通的。在盛世更加需要懂得珍惜，否则往往损失的时间资源会更多。五是他赶上了国家、朝廷开始重视行政变革的好时机。在晚清之前，皇权的地位是至高无上的，政治统治与技术性的行政管理是完全合一的，到了晚清，由于政治统治地位的动摇，也由于西方传进来了现代关于“政治—行政”分开的理论与实践，行政权力在皇权中有了一定的分工，行政管理的科学含量有所提高，这是陆润庠能得到重用的一个很重要的外部条件。

正所谓：阁部监斋处处到，三十五载登云峰。同是宦游觅道者，励精图治方成功。

感言与物议

养老问题，并不是我们现在进入了老龄化社会之后才有的新问题，早在周朝的时候就有了研究，早在一百多年前陆润庠考状元的时候对之也有所研究，而且他还有实践。我们为什么不去继承这些重要的思想，在此基础上再结合时代新的特点进行深入研究呢？老而"庠"之，老而学之，是解决"精神养老"问题的重要途径。

当然，一个"学"字不能破解全部问题，还要有子女的"孝"字，还要有全社会的关心问题，还要有一个观念更新问题，还要有一个加强法治问题，等等。不少老人因赡养问题与子女对簿公堂，结果往往是老人赢了官司、输了亲情，致使亲人间矛盾激化。同时，随着养老观念的转变，敬老院成为不少老人的选择。但是，据国家有关部门的专业统计：倘若老年人与护理员的比例要达到3∶1，全国最少需要1000万名养老护理员。国家民政部门的数字显示，目前全国老年福利机构的职工只有22万人，取得养老护理职业资格的仅2万多人。由于服务整体素质偏低、专业水平、业务能力、服务质量在一定程度上无法满足老年人的护理需求，种种因素的匮乏制约着很多城市养老服务的推进和拓展。赡养老人本是中国社会几千年的传统美德，尽管有了《中华人民共和国老年人权益保障法》第十一条第一款规定的"赡养人应当履行对老年人经济上供养、生活上照料和精神上慰藉的义务，照顾老年人的特殊需要"，但是事实上，法院对精神赡养的判决和执行，比起物质赡养的判决和执行要复杂得多。在审判实践中，法院固然判决支持了其诉讼请求，但诉讼最终目的并未实现。中国今天很多社会和经济政策都是为了解决年龄结构偏低而且迅速增长的人口结构而制定的，应对老龄化的挑战需要针对新的人口结构制定新的策略。

无论是对政府部门、社会组织还是家庭、个人，这都是一个任重道远却又迫在眉睫的难题。我们是不是可以从历史上找到一些可资借鉴的东西呢？同样，行政管理的科学化，是不是也可以从中国古代行政思想中得到一些营养呢？

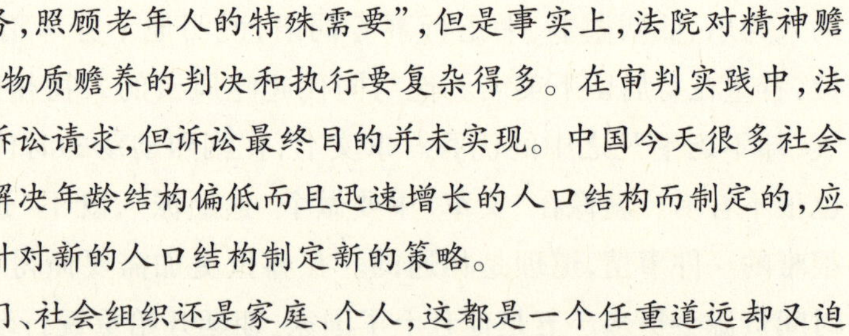

使立朝不为奸慝所排，讵令人火热水深至此；
岂神州终有陆沉之祸，故夺我泰山梁木于先。

——张元济挽陆润庠联

第二章

反卖国四度上奏折　实无奈中堂气吐血

就在陆润庠个人的“官运”顺利发展、走上坡路的时候，咱们的“国运”却很不顺利、在走下坡路。

如果说“同治中兴”是清朝天空上的一道返照的回光，那么，甲午战争就是晚清最后的一抹乌云。

陆润庠坚持儒家“达则兼济天下”的使命意识，在国难当头之际，不顾个人身家性命，以20年完成的“政治原始积累”为代价，以自己刚进入最高决策智囊团的身份，冒死四次上书，反对朝廷与日本签订《马关条约》。但是，“弱国无外交”，包括陆润庠在内的清朝官员无力回天。甲午战争的失败，注定了清王朝的命运。

甲午战争始末

1894年7月23日凌晨，日本军队突袭朝鲜汉城王宫，挟持朝鲜国王李熙（朝鲜高宗），解散了朝鲜亲华政府，扶植国王生父兴宣大院君李昰应上台摄政，并驱逐驻朝的中国军队。7月25日（农历甲午年六月二十三日），日本不宣而战，在朝鲜丰岛海面袭击了中国北洋水师的战舰“济远号”和“广乙号”，引爆了甲午中日战争。

清廷内部发生了严重分歧,形成了两种意见。以光绪帝为首的主战派在中国挨日本揍后迅速占了上风,而时年六十岁的慈禧太后则口服心不服,仍然倾向于和议。不管怎么说,光绪帝做出了决策,1894年8月1日(光绪二十年七月初一)中日双方正式宣战。

清政府在宣战诏书中指出:朝鲜历来是清朝的附属国,清朝是应朝鲜政府的要求出兵的,相反日本"不遵条约,不守公法,任意鸱张,专行诡计,衅开自彼,公理昭然",令清朝忍无可忍,因此"着李鸿章严饬派出各军,迅速进剿,厚集雄师,陆续进发,以拯韩民于涂炭"。

慈禧为什么反对战争?除了担心打不赢之外,与该年适逢慈禧六十寿辰有关。年初时,朝廷确定"在颐和园受贺,仿康熙、乾隆年间成例,自大内至园,路所经,设彩棚经坛,举行庆典"。于是,她决定挪用海军经费,缮修颐和园,布置点景,广收贡纳。

"六旬万寿庆典"活动从年初开始筹备,到了八月,中日战事愈演愈烈,一些主战派廷臣纷纷上疏,请求停办颐和园工程。户部正式上书"请停工程",要用修的钱补充军费,慈禧怒不可遏,大发雷霆,称"今日令吾不欢者,吾亦将令彼终生不欢"。户部尚书军机大臣翁同龢被迫改口上奏:"查停工一条,系指以后寻常工程,其业经兴办之工,毋庸停止。"这就是当时军费严重不足的主要原因。

战争的初期,中国军队很是英勇善战,打得不错。但没多久中国陆海军先后败绩,慈禧求和之心又找到了借口。朝廷提出"朝鲜事求速结",她支持李鸿章等人采取对日妥协投降的主张。

9月27日,慈禧派主战的军机大臣翁同龢到天津与李鸿章会商停战求和之事。10月18日,又下令王公大臣及外省封疆大吏将"六旬万寿贡品"统一于10月23日送进北京。

11月7日,日军占领大连湾,这一天正是慈禧生日,前方军情急电雪片般飞来,慈禧却不为所动。在颐和园升殿受贺,大宴群臣,连续赏戏三天,公事皆延置不办。慈禧的这一态度,使李鸿章更加明确了自己的判断,对甲午中日战争采取"假打真求和"的政策。

11月22日,北洋水师基地旅顺沦陷,慈禧仍不以为然,并反将矛头指向以光绪帝为首的主战派。11月26日,慈禧于仪銮殿召见军机大臣,时光绪帝不在座。慈禧突然宣布"瑾、珍二妃有祈请干预种种劣迹,即着缮旨降为贵人",并将瑾、珍二妃之兄、礼部右侍郎志锐[①]遣戍乌里雅苏台。珍妃是光绪的宠妃,并坚决支持光绪对日主战。当时朝廷内一些主战官员不满于慈禧、李鸿章对日屈膝,于是,联合瑾、珍二妃的哥哥志锐"密通宫闱,使珍妃进言于上",试图再次推动光绪对日抵抗。10 月 28 日,文廷式[②]又亲自上奏《倭夷入寇枢臣与疆臣各怀异志但欲求和请交部严加议处折》,弹劾李鸿章等不思抗日的督军,说他们是"但欲求和,束手待攻","请旨将枢臣及北洋大臣交部严加议处,以存国法"。这时,正值慈禧起用恭亲王主持对日议和,主和空气甚嚣尘上。慈禧选择此时处罚光绪之二妃及其兄,目的在于打击主战派,关键是向光绪示威。12 月 4 日,慈禧同时下令授恭亲王奕䜣为军机大臣,进一步加强了主和派势力并剪除光绪周围的主战派力量。

到了 1894 年底,清廷在战事上愈不可为,慈禧求和之心更加急切。1895 年 1 月,她派张荫桓、邵友濂[③]为全权大臣,赴日求和。日本政府借口中国的使臣全权不足,拒绝开议,张荫桓等人在受尽日方的羞辱、一无所获后回国。议和未成,使臣被拒,慈禧万分惊恐,曾命顺天府准备车骡,拟逃往山西。

日本政府拒和后,立即向北洋水师另一基地威海卫进攻,27 日攻陷威海卫,北洋水师全军覆没。3 月初又发动辽河下游作战,六天之内,连陷牛庄、营口、田庄台。至此,以慈禧为首的投降派下定决心向日本投降。3 月,派李鸿章为头等全权大臣,再次赴日乞和。

从清政府派出张荫桓、邵友濂去和谈开始,国内反对议和的声音从来就没有停止过,而且声浪越来越高。李鸿章于 1895 年 3 月 19 日(光绪二十一年二月二十三日)到达日本马关开始谈判,准备割地赔款。此消息一传出,举国大哗,愤怒声讨慈禧、李鸿章等人的卖国行为。人们在北京城门贴出"万寿无疆,普天同庆;三军败绩,割地求和"的对联表示抗议。康有为、梁启超鼓动当时在

---

① 志锐(1853—1912 年),字公颖、廓轩,号穷塞主,晚号遇安。满洲他他拉氏。《清史稿》记载他"隶满洲正红旗",《清故伊犁将军文贞公行状》则说他为"满洲镶红旗人",清代末任伊犁将军,清代重要的竹枝词作家,也是光绪帝妃子瑾妃和珍妃的堂兄。

② 文廷式(1856—1904 年),字道希(亦作道羲、道溪),号云阁(亦作芸阁),别号纯常子、罗霄山人、芗德,江西萍乡人。近代词人,维新派思想家。光绪十六年(1890 年)榜眼。1898 年戊戌政变后出走日本。1904 年去世于萍乡。

③ 当时张荫桓是户部左侍郎,邵友濂是台湾巡抚,级别都相当于副部长。日本政府以级别不够为由,拒绝谈判。

北京准备参加科举考试的人“公车上书”，组织了1200人，麦孟华①等人以一昼两夜奋笔写就万言书，提出“拒和、迁都、变法”三条意见，大量传观，遍传京都。光绪的老师翁同龢赶紧入朝房，力争不要签字，并发电给日本首相伊藤博文，希望延期五日。有的大臣对1860年英法联军打进北京的情景历历在目，吓破了胆：“日人必破京师，吾辈皆有身家，实不敢也。”翁同龢厉声说：“我亦岂不知爱身家，其如国事何？”②

又是致电又是上折

4月23日，时任南书房③行走、国子监④祭酒的陆润庠联合吴树梅、陆宝忠、张百熙等上奏了两道折子——《请宣示和议条款折》《和议要挟难堪请饬廷臣会议折》，请求“召集王公大臣、大学士、六部、九卿、翰詹、科道，公同会议，加以驳正”。两江总督刘坤一立即发电表示赞成：“和约后患不堪，战而不胜，尚可撑持。”湖广总督张之洞在陆润庠上奏折前就先向朝廷发了一电：“闻倭要挟太甚，请英俄相助。”在陆润庠上了奏折后，张之洞的职务有了变化，已是代理两江总督，同时仍然兼任湖广总督，他又接着给朝廷发电，附和陆润庠的意见：“和约后患不堪，请令王、大臣会议补救，并速向英、俄、德诸国订立密约。”又过了几天，张之洞再电：“和约万分无理，请乞援强国。”

就在大臣们和社会舆论的一片反对声中，朝廷开始犹豫不决了。光绪的力量又有所抬头。于是，陆润庠第二次联合瑞洵、多欢、吴树梅等人上奏《使臣昏耄误受敌欺恳请宸断折》，另有一篇详细讲理由。他们把矛头直接指向李鸿章。此时，素以提建议和弹劾官员为职业的都察院也帮助官员递交了《吏部主事鲍心增等陈逆臣李经方叛父卖国请乾纲速断条陈》（有吏、礼、兵、刑、工部司官12

---

① 麦孟华（1875—1915年），字孺博，广东顺德人。清末维新派人士。1888年入广州学堂。1891年入万木草堂，成为康有为的忠实弟子。少时与梁启超齐名，在草堂弟子中有“梁麦”之称。生平喜爱吟咏，辞章绵丽沉郁，著有《蜕庵诗词》三卷，后为友人收入《粤两生集》。

② 康有为：《我史》，江苏人民出版社，1999年出版，第24页。

③ 清代中央政府机构名。原本为康熙帝读书处，地点在紫禁城里乾清宫的西南，故名南书房，俗称南斋。后为入选为翰林的文人在文学方面为皇帝侍读、侍讲的地方及机构。清代中后期，南书房的主要职责是当皇帝的顾问，代皇帝撰拟诏令、谕旨，参与重要事务的咨询，对皇帝即兴作诗、发表议论等作记注，以及向皇帝讲解经史、诗文。皇帝每外出巡视时一般随扈。该机构于光绪二十四年（1898年）撤销。

④ 国子监是中国古代的中央官学，为教育体系中的最高学府。祭酒是主要行政负责人，品等为从四品，古代这个职级以上的官员才有权力向皇帝上奏折。

人)、《工部主事喻兆蕃、内阁中书杨锐、刑部主事吴思让、吏部主事洪嘉与、户部主事吕道象为烛奸防患条陈》《台湾京官户部主事叶题雁、翰林院庶吉士李清琦、台湾安平县举人汪春源、嘉义县举人罗秀惠、淡水县举人黄宗鼎为弃地畀敌泣呈效死条陈》等奏折。翰林院的人纷纷上折子,如侍读学士准良奏《和议势难迁就宜分筹战守折》《请布告各国联络结交速立密约借助友邦片》《李鸿章辜恩负国请饬廷臣会议罪状折》等。

与此同时也出现了赞成议和的声音。四川提督宋庆称:“兵非久练,不足深恃。今日之急,尤在料简军实,去腐留精,尝胆卧薪,实事求是。庆一介武夫,愿与天下精兵舍身报国,成败利钝,非下愚所敢计。”居然以实事求是为幌子,委婉地表达同意签约。

形势和舆论,历史与现实,继续战斗还是停战议和,处于矛盾的交织状态,这种特殊的时候,最怕的就是最高决策者不能当机立断,因为那样极为容易造成前方无所适从,国内思想混乱,人心涣散,所以陆润庠忧心如焚,他第三次上奏称:“和议条款,传闻骇听,请旨宣示中外,以安人心。”

这时清政府十分害怕战争继续下去,为了求得停战,决心不惜任何代价议和。陆润庠等人知道无力回天,但仍然抱一线希望,于是第四次上奏,一方面希望朝廷以人民利益为重,设法抵制签订议和,“可举民不肯从,势难遽允,婉言以谢倭人”;另一方面做好修改条约的准备工作,在议和的条件上做点文章,以减少国家的损失。(《清光绪朝中日交涉史料》卷39,第27下)但是,已经无法挽回局面,4月1日,李鸿章对日方提出的十分苛刻的议和条款乞求降低条件。4月10日,伊藤博文提出日方的最后修正案,并对李鸿章说:“中堂见我此次节略,但有允、不允两句话而已。”李鸿章问:“难道不准分辩?”伊藤博文回答:“只管辩论,但不能减少。”李鸿章苦苦哀求减轻勒索,但均遭拒绝。4月14日,清政府电令李鸿章遵旨定约。4月17日,李鸿章代表清政府与日本签订丧权辱国的《马关条约》。

《马关条约》的恶果

《马关条约》是在日本马关的春帆楼签订的,所以又称《春帆楼条约》。双方谈判时,李鸿章坐的椅子竟比日本人要矮半截。后有国人至此游览,莫不视之为“第一伤心地”。据基督教广学会《万国公报》报道,签约之际,日本首相、明治维新主将伊藤博文与李鸿章曾有一番对话。两人各主国政，多年相识，堪称老友。伊藤说："日本之民不及华民易治，且有议院居间，办事甚为棘手。"言下之意颇为炫耀日本"三权分立"的议会制度。李鸿章答："贵国之议院与中国之都察院等耳。"伊藤说："十年前曾劝（中国）撤去都察院，而（李）中堂答以都察院之制起自汉时，由来已久，未易裁去。"外国人批评起中国的政治改革晚了，李鸿章无以应答。

条约的主要内容为：中国承认朝鲜"完全无缺之独立自主"，实则承认日本对朝鲜的控制；中国将辽东半岛、台湾岛及所有附属各岛屿、澎湖列岛割让给日本；中国"赔偿"日本军费白银两亿两；开放沙市、重庆、苏州、杭州四地为通商口岸，日本政府可以派遣领事官在以上各口岸驻扎，日本轮船可以驶入以上各口岸搭客装货；日本臣民可以在中国通商口岸城市任意从事各项工艺制造，将各项机器任便装运进口，其产品免征一切杂税，享有在内地设栈存货的便利；日本军队暂行占领威海卫，由中国政府每年付占领费库平银五十万两，在未经交清末次赔款之前日本不撤退占领军；本约批准互换之后，两国将战俘尽数交还，中国政府不得处分战俘中的降敌分子，立即释放在押的为日本军队效劳的间谍分子，并一概赦免在战争中为日本军队服务的汉奸分子，免予追究。

《马关条约》是继《南京条约》以来最严重的不平等条约，它给近代中国社会带来极端危害，是帝国主义变中国为半殖民地半封建社会的一个重要的步骤。从中国方面看，割地赔款，主权沦丧，便利列强对华大规模输出资本，掀起瓜分狂潮，标志着列强侵华进入了一个新阶段，大大加深了中国的半殖民地化，中国国际地位急剧下降。中国人民挽救民族危亡的运动高涨，资产阶级掀起了维新变法运动和民主革命运动，中国人民自发反抗侵略的斗争高涨，如义和团运动。《马关条约》对日本而言，得到巨额赔款和台湾等战略要地，不仅促进了本国资本主义的进一步发展，而且便利了日本对远东地区的进一步侵略。对远东局势来说，加剧了帝国主义列强在远东的争夺，三国干涉还辽事件明显地反映了列强在侵华问题上既相互勾结又相互争斗。

甲午战争，激起了中国人的"普天忠愤"，也引起了中国人的普遍反思，上至皇帝、王公大臣，下至黎民百姓，几乎得出相同的结论：中国人必须发奋图强。一部分知识分子在思考这样一个问题：为什么搞洋务、学西方、买兵器、练海军，这么些年还经不起日本人一击？改良主义者认为中国人应该在政治上有一个改变，弃旧图新。他们逐渐形成了派别和规模。在政治领域的代表人物是康有为、梁启超、谭嗣同、严复。改良派开始上书请愿、创办报刊、组织学会、创办学堂等一系列活动,维新运动逐步形成了规模和气候。

甲午战争以及作为结果的《马关条约》,是中国近代历史上的重要转折,成为“百日维新”的直接诱发因素。条约签订的当夜,李鸿章心力交瘁,吐血不止。李鸿章回国后,遭到陆润庠等人的联名弹劾,很快被解除了位居25年之久的直隶总督兼北洋大臣职务,投置闲散,住进了京郊虎头峰下的贤良寺。

而在此后,29岁的孙中山选择了革命,37岁的康有为选择了宣传变法,54岁的陆润庠和42岁的张謇选择了实业……

他们的目的都是一个——救国。

正所谓:身长八尺忠义人,位尊更念山河魂;九州飘絮碎风雨,四度声声主浮沉!

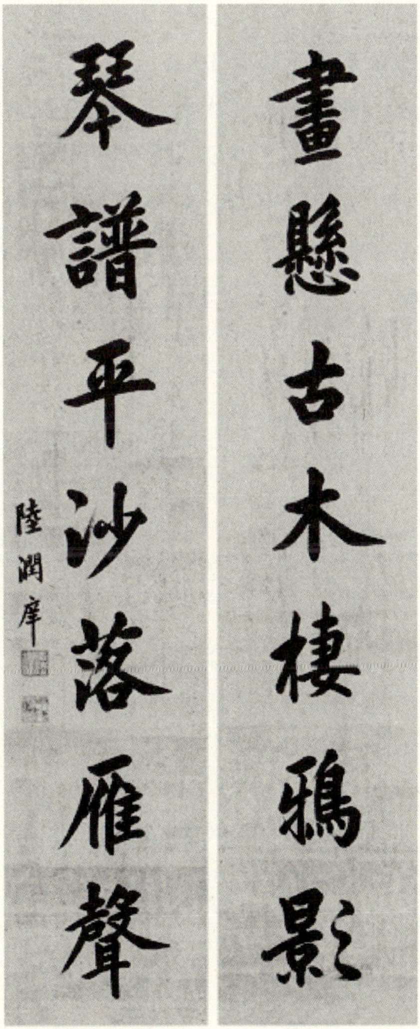

感言与物议

陆润庠以四度上书、六个奏折,表达爱国、忧国的情愫,提出外交与战争的战略、策略,但是都难以挽回失败的结局。原因何在?

我们先来做一个比较:遭外敌入侵被迫打开国门,中国是1840年鸦片战争,日本是1853年美国海军入侵日本,中国早于日本13年;实施改革,中国是1862年开始“洋务运动”,日本1868年开始“明治维新”,中国早于日本6年。且中国有着比日本更广阔的地域空间和经济回旋余地,社会生产力、综合国力都比日本强。

我们再来看日本的命运,可以说在近代,日本一点也不比中国好。1854年美国强迫日本签订了第一个不平等条约《神奈川条约》,此后,日本与中国一样,丧权辱国的条约一发而不可收。1855年,俄国强迫日本签订《下田条约》。1856 年，荷兰强迫日本签署《和亲条约》。1857 年和 1858 年，美国又与日本签订两个所谓的《通商友好条约》，不仅夺得了租界和领事裁判权，而且剥夺了日本的关税自主权。1860 年以后，英国也分别强迫日本签订不平等条约。1863 年至 1864 年，美、英、法、荷四国组成联合舰队，炮击日本下关，勒索战争赔款，控制日本关税，取得在日本的驻兵权……

但是，日本自 1868 年开始的“明治维新”在政治系统的改造方面做得比较彻底，把封建主义的生产关系束缚的枷锁解开了，市场经济体系基本形成，以三井、三菱、住友、安田四大财团为主的企业得到快速发展，矿山开采、钢铁冶炼、机器制造、军火生产和以纺织为主的轻工业等各方面都有了长足的进步。有了经济实力，又不断扩大军事装备，甲午战争前夕，日本陆军总兵力计 13 万人，并可在开战时动员 10 万后备役人员，组成 23 万人的野战部队，海军拥有大吨位、快速度的现代化战舰，总体实力已明显超过中国北洋舰队……

一对难兄难弟，两个一衣带水的邻邦，都在学西方搞现代化，为什么要打仗？为什么中国会输给日本？这场战争的实质是一场两国之间政治体制及经济体制的较量，是改革方法与效果的较量。甲午战争，中国输了，不仅在军事上输了，更重要的是输在了政治和行政体制上。

迎春地暖花争坼；

茂苑莺声雨后新。

——陆润庠题苏州拙政园十八曼陀花馆联

第三章

两状元发展民族业　建铁路试图靠市场

1894 年甲午战争失败，陆润庠在遭遇“国难”的同时，又遇到了“家愁”，即本书开头提到的——母亲生了重病。

按照中国古代的规定，官员的父母得了重病，可以告长假。陆润庠在国难与家愁同时袭来的时候，感到从来没有过的无助，便以回家照料老母亲的名义请了长假，回到苏州去，打算在家里深入反思，卧薪尝胆，发奋图强。

为皇帝找书

要说陆润庠回到家乡苏州做了什么，还得从他是如何得到朝廷重用并获得做事的资源讲起。

光绪十三年（1887 年），光绪皇帝虚岁 17 岁，慈禧迫于各方面的压力，同意让光绪亲政，就是让光绪主持工作了。光绪酷爱读书，即使是在亲政后，日理万机之余，还坚持每天读书。慈禧挑选了此时担任南书房行走的陆润庠来陪皇帝读书，也有说是光绪的老师翁同龢推荐的苏州老乡陆润庠。

翁同龢比陆润庠大 14 岁，咸丰六年（1856 年）中状元，比陆润庠早 18 年。光绪元年（1875 年），也就是在陆润庠中了状元到翰林院供职的第二年，翁同龢开始在毓庆宫行走，成为光绪帝的师傅，到 1898 年被撵出北京城，回到家乡常熟，前后长达23年。陆润庠在1882年起任南书房行走，就时断时续地陪光绪读书。一个是光绪的老师，一个是光绪的“同学”，翁同龢与陆润庠情同师生。

光绪读书有个特点，就是常常在翁老师要求阅读的书和陆陪读建议的书之外，还要自己提出想看什么书，而且他性子很急，一说什么书，最好能马上找到来读。《清光绪外传》记载：有一天，光绪对陆润庠说，《天禄琳琅》①的第一集一直储存于圆明园，庚申毁于兵火；第二集及以后各书，“闻在宫中，汝可诣宫中藏书处试检之”。

陆润庠领旨后随即去查，书库里的书虽多，都与光绪要的两集目录不合。他只得回禀皇帝，皇帝沉吟良久，说：“昭德殿尚有书数屋，恐是矣。”昭德殿是宫中最后的一个殿，长期无人使用，里面的东西乱七八糟。在一旁的皇帝老师翁同龢请求皇帝派他与陆润庠一起去找。皇帝自然同意了。

陆润庠跟着翁同龢来到昭德殿，只见里面到处是灰尘，“凝尘数寸，无从措手足”，两人找了很久，也没有找到，有的地方实在太脏，无法下手。陆润庠对翁同龢说：前辈，您回去休息吧，我来找人先帮我们把卫生搞搞，回头再来找吧。

> 二位公公出银十两，给守殿太监为扫除费，次日复往，则宋元明镌本颇多，且有精抄本，然以二集目录证之亦非也。有旧阉知其事者，谓闻诸前辈。此盖嘉庆初欲编《天禄琳琅》三集而未行者。翁、陆乃择最精数种呈上，置玉案备乙览焉……德宗以此书置案头，时屏览，颐和驻跸，亦携以自随。
>
> （［清］恽毓鼎《崇陵传信录》）

光绪皇帝对翁同龢、陆润庠找来的书如获至宝，经常读，外出还随身带上，可见这件事情在光绪皇帝心中产生的对陆润庠的好感是多么大。

由于有翁同龢在光绪皇帝身边当老师，陆润庠又陪光绪皇帝读书，所以陆润庠接触光绪皇帝的机会自然比其他人多得多。后来，陆润庠受到光绪帝的重用，光绪皇帝屡次派他出任乡试考官，又提拔他为山东学政，使陆润庠在短短的两年中完成了官阶的“原始积累”，成为朝政中有一定影响力的人。

---

① 《天禄琳琅书目》为中国清代官府藏书目录，清乾隆九年（1744年）开始在乾清宫昭仁殿收藏内府藏书，题室名为“天禄琳琅”。该书目系中国第一部官修善本目录，在编纂体例方面多有创见，于清代藏书家讲究版本鉴定、注重善本著录之风气影响深远，直接开近世版本目录学之兴盛。

中国的工业革命

中国的第一次工业化浪潮,发生在110多年前。比起320多年前英国发动"光荣革命"开启以工业化为基本特征的现代化征程,中国晚了很多。这主要是因为长期闭关锁国、夜郎自大,失去了第一班列车的机会。150年前,已经开始发达起来的工业化国家强迫中国开放市场,中国能不能搭上第二班现代化列车呢? 中国的有识之士开始思考这个问题,领风气之先的人已经开始了行动。

要说中国近代工业,必须先提一下张之洞。毛泽东对张之洞在推动中国民族工业发展方面所做的贡献评价甚高,曾说"提起中国民族工业、重工业不能忘记张之洞"。[①] 后面的故事中,在介绍陆润庠的时候还会多次提到张之洞。

陆润庠在发展中国近代工商业方面的贡献主要做了三件事:一是在苏州市区搞了一片商业开发;二是创办了两家大型工厂;三是参与修建了沪宁铁路,他主要负责上海到苏州一段的建设经费筹集。

这三件事奠定了陆润庠日后提升为工部[②]尚书的基础。

1894年中日甲午战争失败后,清政府被迫签订《马关条约》,开放苏州等四城市为商埠。让洋人开发,不如咱们中国人自己开发——陆润庠与张之洞、张謇抱着从外国人手中争回利益、减少损失的宗旨,密商对策,决定先发制人,趁"日租界"勘界期间,抢先设立洋务局,在苏州石路等三个地方各设商埠,面积约为两千亩,提前开发,减少了经济损失。这几片地方后来成为苏州重要的城市新商圈。

这一次,陆润庠小试了一把牛刀。而真正办大企业,还是在1895年。

在张之洞的竭力号召和现身说法后,陆润庠、张謇他们二人开始动手了。在办工厂方面,大家都更关注张謇这位状元,确实,他在这方面的名气比陆润庠

---

① 何晓明:《毛泽东说不能忘记张之洞》,《北京日报》,2003年5月12日。

② 清代工部是管理全国工程事务的机关。具体的职责是,掌土木兴建之制,器物利用之式,渠堰疏降之法,陵寝供亿之典。凡全国之土木、水利工程,机器制造工程(包括军器、军火、军用器物等),矿冶、纺织等官办工业无不综理,并主管一部分金融货币和统一度量衡。清代工部下设四个司:营缮清吏司,掌宫室官衙营造修缮;虞衡清吏司,掌制造、收发各种官用器物,主管度量衡及铸钱;都水清吏司,掌估销工程费用,主管制造诏册、官书等事;屯田清吏司,掌陵寝修缮及核销费用,支领物料及部分税收。除四司外,设有制造库,掌制造皇帝车驾、册箱、宝箱、仪仗、祭器等;节慎库,掌收发经费款项;料估所,掌估工料之数及稽核、供销京城各坛庙、宫殿、城垣、各部院衙署等工程。光绪三十二年(1906年),清政府在"筹备立宪"、改革官制时,将工部改为农工商部。

大得多了。张謇比陆润庠小两岁，比陆润庠取得状元的时间晚20年，在清政府发起洋务运动之初，他们二人在“下海”经商办企业是同时起步的，不同的是张謇进入商场后基本上没有断线，对中国民族工业的发展贡献很大，成为晚清最有名的人物之一。那么，陆润庠在办商业、工业方面有什么作为呢？

在老家苏州丁忧①期间，本来十分悲伤的陆润庠，一听到张之洞向朝廷上奏希望大力发展中国民族工业得到批准的消息，立刻觉得热血沸腾，利用自己的影响力，迅速在他的老家创办了两家大型企业。当时的背景是，清政府为了发展民族工业，在各省建立了“商务局”，各府州县设立“通商公所”，大力兴办实业。李鸿章在上海创办机器织布局，张之洞在汉阳兴建铁厂，张謇在通州（今南通）兴办大生纱厂，陆润庠在苏州创办了苏纶纱厂和苏经丝厂。

陆润庠东奔西跑，“一力肩承，不辞劳怨”，广延绅士，并得到了两江总督刘坤一的支持和帮助，筹措到建厂资金白银100万两。资金来源由三部分组成：一是水利积谷公款，系备荒所用，需逐年偿还（后来到民国六年2月20日全部还清）；二是由苏藩司（江苏省的财政机构）筹垫20万两，按年分期还清；三是原息借款60万两，借户为股东，分作5576股，实收银近54万两。对借来的高利贷，陆润庠很快将借款转为股份，对企业进行了股份制改造，将本金转为股本。

苏纶、苏经两厂的选址事关重大，陆润庠认为从便利产销考虑，以依傍京杭大运河的苏州城南青旸地最为适宜。于是，他着人在苏州盘门外青旸地（在今苏州人民桥南苏州市实验小学的地块）上找了一片荒坟地作为建工厂的地点。这里原名北底坛、南底坛、长腰坛，为明朝弘治年间埋葬棺柩的官地，历时四百年，棺柩、骨坛在万具以上。苏纶、苏经两厂就在这片土地上破土动工，共占地42亩9分。两厂的设备，原先，张之洞已“奏请以在鄂（湖北）定购之纺纱机40700余锭”，但后来这些纺纱机被南通张謇在光绪二十五年（1899年）分两次领购到南通建造大生纱厂去了，陆润庠于是另外通过洋行购买了英国道勃生厂1896年制造的18200锭全套纺纱机器，这是当时最先进的纺纱设备。清末一位英国技师和一位机匠负责安装和维修管理，开业时还聘用了6名外国人担任棉纺机的指导。光绪二十三年（1897年）七月，设备安装完毕，开工生产，陆润庠任苏纶、苏经两厂“总理”。两厂从筹建到生产，仅用了一年半时间，速度之快，

① 《尔雅·释诂》：“丁，当也。”是遭逢、遇到的意思。《尚书·说命上》：“忧，居丧也”。古代的“丁忧”，就是遭逢居丧的意思。丁忧作为祖制，是指朝廷官员的父母亲如若死去，无论此人任何官何职，从得知丧事的那一天起，必须回到祖籍守制27个月，这叫丁忧。

实属罕见。苏纶纱厂厂房落成投产，拥有纱锭1.82万枚，有工人2200名，主要设有花线、纱栈、轧花、清花、纺纱等工场，设备系当时最先进的纺纱机器。苏经丝厂有缫丝车208台，职工500多人。两工厂的产品质地优良，据《官书局汇报》中说："苏州丝、纱两厂所出丝、纱，足与上海有名厂相埒。"而且，苏纶纱厂开办后的盈利，在当时国内纺织业中也是首屈一指的。

光绪二十四年(1898年)春，陆润庠回京，升迁为工部侍郎，苏伦、苏经两个工厂交由当时襄理厂务的绅士、候选郎中祝承桂，与苏州商务局签订协议，承租包办5年。光绪三十年(1904年)四月，又由商人费承荫接租，订约5年。承租期满，股东们要求收回自办，于1908年7月进行官商交接，商股正式接办苏纶纱厂，厂的性质从官督商办转变为商办。商办四年多时间后，因经营亏损，停工近两年，再后由源记公司代表许松春承租继续生产。在此期间，厂商协理王驾六共用13000余银圆买下了厂房基地。至此，该厂的产权和经营权才全部归商股所有。

建工厂的花絮

在陆润庠筹备和兴建这两个工厂的过程中，还有一个故事：苏经丝厂建造厂房时掘地得夏姓墓志，上写："夏公讳士铭，字德新，号惊庵，殁于明正德五年七月十日，七年三月二十七日葬于吴县盘门灵岩乡之先茔。张潮正书。"立墓志者是夏姓人士的两个儿子，长子名叫"经"，次子名叫"纶"，一时传为异闻。叶昌炽《缘督庐日记》记有此事，认为是缘分"前定"。参与苏经丝厂早期经营的汪存志在其生前自订的《葵庵年谱》中也叹为"签兆"。实际上，取名经、纶的，古今不乏其例，巧合而已。①

陆润庠创办的这两个工厂在中国近代工业史和民族工业发展史上占有重要的地位。协助陆润庠办这两个厂的尤先甲(1876年举人)，又创设了"同仁和绸缎局"，当时为该行业的龙头企业，他还在1906年接受陆润庠邀请参与苏杭

① 改革开放以来，苏州在古城之东发展了新的城市园区。那里，在历史上就有的三个湖——金鸡湖、阳澄湖、独墅湖畔建立了现代化田园城市，在苏州人概念里这三个湖不仅是三个湖泊，而且已经成为苏州工业园区三个区域的象征、三种发展模式的代表，甚至是三种生活方式的简称。他们说：到金鸡湖发展经济，到阳澄湖养养生(吴语"阳澄"与"养生"同)，到独墅湖读读书(高校区)……当苏州人说起这句话的时候，我们蓦然发现，这里也有与100年前陆润庠办厂、发起民族实业振兴第一次浪潮时的巧合类似的美丽传说。

甬铁路建设，在苏省铁路公司中任驻苏州分公司经董。可见，陆润庠的行动在当时带动了一大批人，起到了开辟民族工业发展道路的作用。他办的那两个厂直到新中国成立初期仍然还是苏州最大的企业。① 改革开放以来，苏州经济发展更是开上了的快车道，根据2009年中国各城市经济综合实力排名，国内生产总值前10强的次序分别是：上海市13698亿元；北京市10488亿元；广州市8215亿元；深圳市7806亿元；苏州市6701亿元；天津市6354亿元；重庆市5096亿元；杭州市4781亿元；青岛市4409亿元；无锡市4400亿元。苏州居第5位。在城市用电量方面，上海市第一，苏州市第二，北京市第三；工业用电量苏州市在全国排名第一。苏州能成为当今中国经济的“引擎”，追溯其历史，陆润庠功不可没。他从“学而优则仕”，走向“仕而优则商”，开辟了中国文人仕途的新途径。

此后，陆润庠不再“恋战”，但在1906年开始担任的工部侍郎和后来的工部尚书（相当于工业部长和交通运输部长）职务位置上，仍然干着与办产业直接相关的差使。

中国古代中央政府设立工部的建制，起源于周代官制中掌管工程制作的“冬官”，汉代时其职能由“民曹”兼管，负责缮修、功作、盐池、园苑之事，晋代以后设置“田曹”一职，主管屯田、工程，分出水部管航政及水利，隋代后一直到清代设立工部，掌管各项工程、工匠、屯田、水利、交通等政令，与吏、户（晚清改为度支）、礼、兵、刑并称六部，列在六部的最后一个。清政府提拔官员经常安排他们从工部干起，积累经验，逐步上升。

陆润庠回到北京，在工部任侍郎期间，仍然心系民族工业。

可贵的市场意识

陆润庠参与建设沪宁铁路这件事也值得介绍一下，特别是通过筹集建设款，体现出陆润庠比较超前的“去行政化”思维和市场意识。

1895年，张之洞拟筹款建设沪宁铁路，邀请陆润庠负责招商，陆润庠一开始对修建上海到南京的铁路是非常关注的，也想积极参加做点建设工作。但是，当张之洞制定出铁路筹款和建设政策后，陆润庠的态度改变了，不再如此前那

① 李玉：《陆润庠与张謇——同时创办实业的一对状元》，《文史杂志》，1994年第4期。

样积极了。张之洞的思路是这样的：资方出钱、官方举办、朝廷垄断。张之洞把他的思路概括为“商能分利，不能分权；商能查账，不能擅路”的政策。就是说民间投资人可以获利，但不能参与管理和决策。

张之洞拍电报给陆润庠，要他赶紧来办筹款这件事。陆润庠的回复是：自己能力不行，“不敢滥竽”。张之洞知道他不是能力问题，而是思想问题。张之洞以为，陆润庠是因为没有把全部筹款的权力交给他，而是指派前任两江总督赵舒翘与他两人共同来筹款，于是对这个安排不满意。

张之洞急于叫陆润庠出马，赶紧回电说：所有招商，全权委托陆。

张之洞是个急性子，陆润庠是个慢性子，知道张之洞急，陆润庠反而更加不急了，他没有立即回电。

陆润庠做事向来讲究平正，他不会直接驳张之洞的面子，也不会违背原则去做事情。两天后，张又来电催，陆润庠觉得躲不过去了，只得认真思考着自己如何来表达真实的想法。他觉得应该直接表达出来：自己是对张之洞您大人制定的政策有不同看法——铁路企业的人事权、监督权、经营权全被官方掌握了，投资的股东处于完全无权的地位，在这样“权操在上”的情况下，“商务商任”、商董“自立条议”和“盈亏全归商人”就成了一句空话，“与官办无异”。他在电文中说：

> 前与钱议官商合办，苏沪小举，商得分枝，故愿从事 。今全路大举，与官办无异，商无其权，是以不洽。鄙章商股必出心愿，难于勉强。若曲从其意，许以分权，难保必无流弊，故请辞耳。
>
> （《张之洞全集》第9册，第6877页）

张之洞接到陆润庠的电报，对这位老朋友有点不满意。他一面去核实陆氏所说的情况，问商人们是否真的对他的政策有意见，当时黄遵宪、容闽、叶大庄等人已在上海的媒体刊发招股公告，介绍相关政策，张之洞致电这三人了解商人的反应。叶大庄先单独直电张之洞称：“铁路商股多不愿意与官合办，尚无应者，本日会议后再电复。”当天经过他们几个人开会商量后，黄遵宪等人联名复电张之洞，告知实际商情是：“沪商尚无人入股”，而“电询粤商，亦无应者”。其原因在“官商颇难合办”。然后，他们提出了“先官办淞沪、后议办苏沪”的建设性建议，就是说，先按照张之洞定的政策，建设淞沪这一段铁路实行官办，再考虑苏沪这一段铁路采用什么政策办。

另一方面，张之洞给陆润庠发电报，极力表示“慰留”，并答应考虑他的意见。几天后，张之洞果然接受了陆润庠、黄遵宪等人的建议，决定将上海到苏州这一段的铁路建设权交给陆润庠，“商人可先办苏沪小局”，按照陆润庠的想法进行招商引资，赋予投资人管理权。

陆润庠在铁路建设上的市场化思路，在当时是相当领风气之先的。如果清政府能一直按照这个思路发展经济、推进改革，不要在后来对地方铁路实行所谓的国有化，就不会出现武汉的“保路运动”，清政府的寿命或许还会长一些。

由于陆润庠任工部尚书期间，亲自督造沪宁铁路，沿途铲平了不少坟墓，在他去世后若干年，有墓主出于报复，雇人挖了陆润庠的棺材，而合葬一起的状元夫人灵柩却安然无恙。关于陆润庠的墓地，有一个美丽的传说，在浙江湖州还比较盛行。说是在清末同治年初，湖州市妙西镇潘村有位潘姓的大地主，为及早安排后事，遂请风水先生在肇村西南的摸天岭下一个山坞里为自己选择了一块风水宝地，随后即叫工匠为其营建“寿穴”。岂料，寿穴初成，第二天即被掀翻，如此往复竟达三次，而寿穴始终未能建成，这位潘姓地主百思不得其解，也找不到掘墓之人。就在其“寿穴”第三次被掀翻的当晚，一位慈眉善目、长须白发的土地公公前来托梦告诉他：“这里不是你的坟基，而是苏州陆状元家的坟基。”潘姓地主心存疑惑，就租用了一艘民船从五星村何家埠下水，亲自前往苏州查询。但他遍寻苏州闹市都没有找到，最后摇船到偏僻的下塘街，才找到陆家。这位财主十分好奇：这么大一个状元府，怎么门面这么小啊，不但没有风光的石库门，一扇普通的门至多三尺宽，一点都不气派。其实那时陆润庠还没有中状元，房子是祖上留下的，坟地也根本没有选好。陆家的人听了财主的话，随即与他一起赶到肇村，船从何家埠上岸，但见东西两山对峙，气势雄伟，风水极好，西边一座山宛如灵龟，人称龟山，东边一座山宛如四脚蛇，世称蛇山。他们沿着一条石板路拾阶而上，但见两边古木参天，郁郁葱葱，陆家人即决定将“寿穴”选定在肇村摸天岭东南侧的一座小山坞，其旁的水库及附近小村坊均以其姓命名为陆家庄。后来陆润庠果然高中状元。陆懋修、陆润庠父子两代后来就埋葬在这里。其墓穴虽在“文革”中遭到破坏，但遗址及石牌坊、石人、石马和墓畔的古樟仍在。为纪念清代这位名儒和大书法家、大楹联家，同时也为了开发生态旅游，经有关专家提议，妙西镇人民政府已准备将陆润庠墓葬所在的山坞定名为“状元坞”，总库容 105 万立方米的陆家庄水库被赋予新名——“状元湖”，其下的溪流则被称为“状元溪”。

正所谓：办厂领得风气先，商业抢占好地盘；铁路修经家门口，也让乡亲多赚钱。

感言与物议

前面分析了中国体制落后问题。陆润庠在办工厂、办铁路上的贡献，我觉得不仅在于建设了什么，更重要的是他提出了市场化的强国之路的设想以及初步的实践。这一点，后人研究得比较少，原因是多方面的。其实，不仅如此，在近代历史的研究中，我们相当普遍地存在着重事件、轻人物，重主要人物、轻次要人物，重正面人物、轻反面人物，重对现实有用的事和人、轻历史上曾经重要而现在没有多少“油水”的事和人，这些历史观上的形而上学问题导致不少今人难以全面、客观、令人信服地讲历史，难以真正发挥历史作为现实镜子的作用，反而常常使历史沦为现实的奴婢。对陆润庠的研究之所以极为鲜见，具体原因有这样几点：

一是张之洞、张謇这几位晚清名人的“光芒”太大。一般研究洋务运动、研究中国民族工业发展史，大都以他们为例，特别是张謇后来又投身教育，创办大学、博物馆，集实业救国和教育救国于一身，影响极大，而陆润庠办企业、当工部尚书时间不长，很难与这些在这个领域实干的名人媲美。

二是研究史学的人总是把大事件与大人物直接挂钩，采用写主要人物带动整理历史描述的方式，把第二位的人物省略了。比如郑曦原在其《帝国的回忆：纽约时报晚清观察记》（先后由北京三联书店和台湾远流出版社出版，2001 年被《南方周末》评为

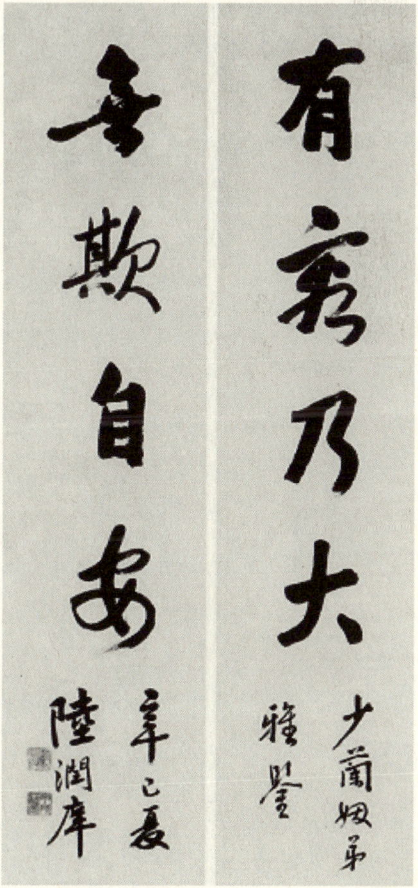

年度“十大中文好书”)的序言中说:“对重大革命事件的报道以孙中山先生的活动为重点,对重大外交事件的报道以李鸿章为重点。如此选辑,难免挂一漏万。”这很能说明问题。

三是历史人物是历史的一部分,在历史中失败的人物,在历史结束的时候他们也结束了历史使命,人物的命运也就终止了。陆润庠总体上是清末一官僚,随着清代统治的结束与整个王朝的灰飞烟灭,人们很自然地给封建王朝中的人物打上一个时代的烙印,即使他做了有利于民族发展的好事,也不说,或者说得少,因噎废食,难以翻身,以至于经验和教训如何汲取,便成为一个问题。

四是陆润庠为人谦和、行事低调,从不把日记给外人看,也不写自我表扬的文字于后世,加上清政府历来对保密工作严加管理,宫廷内部事务秘而不宣,如果我们再不加以挖掘,历史和历史人物留给世人的东西会越来越狭窄,越来越教条,越来越空洞。

恳志诵经，励精行道；

慧镜无垢，慈灯照微。

——陆润庠题浙江天台山万年寺联

第四章

戊戌年变法遭失败　八国军侵京方撤离

中国在经济上搞洋务运动，陆润庠等一批先贤致力于办现代工厂，希望靠实业救中国。但经济的发展有赖于政治的改革。这一点，晚清的政治家们是知道的。

1898 年光绪搞的“戊戌变法”，就是希望通过政治、文化、社会等多方面的变法来支持经济发展，挽救危亡的中国。

慈禧与光绪的博弈

“戊戌变法”又叫“百日维新”，变法发生的时间是 1898 年，而酝酿这次变法则要更早些。1895 年 4 月，康有为在北京发动了应试的 1300 多名举人联名上书光绪皇帝，叙述严峻的形势，同时提出变法的主张，史称“公车上书”。这次事件对清政府触动不大，却轰动了全国，成为维新变法的序幕。康有为、梁启超等人借着这股势头，在北京出版了《万国公报》（后改名为《中外纪闻》），在上海创刊了《时务报》，宣传变法；组织了强学会，后来强学会成为戊戌变法时期的政治团体。1897 年 12 月和 1898 年 1 月，康有为在以前四次上书未达皇帝手中之后，于第五次、第六次上书，陈述列强瓜分中国，形势迫在眉睫。光绪在读了他的信后，经过反复思量，决定团结“帝党”官员和维新人士一起进行改革。

时间到了光绪二十四年(1898 年,戊戌年)7 月 19 日(农历六月十一),光绪皇帝亲自登上天安门颁布《明定国是》诏书,宣布开始维新变法。在后来的 103 天中,光绪一共发布了 180 多件诏令,平均每天近 2 件,最多的一天发了 11 件,进行了比较系统的改良,从经济、政治、社会各领域实施变革,力图推进中国的现代化进程,在一些领域使中国面貌开始出现了新气象。在文教方面的改革有:废除八股,改试策论;兴办学堂,按照西方模式,创办了京师大学堂(即北京大学的前身)以及三江师范学堂(即南京大学的前身)等现代大学。在经济方面的改革有:发展商业,在各省成立商务局,搞好商品流通,发展科技,奖励发明创造,保护专利,允许民间办工厂。在军事方面的改革有:训练新军,以热兵器代替落后的冷兵器,造兵轮、建海军。在社会风气方面的改革有:把城乡许多祠堂和庙宇改为学堂,破除迷信,女人不缠足等。在政治方面的改革有:对权力进行再分配,广开言路,精简机构,任用新人。

然而,这些指令、法令有相当大的部分并没有得到落实,因为除了传统势力、习惯思维作祟外,还与大多数官员在等待、在观望有关。

慈禧太后在光绪皇帝宣布变法的第五天就迫使光绪连下三谕,从而将人事任免和京津地区的军政大权控制在了她的手中。尽管慈禧太后宣布除了紫禁城里的清朝历代皇帝牌位不能动、辫子不能剪之外,其他什么都可以改,绝不干预皇帝的决策,但大臣们都不傻,像光绪皇帝这样的改革触动了那么多官员的切身利益,怕是难以持续,难以成功。于是,很多人存在观望心态,“后党”们则有事没事地往颐和园跑,名义是请安,实质是打“小报告”。

陆润庠参与“戊戌变法”,是与翁同龢有关的。翁同龢酷爱书法,陆润庠与他有同样的爱好和专长。陆润庠考中状元后,经常拜访翁同龢,一方面向他讨教从政经验,另一方面也常常和翁同龢一起切磋书法技艺。

翁同龢不仅是光绪皇帝从小的老师,传授知识给他,而且在生活上关心照顾光绪皇帝,在政治上鼓励他变法。在光绪亲政后,翁同龢成为他变法的主要幕僚,陆润庠就成为翁同龢的有力支持者。

为了协助光绪皇帝处理好与太后的关系,翁同龢与陆润庠商量,为光绪皇帝制定了一个“事分三等”的规则,按照寻常事、稍难事、疑难事三类情况,请光绪把握分寸。寻常事不报告,自己决策;稍难事打包报告或先做决策后报告,自己先执行;疑难事必须先报告,请慈禧决策后再执行。但政事往往很难区分大小,寻常事中也包含了不寻常的重大问题,特别是稍难事,就更难以把握和拿捏分寸。尽管光绪还是小心翼翼，每隔几天就向慈禧请安，汇报变法进展和新想法，但很多具体问题都变成了“稍难事”，光绪事先汇报得少了。于是，慈禧的不满情绪在逐步积累。

三个多月后，一场直接导致慈禧决定发动政变的事情发生了。这就是历史上称的“礼部六堂官事件”。

当时礼部有一位司局级官员叫王照，他写了个折子，给光绪皇帝与西太后建议，请这对“母子”一起到外国去考察一下，一则显示帝、后之间坚强团结；二则可以开开眼界，欣赏一下西方现代化的美景。

对王照的这个提议，礼部六堂官（正副部长）集体研究后一致不同意向上转达，他们认为，一是没有可行性，太后年纪大了，不可能再出洋考察；二是还有人怀疑王照提这个建议是心怀叵测，想把变法这事搞黄了。于是，他们就把王照写的折子压下，放到一边了。

光绪皇帝知道这件事后，从另一层意思中看问题，认为礼部六堂官对这么好的建议不给上奏，是有意阻挠“新政”，简直是胆大妄为。为了树立权威，为了给变法开路，光绪把这六堂官全部撤职。这么大的动作，光绪还把它当作“稍难事”，采取了先斩后奏，没有事先与慈禧沟通。在这六位当中有一位名叫怀塔布的满族官，他老婆是通天的，把此事上告了慈禧。慈禧听了当然很不高兴。很快，御史杨崇伊多次到天津与荣禄密谋，要荣禄出面制止光绪皇帝的改革；又有人给慈禧建议，要求杀了康有为、梁启超，以免改革“走偏”；奕劻、李莲英则跪请太后“垂帘听政”；甚至宫廷内外传言将废除光绪，另立皇帝。

到了九月中，光绪皇帝预感到自己执政已经无望，于是几次密诏维新派商议对策。但康有为、谭嗣同等维新派既无实权，又不想罢手，只得建议光绪皇帝顶住压力，继续往前走，再出重拳，打击反对变法的力量，拉拢重用掌握军权的袁世凯，以硬实力对付荣禄等保守派 。

九月十六、十七日，光绪两次召见袁世凯，授予其侍郎官衔。十八日夜，谭嗣同密访袁世凯，劝袁世凯杀荣禄，“举兵救驾”。可谁知道，袁世凯临危转向，倒入慈禧的怀抱，出卖了光绪皇帝。与此同时，被罢官怀恨在心的怀塔布也到天津去找荣禄面谋，共同阻止变法。维新派与守旧派激烈斗争的结果，就是慈禧发动政变，将光绪帝囚禁在中南海瀛台，维新派康有为、梁启超分别逃往法国和日本，谭嗣同等戊戌六君子被杀害，历时仅 103 天的变法宣告失败。

清政府又一次失去了机会，敌人的机会倒来了。1900 年发生了八国联军入侵事件。

真是祸不单行。

生死逃难路

1900年6月17日，八国联军攻占天津大沽炮台，磨刀霍霍，准备向北京进犯。8月15日攻陷北京，清晨6点，慈禧带了光绪及大阿哥溥俊等仓皇出逃，命悬一线。赵炳麟在《光绪大事汇鉴·拳匪之变》中记载："七月二十一日天未明，报京城陷。太后着蓝夏布衫，皇上着黑纱衫、黑布战裙，皇后蓝布衫，仓皇出西直门……上与载澜同一车，不食竟日，民或献麦豆，以手掬之，须臾而尽。天寒求卧具不得，村民进布被，上以帚当枕。"

从6月17日到8月15日这中间的58天，对北京的官员是一场考验。很多高官找出种种理由"开溜"，陆润庠没有走，人们不禁要问，这是为什么？一是陆润庠主观上有着传统的"忠君"思想，要与朝廷共进退；再一点是他客观上为了救宝，在八国联军肆虐北京前后，他在大火中收集并保护了残存的《永乐大典》，这一内容后面还要专门介绍。那么，陆润庠是如何在八国联军已经包围了北京后逃出北京的呢？陆润庠与亲属、友人的通信揭开了谜底。

1900年7月，北京城里人心惶惶，社会已处于无政府状态，官员们纷纷携家眷出逃，而陆润庠还很沉得住气，只是让家属奔走河南避难，自己仍然坚守在京城。7月6日，陆润庠在写给时任保定知府的沈家本（近代著名法学家，是陆润庠的姻兄弟，陆的妹妹嫁给了沈的弟弟），请他帮忙照顾他的朋友、兵部的曹根生和礼部的邹紫东二人的家眷，他们逃难路过保定，请沈家本在可能的情况下，派兵保护二位女眷；同时顺便问了沈两件事：一是"昨闻保阳（保阳就是保定——笔者注）民教焚杀，究竟如何？"二是自己的家眷去河南，一定也路过保定，也不知道情况如何。这第一件事情可是大事，是沈家本"摊上的大事"。

1897年夏，沈家本调任保定知府。保定是直隶首府、京师门户，地位十分重要。沈家本一到保定即赋诗励志："循良遗迹仪龚遂，报最应渐泳素餐。"当时保定的法国教会势力强大，民族纠纷复杂，沈家本厌恶当时官场上盛行的居其位而不谋其政的行为，决心学习西汉的龚遂，做一个奉职守法的好官。第二年（1898年）正值百日维新，慈禧太后阴谋策动政变，命荣禄调甘军驻防长辛店。甘军调防时路过保定，纵火烧毁保定北关外法国教堂，酿成交涉案。经沈家本迅速调处，法国教士愿意以保定城中划出一块地方重建教堂作补偿了事。事情本可圆满解决，但清朝统治者对外软弱妥协，又派官员查办。法国教士气焰顿时嚣张起来，趁机提出苛刻条件，除要求赔偿5万两白银和占有清河道旧道署的地产外，还以保定府署东侧房产亦属清河道旧址为词，要求将这块地也划给教堂。就在查办人员即将答应法国教士的无望要求时，沈家本以《保定府志》和韩菼碑文为历史依据，发挥律学辩才特长，对传教士妄图侵占府署东侧房产据理力争，最后取得胜利，尽其所能维护了国家主权和人民利益。沈家本的才干得到直隶总督兼北洋大臣裕禄的赏识，奏报光绪帝请求予以提拔。1900年9月26日，光绪帝谕令拨擢沈家本为山西按察使。他接到谕命，未及赴任，就被“八国联军”阻在保定。法国教士原本就因沈家本据理力争夺回保定府署东侧房产一直对之怀恨在心，趁此机会遂向“联军”诬告他附和义和团。“联军”随即将沈拘留，关押在保定北街教堂里。后经李鸿章等人交涉，沈家本由被拘留改为监视居住，直到1901年2月14日才恢复自由。

陆润庠询问的“保阳民教焚杀”的情况，应该就是在法国人对沈家本百般刁难的这一段时间里的境况。陆对此事甚为关切。而陆润庠信中问的第二件事，对陆润庠来说则是自己的大事：家眷逃难去河南，一定路经保定，也不知道现在她们的情况如何？这说明陆润庠未为自己老婆去打扰沈家本。可见，陆润庠宁为别人老婆写信麻烦朋友照顾，自己的老婆途经那里倒不去找当地的朋友。后来，陆润庠才知道，他的家眷已经安全到了保定，并住在保定，准备等陆润庠一起去河南。

1900年8月15日，八国联军在遭遇了中国军民的强烈反抗后打进了北京。陆润庠在8月18日写给两位朋友的信中详细描述了他撤离北京的情形，读来实在使人难忘。

> 七月十七(公历8月12日)，前三门禁闭，外城消息不通。
>
> 洋人于二十日(公历8月15日)入都门外城，廿一日(公历8月16日)入城，乘舆西狩(即慈禧往西逃了，作者注)，时未黎明，只有车六辆、马数匹。
>
> 俱步行。

陆润庠在家里藏身一昼夜，廿二日辰时(7时)，忽有人来报云：城门无人把守，并可通车。陆润庠遂即刻登车，着便衣从贼群中逃离出来，“幸尚有一车”，但“一物未带，只短衫裤两身，银子数十两”。“出城时一马被惊”，车不能用，“转辗于流匪、拳会之中”。当晚，到了大兴县的黄村，“宿一破店”，相当危险。徒步走了四天，终于到了河北固安。离保定不远了，离友人当官的地方不远了，陆润庠心中狂喜。“仓皇向家室者，明知此时或已南行，然不得消息，终不放心。”到这个时候，还不知道家眷是不是在保定。问题还不仅仅在这里，关键是自己这副狼狈样子，能不能到得了保定，能不能进得了保定城，还是个问题呢！陆润庠只好托固安的当地领导用政府机要文件的方式给保定知府沈家本写信，告诉他，自己准备明日或后日由固安到雄县，再由安州赴保定，并询问“可否派人队至安州一带来迎？（保定城外三十里中恐难逃脱。故必用此法）”同时表示：“生死在此一举（身边川资已尽），望哀而怜之。”

堂堂的“朝廷宰相”，竟然到了哀求地方知府救他一命的地步。

后来，沈家本派人把陆润庠接到了保定城里，在那里陆润庠与家人团聚。稍事休整后，陆润庠又于八月十一日（9 月 4 日）与家人一起往南行，“十八日到达德州”，一天走了近一百里路。

奔赴行在

陆润庠在给沈家本的信中还写道：“适逢谕旨，内廷诸臣悉召行在，遂竭力张罗，定赴行在。”意思是：上面来通知了，自己要赶紧跟随太后和皇上西行。

1900 年 9 月 2 日（光绪二十六年八月初九日）两宫銮驾抵达大同县（今大同市）。大同府内包括总兵杨鸿礼在内的大小官员出城，到五十里外的地方迎驾。慈禧一行在镇台衙门内休息。据《丛谈》载，“初九日，抵大同始及车驾，当诣宫门销假，自此仍随扈同行。途中闻洋兵入都后，不久即陷保定。廷雍时兼护北洋大臣，为洋人拿获，凌辱备至，旋即斩首枭示。封疆大吏，外人竟任意戕杀，殊可愤懑。然一追数廷雍罪恶，实可谓死有余辜，国法不能治而假手外人”。大同府的准备工作充分，物品供应也称得上丰盛。直到此刻，慈禧及其一路奔波的朝廷官员和随从的生活才出现明显改善，让习惯于奢华生活的慈禧感到了舒适与欣慰。

在大同，山西布政使李廷箫赶至，进献白银十万两，督促百官赶往行在。

陆润庠就决定不再去河南，而改道赴西安的“行在”了。这又得走多长时间啊！（陆承曜主编:《传统文化研究》第8辑《陆润庠庚子书札笺注》，白山出版社，2000年版，第130—134页）如此一个兢兢业业、忠于职守的大臣形象，活灵活现地出现在这里。要知道，陆润庠此时已是60岁（虚岁）的老人了。容易吗？

杜甫有两首诗，专门写自己奔赴行在的经历，与此时的陆润庠有一比。诗的题目是《自京窜至凤翔喜达行在所》，第一首是：

西忆岐阳信，无人遂却回。
眼穿当落日，心死着寒灰。
雾树行相引，连山望忽开。
所亲惊老瘦，辛苦贼中来。

头两句话是说明为什么要冒险逃归到凤翔。岐阳即凤翔，凤翔位于岐山之南，山之南为阳，所以凤翔又被称为“岐阳”。又因凤翔位于长安西面，所以说是“西忆”。第三、四两句是写逃奔时的紧张惊惧心情。第五、六两句是写逃奔途中拼命逃窜的情形。最后两句是写初到凤翔时亲友们的慰问和诧异。

这首诗生动地描写了他奔赴行在途中的情景和心情：总盼望着两面岐阳的书信，但无人从那里返回。眼望穿，正当夕阳西下，心已死，它又像复燃的死灰。雾树指引自己前行，连山忽然看见通道展开。亲友惊叹我又老又瘦，慰问我辛苦由贼中归来。

第二首是：

死去凭谁报？归来始自怜。
犹瞻太白雪，喜遇武功天。
影静千官里，心苏七校前。
今朝汉社稷，新数中兴年。

杜甫写道：我若死去不知凭谁报信？归来时才感到自身要爱怜。我瞭望了太白的雪山，高兴地又重逢武功的青天。我安然仍在文官中，欢欣地站在武将面前。现在的朝廷与汉代一样，开始进入复兴之年。

这首写的是诗人到达凤翔后的欢喜心情，并表达了希望唐王朝能够中兴的感情，诗人写脱险的回忆，情景逼真。开头，诗人说自己如果在逃亡中死去，那就无人报信,所以,归来时,想起沿途的惊险,深深地感到要自爱。接着写诗人到了凤翔才有重见天日的感觉。身列朝廷中,才知道有安全的可能,亲自见到了国家的新气象,才知道复兴有望。“瞻雪”“遇天”“千官”“七校”“中兴”,都是写破愁为喜。

陆润庠奔赴西安的途中,不仅会想到唐朝的杜甫,更可能还会想起他的祖先、唐代的陆贽。陆贽生活在唐朝的安史之乱之后。“安史之乱”对唐朝来说是大伤元气的政治转折和经济开始走下坡路的开始。藩镇割据,山河破碎,战火纷飞。到德宗时出现了一派萧条破败的气象,田园荒芜,人烟断绝。陆贽就是在德宗期间中的状元,也是从翰林院干起的,但很快就受到德宗皇帝的亲近和信任。当时藩镇跋扈,朝政紊乱,叛军陷长安,军阀朱泚僭称帝,陆贽随德宗避乱到了奉天,后来,又有李怀光叛乱,陆贽又跟随德宗逃往梁州,长安收复后,才得以回到东京(西安)。在那段艰难的日子里,陆贽地位并不高,但德宗皇帝遇到难事都要与陆贽商量,而不一定与宰相商量,因此当时人们把他叫作“内宰相”。由于梁州、洋州道路险恶难行,德宗曾经与陆贽失散。过了一夜,陆贽还没有到来,德宗担惊、发愁、流泪,征召能够找到陆贽的人,并表示要赏赐一千金。过了许久,陆贽才到,德宗非常高兴,叫了太子以下的人都来祝贺。由于陆贽常常直言谏诤,有违德宗的意旨,德宗内心很不高兴,所以,陆贽最终失去了德宗的恩宠,没有能出任宰相……

陆润庠心里想,此去西安,在国家危难之时以实际行动表示忠心,肯定会得到慈禧的信任,但世事难料,也未可知前途如何,好在自己这么做是出于良知,并不是图什么升官发财。这么想想,再与没有逃出北京的官员比比,心理也就平衡了,脚下的力气也似乎大了些。

沦陷后京城官员的命运

陆润庠在逃难途中确实吃了不少苦,但是比起没有逃出来的人来,他算是幸运的了。八国联军进北京后,清政府没来得及走的官员里面有一千多人自尽了,包括庄亲王载勋、体仁阁大学士徐桐。还有不少官员是被八国联军设立的所谓军事法庭斩首的。最惨的要数徐桐和他的儿子徐承煜(刑部左侍郎),死得充满悲剧色彩。

徐桐是朝廷宰相,看到满城降幡,认为是奇耻大辱,本着“君辱臣死”之义,他命仆人在大厅正梁上结了两个绳套，唤来儿子徐承煜，要他和自己一同殉国。他对儿子说，我是首辅，国家遭难，理当殉节。说着向儿子看了几眼。徐承煜身为刑部左侍郎，哪能听不懂老爹的话，就慷慨陈词道：爹您放心，这是您一生的大事，儿子陪您上路！于是徐承煜将老爹扶上踏脚的骨牌凳，徐桐踮起脚，将皤然白首伸入绳套，两眼却还望着右边，这是期待父子同时结束生命，徐承煜无奈，只好再次表态：爹，儿子一定陪您到九泉下！说着更不怠慢，将垫在老父脚下的凳子一抽，成就了父亲的“大节”，自己却脱去二品服色的袍褂，一身短装，悄然遁去。在逃跑后他曾偷偷回了次家，发现全家男女老幼包括仆人共十六口全部悬梁于厅堂内，那副凄惨至极的景象几乎令其精神错乱。但徐承煜到底没能跑掉，最终被日军捕获而死，这对他而言，是一种解脱；对日本人来说，则是对他杀害主和派领袖袁昶（总理各国事务衙门大臣）和许景澄（总理衙门大臣兼工部左侍郎）的一个报复。

还有比徐桐的死法更加让人唏嘘不已的，这就是协办大学士赵舒翘。八国联军进犯并占领北京后，清政府与八国联军总部谈判，联军提出了一个谈判的先决条件，就是要求中国政府对扶持义和团的主战派头目之一赵舒翘进行严惩。赵舒翘是与陆润庠同时参加同治十三年（1874 年）科举的，榜三甲第四十二名进士。赵舒翘在刑部干了 10 年，由主事升员外郎及郎中，虽曾经一麾出守，颇得循声，升到江苏巡抚，此后又升为刑部尚书、军机大臣，不过他作为军机大臣的资望甚浅，与他的同事、满人刚毅相去很远。

赵舒翘做事兢兢业业，为人谨慎小心，断案刚直不阿，不畏权贵，多次平反冤案，史书记载他“直声震天下”。光绪二十五年（1899 年）义和团运动爆发，清廷命其与刚毅调查，提出处置义和团的意见。起初，他草拟的回奏折子写的是不要依靠义和团，认为“拳匪不可恃”，但满族大学士、军机大臣刚毅却一定要提出“抚而用之，统以得帅，编入行伍”，以便“因势利导”的政策。两位大臣意见不一致，按照清政府制度，同样级别的官员意见不同时，汉人官员要服从满人官员，于是赵舒翘只得按照刚毅的意见，重新草拟折子，联名上奏，并因为赵舒翘的资历比刚毅长，在折子的署名上赵舒翘就放到了前面。

慈禧采纳了“抚而用之”这一建议，企图通过义和团的加入，增加抗击外敌的力量，但根本无济于事。

翌年（1900 年）七月，八国联军攻陷北京，赵舒翘随慈禧逃到西安。侵略者同清廷代表谈判时，把赵舒翘指为支持义和团、对抗八国联军的“祸首”，威逼清廷严惩赵舒翘。慈禧屈从，对赵舒翘做出“革职留任”的处理，八国联军不满这个处理，继续施淫威，慈禧只好改为“交部严惩”，后再改为“斩监候”，最后定为“斩立决”，可谓一步步退让。对赵舒翘来说，这其实是一件很不公平的事。

陆润庠得知这个消息后，立即找了几位大官，联名致电朝廷，为赵舒翘说情、请命，历数其功劳，希望保其免死。西安城内绅民三百余人联合请愿，营救赵舒翘(《郑孝胥日记(光绪二十七年)》)。

慈禧哪里敢得罪洋人，“斩立决”的成命没有收回。

1901 年农历正月初二，传闻赵舒翘这一天要问斩。西安鼓楼前集结数万人，声言要劫法场，有人打出标语“太后若杀赵舒翘，便请回京”。

迫于此情形，慈禧不敢将赵舒翘公开处死，于是改为下诏“赐死”，令其在西安家中自尽，并令陕西巡抚岑春煊①前往监督执行。赵舒翘躯干伟岸，体壮如牛，“赐令自尽”，最“优待”的办法是吞金，一般妇女吞个金戒指下去便会肠裂而死，但据说赵舒翘竟吞下赤金二两之多而多时不死，又服砒霜，仍未死，监刑官岑春煊因须限时复命，急得要死，只好想出一法，用桑皮纸浸透烧酒，将他七窍通通糊住，灌以烧酒，以减少痛苦，方使得其在无法呼吸的状态下死去。时赵舒翘年 53 岁。

回想在八国联军刚攻打北京城时，慈禧召见军机王大臣商议出京作“暂避之计”，慈禧对军机大臣王文韶说：“尔年高，吃此辛苦，我心不安。尔可随后赶来。刚毅、赵舒翘孝，能骑马，必须同行。”刚毅在随行途中得病而亡，赵舒翘这等“忠臣”却死于非命。

对那段历史的描述，那桐在《那桐日记》中用了八个字形容：“危险情形，笔难尽述。”②

陆润庠等人死里逃生，虽然艰难，但还算是幸运的。俗话说，大难不死，必有后福。对于官员来说，还要加一句：必有重用。

正所谓：国破山移路尽绝，六旬逃难有老翁。疏布缠腿奔走苦，乾坤何处能

---

① 岑春煊(1861—1933 年)，原名春泽，字云阶，广西西林县人，山西大学堂(今山西大学)创建者。壮族，云贵总督岑毓英之子。1900 年八国联军进犯京津地区，岑春煊率兵“勤王”有功，成为清末重臣，与袁世凯势力抗衡，史称“南岑北袁”。

② 叶赫那拉·那桐(1856—1925 年)，字琴轩，一字凤楼，满洲镶黄旗人，晚清“旗下三才子”之一。先后任户部尚书、外务部尚书、总理衙门大臣、军机大臣、内阁协理大臣等。八国联军侵犯北京，慈禧西逃，那桐充任留京办事大臣，随奕劻、李鸿章与联军议和。《辛丑条约》后，任专使赴日本道歉。《那桐日记》由新华出版社 2006 年出版。

容身。

感言与物议

中国有句老话："在家千日好，出门一时难。"何况逃难！陆润庠徒步从北京走到保定，从保定走到德州，最后又走到西安，这一路上吃尽苦头。我们可以想象，即使在漫漫长夜寂寞的途中，他也在深深地思考中国的前途命运，这才有了下一章要介绍的他起草的《变法诏书》那样的铿锵有力、掷地有声。"文王拘而演《周易》；仲尼厄而作《春秋》；屈原放逐，乃赋《离骚》；左丘失明，厥有《国语》；孙子膑脚，兵法修列；不韦迁蜀，世传《吕览》；韩非囚秦，《说难》《孤愤》；《诗》三百篇，大抵贤圣发愤之所为作也。"（司马迁：《报任安书》）艰难困苦，玉汝于成。当然，我们现在所处的时代和环境与陆润庠那时绝不可同日而语了，现在追求成功不需要付出那么大的代价，可他们留下的精神仍然是值得效仿的。做政府行政管理工作，搞企业行政管理，面对的可能是民族、民生大事，也可能就是普普通通的办公室琐事，同样也需要有吃苦精神，但不是为了吃苦而吃苦，而是为了锤炼意志，为了深入思考。在享乐中是锻炼不出坚定信仰的，不经历艰辛是体会不到人生真谛的。人生有三点需要思索：要不要去争一城一池的得失？会不会做好繁杂细碎的事务？能不能把握住每一次不经意的机遇？

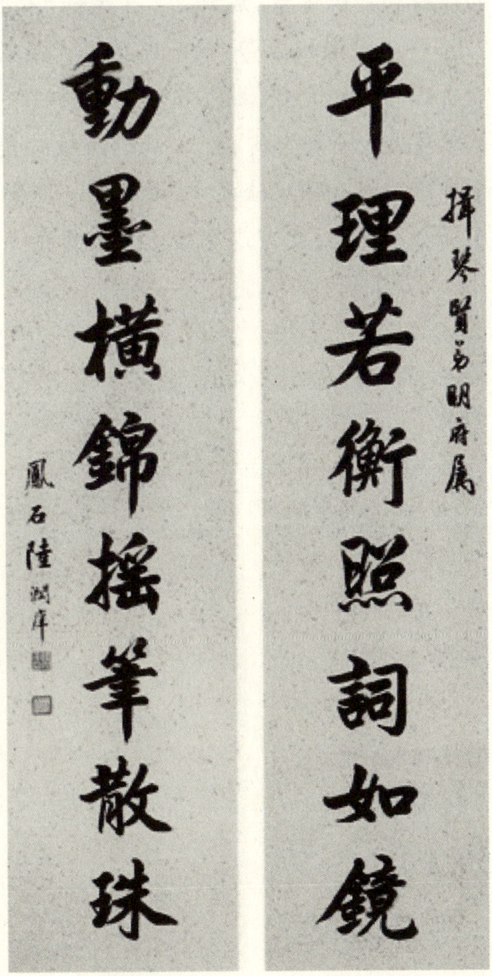

机关有高层中层基层，企业有大型中型小型，领导、老板职位也分高低，但这对于成功而言，这种差别不

是最关键的。核心的问题是要有一种精神。有句话叫:“小人物做事,中人物做市,大人物做势”。为什么都用“shi”?就是说,什么样的地位和规模能做什么、不能做什么、能做成什么,确实是有差别的,但又有共同的规律,我认为,其中一个规律就是都要做“小事”。小人物做事,就是说小公务员、小老板、小职员,不管是在大单位还是小单位,都要学会选择适合自己做的“小事”,小单位也不见得就做不了大事,大单位也不一定都是大事。有的老板已经把企业做成了庞然大物,但仍然执着于精耕细作;有的领导干部当得很大,讲话稿仍然坚持自己写。角色的大小与人生价值无关,与人生的态度有关。做好手头的工作,作风踏实,保持低调,不事张扬,踏实做事,做大也可,不大也罢,人生总能在有限的光阴里实现价值。中老板做市,就是说中层领导要讲究管理,要积累属于自己的理论和知识体系,成功了,当然好,不成功,从头再来,心中始终保留了一个“小”字。大老板做势,就是说要以价值观引领团队,准确判断时势,善于营造属于自己掌控的大势,担负起创造发展的使命,有“一览众山小”的高见,但眼睛里仍然要看到一个“小”字。“shi”的核心是“小”,基础是“危机意识”,大的危机全部隐藏在小的风险之中,做好每一件小事,特别是关键环节的小事,也就排除了一个个风险,就可以有效地化险为夷。

公羊笔墨能超俗；
司马文章妙入神。
——陆润庠手书联

第五章

如椽笔写就变法诏　旧制度尚有希望否

1900年8月，八国联军进入北京城，慈禧一行仓促离紫禁城而去，当时带的官员不多。在奔往西安的途中，朝廷急急忙忙叫中央政府的文武百官赶紧前往西安，要推行“新政”。

《变法诏书》

陆润庠接到朝廷的指令后，立即改道，不再南行，而从山东德州出发，星夜兼程，赶往西安。

在即将到达西安的路上陆润庠与大部队会合了。他一追上大队人马，军机处便向慈禧报告，慈禧旋即见他，并面授机宜，要他“代言草制新政文告”，即起草变法诏书。

所谓“草制”就是代拟制度性的文书。《新唐书·薛元超传》：“省中有盘石，道衡为侍郎时，常据以草制，元超每见辄泫然流涕。”《宋史·朱胜非传》：“建炎改元，试中书舍人兼权直学士院。时方草创，胜非凭败鼓草制，辞气严重如平时。”明代王琼《双溪杂志》：“凡草制纂修等事，惟翰林院掌之。”

慈禧等一大队朝廷人马到了西安，马上于光绪二十六年十二月十日（1900年1月29日），正式以光绪名义发布《变法诏书》。他们希望通过变法，一改无能政府的形象，以更法令、破痼习、议更张，求振作、提精神、壮国胆，用“新政”保旧朝。

《变法诏书》全文如下：

世有万古不易之常经，无一成不变之治法。穷变通久，见于大《易》；损益可知，著于《论语》。盖不易者三纲五常，昭然如日星之照世。而可变者令甲令乙，不妨如琴瑟之改弦。伊古以来，代有兴革。当我朝列祖列宗，因时立制，屡有异同。入关以后，已殊沈阳之时。嘉庆、道光以来，渐变雍正、乾隆之旧。大抵法积则敝，法敝则更，惟归于强国利民而已。

自播迁以来，皇太后宵旰焦劳，朕尤痛自刻责，深念近数十年积习相仍，因循粉饰，以致成此大衅。现正议和，一切政事，尤须切实整顿，以期渐致富强。懿训以为取外国之长，乃可补中国之短，惩前事之失，乃可作后事之师。

伪辩纵横，妄分新旧，康逆之祸，殆更甚于红拳，迄今海外逋逃。尚以富有、贵为等票诱人谋逆；更藉保皇保种之妖言，为离间宫廷之计。殊不知，康逆之谈新法，乃乱法也，非变法也。该逆等乘朕躬不豫，潜谋不轨。朕吁恳皇太后训政，乃拯朕于濒危而锄奸于一旦，实则剪除乱逆。皇太后何尝不许更新损益科条，朕何尝概行除旧。执中以御，择善而从，母子一心，臣民共见。

今者，恭承慈命，一意振兴，严祛新旧之名，浑融中外之迹。我中国之弱，在于习气太深，文法太密，庸俗之吏多，豪杰之士少。文法者，庸人借为藏身之固，而胥吏恃为牟利之符。公事以文牍相往来而毫无实际，人才以资格相限制而日见消磨。误国家者在一私字，祸天下者在一例字。晚近之学西法者，语言文字、制造器械而已，此西艺之皮毛，而非西政之本原也。居上宽，居下简，言必信，行必果，我往圣之遗训，即西人富强之始基。中国不此之务，徒学其一言一话、一技一能，而佐以瞻徇情面、肥利身家之积习。舍其本源而不学，学其皮毛而又不精，天下安得富强耶？总之，法令不更，痼习不破；欲求振作，当议更张。着军机大臣、大学士、六部、九卿、出使各国大臣、各省督抚，各就现在情形，参酌中西政要，举凡朝章国故、吏治民生、学校科举、军政财政，当因当革，当省当并，或取诸人，或求诸己，如何而国势始兴，如何而人才始出，如何而度支始裕，如何而武备始修，各举所知，各抒所见，通限两个月，详悉条议以闻，再由朕上禀慈谟，斟酌尽善，切实施行。

自西幸太原，下诏求言，封章屡见。而今之言者率有两途，一则袭报馆之文章，一则拘书生之成见，更相笑亦更相非，两囿于偏私不化者，睹其利未睹其害。一归于窒碍难行。新进讲富强，往往自迷本始；迂儒谈正学，又往往不达事情。尔中外臣工，当鉴斯二者，酌中发论。通变达权务极精详，以备甄择。惟是，有治法，尤贵有治人。苟得其人，敝法无难于补救；苟失其人，徒法不能以自行。流俗之人，已有百短，遂不愿人有一长。以拘牵文义为认真，以奉行故事为合例。举宜兴宜革之事，皆坐废于无形之中。而旅进旅退之员，遂酿成此不治之病。欲去此弊，其本在于公而忘私，其究归于实事求是。又改弦更张以后，所当简任贤能，上下交儆者也。朕与皇太后久蓄于中。事穷则变，安危强弱，全系于斯。傥再蹈因循敷衍之故辙，空言塞责，省事偷安，宪典具存，朕不能宥。将此通谕知之。

（中国第一历史档案馆：《光绪宣统两朝上谕档》第26册，第461页）

这份《变法诏书》是谁执笔写的呢？有清史研究学者[①]认为是樊增祥[②]。樊是张之洞发现的人才，曾经给张之洞做过幕僚，在八国联军进逼津京时，樊增祥在陕西渭南任职，经张之洞推荐至京，以道府职务在武卫军任事。他分析了军事形势，认为北京可能失守，就密奏慈禧，力请移避长安。经慈禧同意后，他先期赶回长安，筹策“迎銮”。慈禧到了西安后，樊增祥以护驾功，擢升为皖北兵备道，着留“行在”办事，安排在新成立的政务处任提调，主要负责文字工作。慈禧曾手谕皇帝：“自今机要文字，可令樊增祥撰拟，仍当秘之，勿招人忌也。”清廷颁布《变法诏书》前后，各地官员都在打听虚实。张之洞密切关注着政局变化，尤其是朝中的政治动向。在接到新政上谕之前，张之洞已从在西安的端方和袁世凯的来电得知，“不日将有上谕，举行新政”。《变法诏书》出台后，他在日记中写下了军机大臣荣禄和户部尚书鹿传霖给自己的来电内容，其中谈到起草诏书

① 张海鹏、李细珠：《中国近代通史》，第五卷，江苏人民出版社，2006年出版，第6页。

② 樊增祥（1846—1931年），原名樊嘉、又名樊增，字嘉父，别字樊山，号云门，晚号天琴老人，湖北省恩施人。清代官员、文学家。光绪进士，历任渭南知县、陕西布政使、护理两江总督。为同光派的重要诗人，诗作艳俗，有“樊美人”之称，又擅骈文，死后遗诗三万余首，并著有上百万言的骈文，是我国近代文学史上一位不可多得的高产诗人。著有《樊山全集》。

的执笔人是樊增祥。[1] 但是,荣禄和鹿传霖都是朝廷中积极主张变法的官员,他们回电张之洞说的内容会有一定的倾向性,一个倾向性是希望张之洞不要犹豫,投身变法,因为起草者樊增祥是慈禧的红人,让樊增祥起草说明慈禧改革决心已定。第二是樊增祥与张之洞有特殊的亲近关系,只要是樊增祥参与了有关起草工作,就完全可以说是他写的,这样张之洞会比较高兴。

但是,仅仅依据一份日记中的电文就断言是樊增祥起草的诏书,也有两点疑问:一是,既然慈禧都对皇帝说了今后重要的文稿"令樊增祥撰拟,仍当秘之,勿招人忌",为什么荣禄和鹿传霖胆敢在公开的电报中明示是樊增祥起草的诏书?那时候的电报并不是那么保密的,这可是冒着泄密的危险啊!二是,在张之洞了解到樊增祥起草了诏书,准备参与变法的时候,他接到安徽巡抚王之春的来电,这份电报使他大吃一惊,王的电文说:"顷行在军机章京密报:'奏复变法,毋偏重西'云,想见两宫宗旨,奈何?然就复我古法立论,或不干怒。"就是告诉张之洞,"我得到了最重要的情报,这次变法和上次光绪搞的有点不一样,不是要去效仿西方"。张之洞颇感疑惑不解:"变法不重西,所变何事?"[2]

变法不能完全学习西方,这是陆润庠的基本思想。

咱们可以不必太在意究竟是谁起草诏书的。这种史料,现时虽未得有充分证据,然而口碑相传,大致可信或可肯定的是:陆润庠赶赴"行在",任务就是去"代言草制"的,他一定是参与并指导了这篇文稿的起草。

这份诏书以雄辩的文字,使中国图强的决心和变法的要义跃然纸上,文字并不长,力量却不小。其中突出强调了变法的宗旨是"执中以御",充分体现了陆的一贯思想。诏书中对光绪皇帝、康有为变法的批评和解释,则显得苍白与牵强。

大臣们对变法的回应

1901 年 4 月 21 日,清廷成立了强有力的机构——督办政务处,组织当时在

---

① 《致西安易道台顺鼎》《易道来电》,苑书义等主编《张之洞全集》第 10 册,河北人民出版社,1998 年出版,第 8497 页;《庚子十二月十七日西安谭道来电》,《张之洞电稿》,中国社会科学院近代史研究所图书馆藏档案(以下简称"所藏档")甲 182—209。

② 《王抚台来电》《致安庆王抚台》,《张之洞全集》第 10 册,河北人民出版社,1998 年出版,第 8497—8498 页。

位的全部军机大臣和全部大学士,还加上当时最有影响的地方实力派人物遥为参与,负责推行新政,如上谕所说,“示天下以必信必果”。

此后不久,朝臣疆吏纷纷条陈变法意见。袁世凯最先提出十条措施,主要是整顿吏治,重视实学实科,改革财政,开通民智,整修武备,遣派留学生等项(袁世凯:《养寿园奏议辑要》卷9;第1—11页)。稍后,刘坤一、张之洞二人三次联合会奏(亦称《江楚会奏三折》),以“育才兴学”“整顿中法”“吸收西法”为中心议题(沈桐生:《光绪政要》第23册,第27卷)。“三折”影响甚大,慈禧也认为“事多可行”(《义和团运动档案史料》下册,第1328页)。4月21日,清廷下诏“变通政治,力图自强”,成立督办政务处,着奕劻等6人为督办政务大臣,刘坤一、张之洞遥为参与。

随后,慈禧提出:“母子一心,励行新政。”于是,一系列“令甲令乙”的新政诏书次第颁发。

清末新政(又称庚子新政、庚子后新政),香港称为晚清改革,日本称为光绪新政,是清朝末年的一场经济和政治体制改革运动,也是中国现代化进程中的重大事件之一。改革内容多与1898年的戊戌变法类似,但又有更宽的广度和更大的力度。

清末新政最大的成就是经济自由。在实行清末新政前,1900年时,全中国有华资企业570家,资本6900多万元,到1911年,同类企业增加到2300至2400家,资本3.2亿元,平均每年增加14%~15%(樊百川:《二十世纪初期中国资本主义发展的概况与特点》,北京:《历史研究》,1983年第4期)。1895年至1898年中国的民族工业中新设厂投资万元以上者55家,年均13.75家;而1904年至1910年清末新政期间,新设厂投资万元以上者276家,年均39.4家,是前者的2.87倍(汪敬虞:《中国近代工业史资料》第2辑下册,第878—919页。其中纯官办企业未统计在内)。这种发展还表现在农业上,土地面积的增加促进了农作物产量的增长;而先进的农业技术和知识的传入,使中国农业生产也带有了近代的色彩(李文治:《中国近代农业史资料》第1辑,第868—87页)。

清末新政的另外两个成就是人才制度改革和官制改革。废科举,办学堂,派留学,事实上为后来的革命及中国的现代化进程开启了人才培养的新路。官制改革从初期的通过“裁冗衙”“裁吏役”“停捐纳”,到1906年以后进行的带有三权分置性质的内阁行政官制改革,其意义也不能小觑。

美国的政治学者亨廷顿曾经说:“处于权威危机中的统治者将会迅速地变

成真诚的改革者，他对改革的真诚来源于他对保住权威的真诚，保住权力的真诚。”经过历次战争洗礼、列强的欺凌、沸腾的民怨、革命党人的起义以及立宪派的改革驱动，晚清上层推动新政改革是真诚的，但问题是，改革的最终结果为什么反而换来清帝国大厦的瞬间倾塌？

表面上看，或者说是直接原因在于，慈禧突然死亡后，中央政府无强人，政权出现真空化。接替者摄政王载沣是个“有书有富贵，无事小神仙”的人，其胞弟载涛评价他是“遇争优柔寡断”，“做一个承平时代的王爵尚可，若仰仗他来主持国政，应付事变，则绝难胜任”。载沣自己能力不足，又不敢大胆用能人，因为他唯恐大权旁落，客观上造成了政治权力真空，而洋务运动以来派出去的大批留学生相继回国，其中包括学习军事的留学人员，他们开始填补权力真空。这些年轻人表面上效忠清廷，实际上很多人早就受革命思潮的影响，成为孙中山思想的忠实信仰者。

清朝统治者的变法也好，新政也好，都未能避免政治的崩盘，其更重要、深层次的原因是清政府的腐败、反动以及外患的侵略和人民的不满，而面对这些问题，清政府从光绪到慈禧，都犯了要么不变法，要变就急于求成的错误，这又加速了事态的发展。因为受局势的刺激，无论是民间的立宪人士还是朝中的官僚，他们的立宪主张变得陡然激进起来，开始向政治改革的主持者施加前所未有的压力。在日俄战争后，清帝国先是派五大臣出洋考察，接着又颁布了《钦定宪法大纲》，确定了 9 年的预备立宪期，日本一个小国都花了 20 年的时间酝酿才出台了一部帝国宪法，中国这样一个大国却想用 9 年时间过渡到宪政国家，这无疑是一个激进的改革方案，加之，实行新政的财力支持严重不足，清廷也承认：“各省督抚因举办地方要政（即变法新政），又复多方筹款，几同竭泽而渔。”时人感叹：“以前不办新政，百姓尚可安身；今办自治、巡警、学堂，无一不在百姓身上设法。”隆裕太后面对众王公大臣哀叹：“予三年中深居宫中，不预外事，一般亲贵，无一事不卖，无一缺不卖，卖来卖去，以致卖却祖宗江山。”（戴鞍钢：《清末新政的困局和末路》，2014 年 02 月 03 日《团结报》）

总之，当权力出现危机前兆之际，一个小小的“保路运动”竟然升级为政治冲突①,最终酿成了民变并导致了武昌起义的爆发。激进与真空,使"保路"成了压断帝国命运的最后一根稻草。

陆润庠写的《司徒庙古柏用杜工部古柏行韵》一诗,里面透露出他的政治见解:

我生爱梅兼爱柏,嗜癖不数米颠石。
梅花点雪几万株,柏树干霄数千尺。
春来会作邓尉游,梅未全开殊可惜。
憩足司徒古庙前,四柏参天压云白。
虬枝兀立西复东,森然雷雨腾蛟宫。
一如饿虎奋爪踞隙地,
一如苍龙斗险凌长空。
其间两株鳞鬣互纠葛,
但见纵横剑戟摇天风。
培根抉土想当日,栽植疑有神鬼功。
我思此本明堂栋,遗泽长流倍珍重。
如何埋没空山坳,不同杞梓相输送。
即今风雪伴梅花,高冈常得栖鸾凤。
和羹他日会调盐,此材柱石宜为用。

① 保路运动又称铁路风潮。1909 年至 1910 年,英法德美四国银行团逼清政府订立借款修路合同。1911 年 5 月 9 日,清廷在邮传大臣盛宣怀的策动下,宣布"铁路国有"政策,将已归商办的川汉、粤汉铁路收归国有。四川修筑铁路的股金,不仅来自绅士、商人、地主,还有农民,而且农民购买的股份占很大比例。清政府颁布"铁路国有"政策以后,由于拒不归还四川的股金,招致四川各阶层尤其是广大城乡劳动人民的反对,从而掀起了轰轰烈烈的保路运动,直接导致辛亥革命的爆发。樊增祥积极支持保路运动。

感言与物议

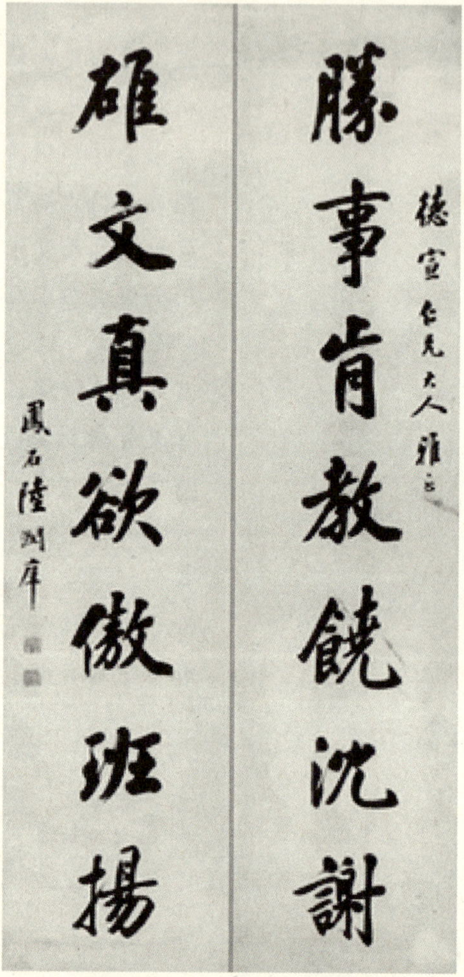

清末新政的成就与最终失败，告诉人们一个道理：不改革必亡，迟改革而又激进行事亦亡。

梁启超说，如果闹起革命来，社会大众由于“社会险象层见叠出，民无宁岁，终不得不举其政治上之自由，更委诸一人之手”，结果还是专制。康、梁给革命开出的公式就是：

“革命—动乱—专制”。

康、梁给立宪开出的公式则是：

“开明专制—君主立宪—民主立宪”。

他们认为，如果发动暴力革命，表面上进行时间很短，实际上将倒退回长期专制。在这个过程中，将反复造成大动乱、大破坏、大牺牲。这是法国模式。如果走立宪的道路，虽然所需时间较长，并且开始的时候仍然是专制，但能不断进步向上，最终实现民主。没有大动乱，没有大破坏，也没有大牺牲。这是英国模式和日本模式。

所以，如果晚清统治者决策不失误的话，立宪有可能是一条走得通的路。当然，历史是不能假设的，中国发生的一系列变革，是历史客观规律作用的结果。然而，在古今中外历史上偶然性起决定作用的事，也不少。清末的政坛充满了扑朔迷离的偶然性，这正是历史研究的魅力。但是，科学就是揭示偶然性背后的必然性，解释必然性是怎么通过偶然性展现出来的，以引导人们正确认识历史，在现实世界中找到定位和前行的方向。

伏海潜龙思隐德；

盘空鸷鸟想雄姿。

——陆润庠赠徐礼和联

第六章

改官制行政开新路　张之洞举荐陆总理

光绪“百日维新”变法虽然失败了，但人们的思想已经无法回到从前。到了1900年慈禧本人要推行“新政”了。陆润庠痛定思痛，立志进一步研究历史，特别是研究历代官制史，由此形成了比较系统的行政思想。

1906年（光绪三十二年），陆润庠有了一个新的重要的兼职——“厘定官制大臣”。这是什么岗位？是干什么的呢？这就是要让陆润庠积累的历代官制知识派上用场了。因为，慈禧要在光绪“戊戌变法”的做法基础上再进一步，有些改革要步子更大些。

新政中的重头戏

“戊戌维新”失败后，体制外的资产阶级革命派愈挫愈坚，更加活跃，力量日渐壮大，体制内要求对传统制度进行改良的“君主立宪”呼声也开始兴起。这两股思潮和势力逐步聚合，引起清政府的注意。慈禧政权在这二者中选择了后者，开始考虑按照君主立宪制度路径推进改良。

以前不少历史书认为慈禧搞的是假变革，这个观点不一定站得住脚。经过了1900年退出北京的强烈刺激，慈禧在西去的路上做出反思，下决心变法，应该是符合逻辑的。

据随行的岑春煊在《乐斋漫笔》中回忆：一天晚上，太后夜宿破庙，岑提刀守护。半夜，慈禧梦见八国联军已追过黄河，要杀她的头，不禁惊叫起来。这时，岑在庙外朗声奏道："太后毋惊，臣春煊在此护驾！"这声音就像一剂镇静药，慈禧的心立刻安定了下来。一路上，岑春煊竭诚扈从，直至安全之境。太后把岑春煊叫到跟前，流着眼泪对他说："回到北京，一定不忘你的大恩大德。"并向他咨询"如何雪此国耻"，岑春煊奏道："欲雪此耻，要在自强。"数日后，岑春煊被任命为山西巡抚（相当于现在的省长）。①

又据随行的人记载，慈禧在途中授意写"罪己诏"时说："我总是当家负责的人，现在闹到如此，总是我的错头，上对不起祖宗，下对不起百姓，满腔心事，更向何处诉说呢？"②

慈禧在光绪三十一年（1905 年）将类似于内阁核心机构的"政务处"更名为"会议政务处"，第二年（1906 年）初，又在"会议政务处"基础上加挂"考察政治馆"牌子，该机构由军机大臣任负责人，设提调四人，总核、参议各二人，庶务处总办一人，谘议官若干人，下设的机构有四个：编制局、统计局、官报局、考核科，三个局分别设局长、副局长各一人，科员若干人，考核科设总办一人、帮办正科员各二人、副科员八人。所需人员从北京和外地官员中调来充任。慈禧派载泽③（军机大臣、"考察政治馆"负责人）、端方（闽浙总督）、戴鸿慈（礼部尚书）、李盛铎（驻日本、比利时大使）、尚其亨（山东布政使）五位大臣组成"宪政考察团"，出洋考察各国政治体制和行政体制，时间长达六个月之久。考察团回来后，慈禧七次召见，出洋大臣则三次上奏折，先是介绍各国宪政，复为建议实行君主立宪制，三为提出改革官制建议，慈禧与考察团成员反复议论的一件事就是如何借鉴西方的君主立宪制。在听取了载泽他们的意见后，经御前会议筹划，总结出一条道理，这就是"观于今日，国无强弱，无大小，先后一揆，全出宪法一途，天下之计，居可知矣"，"窃维宪法者，所以安宇内，御外侮，固邦基，而保人民者也。环球大势如彼，宪法可行如此，保邦致治，非此莫由"，"各国之所以富强者，实由于实行宪法，取决公论，君民一体，呼吸相通，博采众长，明定权限，以

① 见荣孟源、章伯锋主编：《近代稗海》第一辑，四川人民出版社，1985 年出版，第 88—89 页。

② 见吴永、刘治襄：《庚子西狩丛读》，长沙出版社，1985 年出版，第 89 页。

③ 爱新觉罗·载泽（1868—1929 年），初名载蕉，字荫坪，满洲镶白旗人。清末宗室，是康熙帝第十五子愉恪郡王允禑之五世孙，因嘉庆帝第五子惠亲王绵愉之第四子爱新觉罗·奕询无子，奉旨过继为嗣，袭辅国公、晋镇国公，加贝子衔，历任度支部尚书、督办盐政大臣、度支大臣。

及筹备财用，经画政务，无不公之于黎庶。又兼各国相师，变通尽利，政通民和有由来矣。时处今日，唯有及时详晰甄核，仿行宪政”。

载泽概括总结的君主立宪三大好处为：有利于“皇位永固”、有利于“外患减轻”、有利于“内乱消弭”，这三个“有利于”最是打动慈禧的心。君主立宪既然能够做到这些，朝廷有什么理由拒绝呢？载泽等皇族、贵族被清廷提拔起来之后，在政治上确实逐渐发挥了重要功能，1901 年开始的新政和 1905 年开始的预备立宪，几乎全程可见皇族、贵族青年才俊的身影，他们可能没有汉大臣在科举道路上一步一步爬行的艰辛，没有汉大臣的文史功底和才华，但他们从小长在深宫大院，从小就在政治高层长者身边玩耍，经多见广，举止谈吐颇有令人自叹弗如之处。所以他们在政治改革中大胆建言，痛陈旧体制弊端，呼唤变革，都是真诚的。

清政府旋即于当年 9 月 1 日颁布了《预备仿行宪政》的决定。“预备立宪”的任务主要是四项，一是筹备组建类似议会的“咨议局”，二是改革官制，三是成立城、镇、乡地方自治组织，四是推行民众文化教育，开启民智，训练民众参政议政能力。改革官制，在清政府的文件中列为首要任务，而其核心是建立行政体制，试图走行政改革为先、政治体制改革在后这条“先易后难”的路径。清廷颁布《立宪应如何预备施行准各条举以闻谕》：

> 本朝自开国以来，列圣相承谟烈昭垂，无不因时损益，著为宪典。现在，各国交通政治法度皆有彼此相因之势，而我国政令积久相仍，日处阽危受患，迫切非广求智识、更订法制，上无以承祖宗缔造之心，下无以慰臣庶治平之望，是以前简派大臣分赴各国考察政治，现载泽等回国陈奏，皆以国势不振实由于上下相睽、内外隔阂，官不知所以保民，民不知所以卫国，而各国之所以富强者，实由于行宪法，取决公论，君民一体，呼吸相通，博采众长，明定权限，以及筹备财用、经画、政务，无不公之于黎庶，又兼各国相师变通，尽利政通民和，有由来矣，时处今日，唯有及时详晰甄核，仿行宪政。大权统于朝廷，庶政公诸舆论，以立国家万年有道之基。但目前，规制未备，民智未开，若操切从事，徒饰空文，何以对国民而昭大信？故廓清积弊，明定责成，必从官制入手，亟应先将官制分别议定，次第更张，并将各项法律详慎厘定，而又广兴教育，清理财政，整顿武备，普设巡警，使绅民明悉国政，以预备立宪基础。着内外臣工，切实振兴，力求成效，俟数年后，规模粗

具，查看情形，参用各国成法，妥议立宪实行期限，再行宣布天下，视进步之迟速，定期限之远近。着各省将军、督、抚晓谕士庶人等：发愤为学，明忠君爱国之义，合群进化之理，勿以私见害公益，忽以小忿败大谋，尊崇秩序，保守和平，以预储立宪，国民之资格有厚望焉。将此通谕知之。钦此。

（《清末筹备立宪档案史料》，第43—44页）

9月2日又颁布了官制改革起草组的名单：

又奉上谕，昨日有旨，宣示急为立宪之预备，饬令先行更定官制，事关重要，必当酌古准今，上稽本朝法度之精，旁参列邦规制之善，折衷至当纤悉无遗庶几，推行尽利。着派载泽、世续、那桐、荣庆、载振、奎俊、铁良、张百熙、戴鸿慈、葛宝华、徐世昌、陆润庠、寿耆、袁世凯公同编纂该大臣等务，当共矢公忠屏，除成见，悉心妥订，并着端方、张之洞、升允、锡良、周馥、岑春煊选派司道大员来京随同参议，并着派庆亲王奕劻、孙家鼐、瞿鸿禨总司核定。候旨遵行。以昭郑重。钦此。

清廷连发两道命令，要求“廓清积弊，明定责成，必从官制入手，亟应先将官制分别议定，次第更张，并将各项法律详慎厘定”，并向全国征集改革意见。

全国为之欢呼雀跃，各大报纸纷纷发表文章赞扬有加，上上下下出现了许多宪政迷，气氛可谓是数百年不见之热烈。上海《申报》1906年10月2日报道说：“凡通都大邑，僻壤遐衢，商界学界，无不开会庆祝。”当年还写进小学课本。宪政专家郑孝胥1907年编写出版了《公民必读初编》《公民必读二编》，对公民的权利义务、民主法治等概念进行普及教育。

大清立宪，大皇帝万岁万万岁！
光绪三十二年秋，欢声动地球。
运会来，机缘熟，文明灌输真神速。
天宇煌煌，奠我家邦，强哉我种黄。
和平改革都无苦，立宪在君主。
大臣游历方归来，同登新舞台，四千年旧历史开幕。
英雄数巨子之东之西，劳瘁不辞，终将病国医。

纷纷革命颈流血，无非蛮动力。
一人坐定大风潮，立宪及今朝。
搜人才，备顾问，一时大陆风云奋。
勖哉诸君，振刷精神，铸我中国魂。
辛苦十年磨一剑，得此大纪念。
圣明天子居九重，忽然呼吸通。
古维扬，新学界，侧闻立宪同罗拜。
听我此歌，毋再蹉跎，前途幸福多。

这首歌词，就是扬州商学会当月赶写的《欢迎立宪歌》。

官制改革让慈禧想跳湖

慈禧指定的官制改革起草组于 1906 年 9 月 2 日成立，封载泽、世续、陆润庠、袁世凯等中央大员 14 人为“厘定官制大臣”，指定端方、张之洞等外地官员 6 人选调派他们麾下的司道大员（相当于现在的司局级官员）来京参加厘定官制会议讨论和具体工作，派庆亲王奕劻、孙家鼐、瞿鸿禨“总司核定”，也就是负责统稿。

9 月 4 日在圆明园召集第一次会议，提出官制改革要把握的宗旨要点：一是先编改行政、司法各官，其他暂照旧；二是妥善做好裁减人员的安置工作。

9 月 6 日在恭王府朗润园成立了编纂官制馆，就是将原来的“考察政治馆”改为“编纂官制馆”，成为官制改革的工作机构，以孙宝琦、杨士琦为提调，下分起草课、评议课、考定课、审定课。会议还确定了编纂官制的程序，“先由起草课撰拟草案，次由评议课评议之，再由考定课加以考核，经审定课审定后，呈由编制大臣等一律署诺，然后送往总司核定处删改具奏”。并调了 40 名工作人员担任各小组的具体工作。编订改制方案就这样紧锣密鼓地开始了。至 11 月 2 日方案拿出，6 日由朝廷下谕裁定。前后两个月，中央政府官制改革方案起草工作便告一段落。

官制改革的核心是建立责任内阁，这是行政从政治中适当分离出来的基本要求，但这个改革自然会触及官员利益，许多官员跑到慈禧那里哭诉，有汉人大臣，也有皇帝宗室的王公、将军等，甚至太监（传言要撤掉内务府和太监）都有意见。《清末筹备立宪档案史料》记载了大量奏折，但从目录、标题上就不难看到那些御史或翰林们对变法的反对态度。比如，“官制不必多所更张”，“请勿轻拟裁员”，“新制多有未妥”，“不可轻弃旧章”，“内阁流弊太多”，“不可轻改官制”，等等。慈禧一度困扰不堪，据说她对左右人诉苦：“我如此为难，真不如跳湖而死。”

为什么一个“责任内阁”就让慈禧想跳湖？

关键不在责任内阁本身。所谓责任内阁，就是君主立宪国家的最高行政机构，这次改革，就是要撤销清初以来的军机处（这个机构掌握觐见皇帝的权力，拥有实权）以及早已名存实亡的内阁，重新组阁，并推选出国务总理和副总理，由其代皇帝负责全国日常政务，这是效法欧洲的通行做法，但不是剥夺皇帝的权力，只是把皇权中的执行权从决策权中剥离出来，由别人为其直接干活、打工。慈禧对分权是有思想准备的，把皇权划分为两个部分，大的决策权还在她的手里，执行方面的权力交给内阁，她也可以省点心。

问题是出在用什么人来当这个内阁总理。袁世凯认为非他莫属，而慈禧和很多官员都不同意用这个人。袁世凯利用这次政改，希望通过扩大内阁的权力，实现他掌管一切军政大权的目的。这里可以参看当时随同端方等出洋考察的丁士源写的《梅楞章京笔记》，其中记载了一次由奕劻召集的会议，在会上袁世凯及其亲信们故意把水搞浑，企图浑水摸鱼，暴露了袁世凯的司马昭之心。

“在朗润园开宪政会议，五大臣均各有所见，而袁（世凯）则唯张一麐、梁士诒等为其谋划，故于会议席上，袁往往发自相矛盾之言。”

本来主持官制改革方案的人是载泽，但袁世凯显得最忙。一开会，他抢着说话，有时讲的内容前后矛盾。会下，他通过安插几个捉笔的人，派他们四处活动，游说大臣，实际操纵起草权。袁世凯先是搞定官制改革方案起草人之一的张一麐，此人本来与袁世凯关系不一般，曾经当过他的幕僚。当时职务为练兵处法律科监督的丁士源，则是袁世凯找到的“会办事”的人。一天，袁世凯听说丁士源因事要去庆亲王官邸汇报事情，立即把丁士源叫去面授机宜。

丁士源到了庆亲王那里，请他签发一份文件。正式的事情办好后，开始聊天。庆亲王问丁士源：“此数日中，会议宪政，闹得乌烟瘴气，汝系攻英国法律者，英国责任内阁之意义，汝不妨一述。”

丁士源说：“英国之责任内阁，其宪法之要点，国王无过，有过亦由大臣负责……”

庆亲王一听，心里想，既然国王无过，那么国王也就没有实权。于是，心领神会，说："我明白了。"

从庆亲王家里出来后，袁世凯又让丁士源去另一"核定大臣"瞿鸿禨家里。

瞿鸿禨问了一个与庆亲王相似的问题，丁士源也做了同样的回答。但由于瞿鸿禨与庆亲王不同，庆亲王是可能当新内阁总理的人选，所以只要话一挑明，就足够，而对瞿鸿禨则需要讲得更详细清晰一些。然而，尽管丁士源说破了天，瞿鸿禨对此事仍然保持缄默，没有表态。

严格地说，丁士源说的话是有问题的。为了劝皇帝放权，这样泛泛而论可以。但英伦的责任内阁，其所负责的对象不是英王，而是议院。内阁由议会中的执政党组成，它如果得不到议会的信任就必须解散。所以责任内阁是和议会相伴而生的。但清末这次官制改革，由于议会搁置不论，如果再孤立地谈责任内阁，显然就是有人想在其中浑水摸鱼。这个人就是袁世凯。

袁世凯一方面想操纵官制编订，另一方面又组织人上书，保奏庆亲王奕劻为国务总理，自己为副总理。

慈禧真是为难啊！袁世凯是她一手提拔起来的。1898 年袁世凯出卖光绪，投靠慈禧，从天津小站一步步提拔了上来。1899 年 12 月 25 日，袁世凯任署理（即代理）山东巡抚，1900 年 3 月 14 日，正式被任命为山东巡抚，去掉了"署理"二字。他在山东确实励精图治，有所作为。初到济南，按说初来乍到光熟悉情况就需要一段时间，更何况官场中还有错综复杂的人际关系，但他有一套行之有效的工作方法。这些办法到今天仍有借鉴意义。据袁静雪在《我的父亲袁世凯》中回忆："他为了了解山东全省各府、州县官民的情况，时常派员出去分头密查。他在派员密查什么事情的时候，总是先派一个人去，接着再派另一个人还是到同一个地点查同一件事情。这两个人都对他直接负责，彼此之间谁也不知道还有另一个人在做着同一件工作。如果这两个人所查的结果，互不相同，他就还照以前的办法另外再派两个人去查，然后再把这次所查的结果和上次的互相对照。对查报实在的给予奖励，对那谎报不实的给予处罚。以后他在直隶总督任上，也还是经常使用这种方法。"1900 年 8 月 15 日，八国联军攻占北京，慈禧太后带着光绪仓皇出逃，先是到了太原。袁世凯立刻想到这是一个难得的机会。"念山西素来号称穷省，扈从万众，需用浩繁。于是与司道等筹商，迅速筹集了十万银两……派员押解，奔赴行在。"首批就押解了大量白银，还有绸缎二百匹、水果四十桶，从济南到太原共走了十四天。到太原后，军机大臣王文韶对他说:“各省饷银都没有到,山东首先送过来,可称得上救了急……两宫大为赞许。”这一雪中送炭的举动,令慈禧大为感动,为日后提升袁世凯的地位大大增加了筹码。

现在在厘定官制大臣中排在最后一位的袁世凯,要利用建立责任内阁之机会夺取最高权力,是可忍孰不可忍!

慈禧是掌握这些情况的,但她一开始并不直接干预,她是想在编写组内部生长出对朝廷有利的力量,或者说希望出现一种平衡性的态势。

对袁世凯来说,还有一个当时人都知道的隐衷,那就是袁世凯在戊戌维新时出卖过光绪,现在慈禧已届垂老,生死朝夕莫定。一旦光绪亲政,自己性命难保。因此,热衷责任内阁,其实就是提前转移权力,为自己预留退路。这一点,那些御史们看得很清楚。因此,在众多的反对意见中,有些意见固然出于冥顽不化的保守派,但有些意见反而是深明立宪之奥,方才反对遽开责任内阁。当时有位御史赵炳麟一周内连续两次上书,前一折云:“民智未开,下议院一时未能成立,则无以为行政之监督,一切大权皆授诸二三大臣之手,内而各部,外而诸省,皆二三大臣之党羽布置要区”,如此这般,设若以前是君主专制,现在反而成了“大臣专制”了。第二折中,赵炳麟对这种大臣专制做了更具体的剖析。他举的例子是内阁中的法制局,由该局拟定的行政法规草案既未经议会议决,也不交议会协议,“是立法行政直出一人”。即使要交付公议,按拟定的内阁官制条目,“开阁议决之,以总理大臣为议长”。这位御史看到的问题很严重:“夫提出法律草案交集议院公议者内阁也,经集议院公议后而操决议之权者仍内阁也,其居议长之席者则内阁总理大臣也。自行交议,又自行议决,而自作议长,是总理大臣非特上对君上代负行政之全权,并下代议院兼操立法之实际,而集议院徒作赘疣,甚或资为政府之傀儡。操立法行政两大权,则司法之权可不言自在其中。”

在这个起草新官制方案的过程中,“编纂官制馆”承办起草工作中的事务性工作,“提调”(负责人)是孙宝琦、杨士琦。袁世凯在“厘定官制大臣”的名单中排在最后一名,他要发挥作用,利用官制改革为他通向拥有实权的行政内阁铺平道路,必须想方设法掌控起草和编制工作的实权。他利用与“宪政编查馆”两位“提调”其一孙宝琦是姻亲、另一杨思琦是故交的关系,在馆中安插了许多亲信,把秘书性工作的人员掌控在自己手中,几乎一切改革官制的文字均需经其审阅,确定是贯彻了他的意图后,秘书才能向厘定官制大臣送上。他还在大臣中拉帮结派，上蹿下跳。他想左右起草工作的企图，与载泽等人产生了尖锐的矛盾和冲突，有一次争论时，载泽气愤之极，拔出手枪指着袁世凯，令他收敛，袁世凯吓得直喊辞职。此事迅速传了出去，当时的报纸都做了披露。

在起草工作中陆润庠发挥了不小的作用。“编纂官制馆”虽然级别不是很高，但是起草的具体工作在这里进行，这个机构挂在吏部，陆润庠当时是吏部尚书（最高长官），手中掌握着操作权。根据郑孝胥日记记载，每次讨论的结果都由陆润庠主持起草折子，并负责递交折子（“奉旨：着陆润庠等前折交政务处按照奏定章程会议再由政务处具奏，钦此”）。加之陆润庠与世续[1]关系相当好，世续在起草班子里的分量是很重的，所以陆润庠在起草班子里安插了不少自己的人参与起草。

起草工作贯穿了袁世凯主导与朝廷主导的斗争，陆润庠于两派之间寻找平衡，在起草过程中，当各方面利益集团间发生了激烈争斗时，陆润庠总是尽量以公允的态度出面做工作，不意气用事，也不袒护错误主张，而是起到中和、缓冲的作用，维持了编写组人员思想上的不分裂、组织上的不解体，推动了编写工作的开展。然而，尽管陆润庠做了种种努力，还是闹出了两个乱子来。

第一件事是袁世凯利用起草文件的操作权，企图把持起草组。他绕开其他人，提出责任内阁的方案，其用意是“拥护庆王做国务总理大臣，自己做副总理大臣”，“如此，则一切用人之权，都操在庆王之手，说穿了，就是在世凯之手”，“另有一个不可告人的隐衷”是，“他见那拉氏年过七十，气体渐衰，深恐那拉氏忽然死了，他所出卖的光绪一旦恢复政权，东窗案发，他的首级难保。他想必须早早预备办法，必须身在北京方能预先布置，方能临机对付”，“假如他到北京，做了副总理大臣之后，他更可以控制宫廷，为所欲为”（刘厚生：《张謇传记》第135—136页，上海书店1985年影印版）。

第二件事是半路上杀出了一个程咬金。1907年4月到8月期间，岑春煊、瞿鸿禨等人联络海内外立宪派人士，密谋策划，企图借立宪之机推倒庆亲王奕劻和袁世凯。而庆亲王奕劻和袁世凯则利用慈禧仇视维新党人的心理，称岑春煊、瞿鸿禨发动政潮的目的是勾结维新人士，“为归政计”，从而促使慈禧倒向庆亲王奕劻和袁世凯，罢免了岑春煊、瞿鸿禨。这就是“丁未政潮”。潮后，慈禧借政潮平息后出现的权力真空，大力扶植满族皇族，使满汉矛盾全面加深。“丁未

---

① 世续（1852—1921年），字伯轩，索勒豁金氏，隶内务府满洲正黄旗，清末军机大臣。

政潮”直接导致预备立宪、官制改革的失败。11 月 6 日光绪诏下,“明白宣喻”:“内阁军机处一切规制,着照旧行”,亦即维持原来格局不变。两个多月的中央官制改革方案的起草工作,大体以不了了之告一段落。

官制改革的几点看法

这次改革虽然流产了,但清政府在讨论和起草中央行政官制改革方案的过程中形成的行政体制思想具有一定的积极意义。

——行政改革的指导思想是稳健。在选择行政体制模式问题上,陆润庠反对盲目照搬外国经验,反对激进式改革,主张从本国原有制度出发,稳健地推进政治和行政改革。他说:“成规未可墨守,而新法亦须斟酌行之。若不研求国内历史,以为变通,必至窒碍难行,且有变本加厉之害。”“朝廷锐意变法”,但也要抵制“邪说诐行”。“法政各国歧异,悉就其本国人情风俗以为制”,不能“袭人皮毛,妄言改革”。陆润庠及其他参与起草官制改革官员们基本一致的思路是,跳出传统封建内阁六部作为皇帝的秘书性机构的性质和框架,将内阁的部门设计成为具有相对独立权力的一个现代政府层级,将原来的皇权一统体制转变为政治与行政适当分开、君主集权与内阁分权并存、具有较大适应性、张力和较高效能的行政体制。

——行政改革的目标是创建一套文官制度。陆润庠与其他有些官员一样,认为“大一统”的体制导致各类官职权限不分,权力分配不合理,是许多弊端的根源,“以行政而兼有立法权,则必有藉行政之名义,创为不平之法律,而未协舆情。以行政官而兼有司法权,则必有拘平时之爱憎,变更一定之法律,以意为出入……而法律寝失其本意,举人民之权利生命,遂妨害于无形”。因此,必须使立法、行政、司法三者各自分开,以“资政院”为暂时行立法职权机关,行政权属“内阁”,审判权归“大理院”,这样可以形成相互监督。“立宪政体,取决公论,上下议院,实为行政之本。”(《清德宗实录》卷 557)

——建立科层制行政体系,分职以专任。“政以分职而理,谋以专任而成”,将行政机关按照管理对象的不同,分设若干个部门,形成政务与内阁各大臣共同对行政事务负责、各部门分别履行职责的行政内阁格局,是比较理想的体制。

——划定各部门和岗位的职责,正名以核实。使每个部门、每个岗位都有明确的任务,职位之名与官员之责之间名实相符,职与权统一,做到“官无尸位、事有专司、各有责成”，以提高效率。

——改革官吏任用制度。任用官吏一律量能授职、择才而用、不分满汉，并仿效西方的书记官制度，停止任用胥吏，改为聘用书记官、书记生。书记官和书记生必须是专门学校的毕业生或积有劳资、富有才干和行政经验的官员，依其能力与水平，可与本衙门各级官吏一样迁调升转。对官员的任用迁调也要制定规则，不再搞任人唯亲。

——在行政权之侧保留独立的监督咨询机构，广开言路。陆润庠重视“言官”的作用，他曾在都察院任过左都御史，了解这个机构的作用，希望保留这个机构。他据理驳斥了袁世凯等人要裁减都察院的意图。他认为：“厘定官制，宜保存台谏一职。”“行政裁判，系定断于事后，言官则举发于事前。朝廷欲开通耳目，则谏院不可裁。”

诸位“厘定官制大臣”拟订的中央官制改革方案，将国家内政外交、财政经济、军事教育、人事司法等行政管理工作分别设立了 11 个部：外务部、吏部、民政部、度支部、礼部、学部、陆军部、司法部、农工商部、邮传部、理藩部。各部设尚书 1 人，侍郎 2 人，郎中、员外郎、主事以下官员，视事务之繁确定名额，使“责有专归，官无滥设”。同时保留了为皇帝和贵族服务的一些机构。尔后，又拟订了地方官制改革方案，从配合中央机构改革出发，对各省、府、州、县的行政机构作了新规定。

1907 年平息“丁未政潮”后拿出的官制改革方案有不少值得肯定之处，但是，妥协的特征也非常明显，最主要的是保留了作为皇权行使者的“军机处”。后来，到了 1911 年再推出的方案，没有军机处，但是人员构成以皇族为主，被人贬为“皇族内阁”，使得改革完全变味走样。

张之洞举荐陆润庠继承相位

在 1907 年至 1911 年之间围绕官制改革还有一件事情值得说说。清廷在完成了中央政府改革方案起草后，开始做地方政府改革方案，并将地方官制改革草案电达各地方督抚征询意见。

张之洞接到征询意见稿后迅速就该草案复电数千言，他列举了一大堆反对省级官制改革的理由，因为这种改革不仅会削弱地方督抚的权力，而且更重要的是他担心改革所造成的混乱会加速清王朝的灭亡。这说明他虽然认识到立宪是大势所趋,但在实践上还是大体主张稳妥缓进。但过了半年,张之洞对官制改革的态度陡然转变,提出"立宪实行愈速愈妙,预备两字实在误国"。

是什么原因使张之洞的态度由缓进骤转为激进呢?

张之洞起先长期在地方任职,根本没有去想中央的事,他有一种事不关己的态度;后来,清廷调他回京,任内阁大学士、军机大臣,他认为很可能要他出任即将组建的新内阁的总理。当时最高统治集团中最具资望和实力者中担任有实权的新内阁总理的人选,莫过于庆亲王奕劻、袁世凯和张之洞这三人。奕劻和袁世凯在刚刚过去的"丁未政潮"中虽胜出,但慈禧对他们的信任已动摇。张之洞自己感觉是如日中天。于是,他在立宪问题上由缓进骤转激进,打算通过立宪来掌握中央实权,在其位而谋其政了。

但张之洞很不幸,到北京任职后,没有看出慈禧对他有什么特殊的安排,心中郁闷,加上身体又出了问题,没隔多久,越来越厉害,成了重病号。1909 年 10 月,张之洞在病危期间开始考虑接班人的问题。

专制集权政治体制中,人才主要看"学"与"术",而这两个方面要统一起来很不容易,分离者则比较多且明显。梁启超专门撰有《学与术》一文,指出:所谓"学"是"观察事物而发明其真理","术"是"取所发明之真理而致用"。他说"学是术之体,术是学之用"(《饮冰室文集》之二十五下第 12—14 页,《饮冰室合集》第 3 册)。他提出"天下之公器"的著名口号就是指"学",而不是指"术"。可见光有"学"还不行,"学"是天下公器,人人可有,人人可用,关键是看你以什么"术"来把它"用足用活"。

晚清时期,官僚政坛的钩心斗角达到极致,所以有关"学"与"术"的评论也很多。辜鸿铭曾说:"梁启超曾比李文忠公为汉大将军霍光,谓其不学无术也。余谓文忠可比汉之曹参。"(《张文襄公幕府纪闻》卷上《曹参代萧何》)

据说,郑孝胥对当时名臣也曾有过一番点评:"岑春煊不学无术,张之洞有学无术,袁世凯不学有术,端方有学有术。"

张之洞心想,我要找的人应该是以学问为主也兼有一些权术之道的人。

他思前想后,通过前些时间一起创业、修铁路、办工厂,发现陆润庠是个务实的人。最近这些时间,通过共同参与编制官制改革方案,对老友陆润庠有了新的认识。陆润庠提出的"成规未可墨守,而新法亦须斟酌行之"的改革思想,张之洞不仅赞成,而且越来越佩服。在张之洞心目中,陆润庠是一个既有文韬武略、又德才兼备,既才华横溢、又很低调,既有理论、又有实践,既懂忍让、又有锋芒的合适的接班人。他正式向朝廷写了遗书奏折，郑重推荐陆润庠和戴鸿慈继承他的相位。他是真心实意想让陆润庠担当大任，出任官制改革后的第一任内阁总理。

> 张相遗折举贤以继其位，所举者首为吏部尚书陆润庠，次为法部尚书戴鸿慈，谓此两公皆可以继其相位。又举川督赵尔巽，前两广总督岑春煊继其军机大臣，盖赵、岑二督不能举以为相，以皆未入翰林故也。闻政府意度……陆润庠将继相位。
>
> （《张文襄公事略》第十七节“张文襄之举贤”）

但是，张之洞的想法根本是无法实现的。慈禧调他入京的目的与他自己的想象是不一致的。慈禧打算安排满族人、皇族人来当内阁总理，但又有两个担心，一是担心满人内讧，你不服我、我不服你，摆不平；二是担心满人压不住袁世凯，特别是满人之间发生内斗后，“渔翁得利”，会给袁世凯机会，而一旦被他独掌内阁大权，那迟早就没了慈禧权力的份了。于是，她想出了个主意，用满人治满人，就是叫载沣压载振，以汉人治汉人，拿张之洞压袁世凯。胡思敬的《国闻备乘》记载：

> 奕劻闻载沣用，则载振将为所压，遂不敢再萌推志，而引袁世凯相助。太后曰：袁世凯与张之洞皆今日疆臣中之矫矫负时望者，可并令人直。奕劻虽不悦之洞，而无辞以拒之。盖太后之意，始欲借载沣以防载振，继又欲借之洞以抵制世凯，其虑不可谓不周。
>
> （胡思敬：《国闻备乘·近代稗海》第1辑，成都：四川人民出版社，1985年出版，第286页）

胡思敬对慈禧的心态分析得很中肯。“丁未政潮”后，袁世凯的势力可能会因失去制约而迅速膨胀，故慈禧将张之洞调来北京以平衡权力，但她决不会让张之洞独揽朝纲。老于官场的张之洞自然明白慈禧的心思，后来，再也闭口不提“加快改革步伐”之类的话了。

正所谓：破除成规立新法，抖擞精神再一搏；穷家最要防贼盗，强国方有人才多。

感言与物议

我们撇开张之洞的个人好恶来客观地分析陆润庠的贡献。陆润庠利用筹备立宪的机会，将很多近代管理举措与中国传统文化相嫁接，并写进清政府官方文件中，这在中国历史上是第一次提出现代意义上的行政管理思想和制度。

此前，1889年康有为在上呈光绪帝《日本变政考》的同时，还上呈了一部《日本书目志》，这部《日本书目志》是一本图书目录，收集了当时日本的各类图书，包括政治类的图书，附有康有为的按语，即评论，在政治类的分类下，康有为又具体细分，其中有"行政学"的分类，康有为列举了27本行政学书目（参见《康有为全集》第3集，中国人民大学出版社，2007年出版，第332—333页）。这可以认为是中国学者第一次将外国"行政学"概念带进中国的最早记录。1897年，梁氏在《读＜日本书目志＞书后》中说："愿我公卿，读政治、宪法、行政学之书，习三条氏之政议，探究以返观，发愤以改政，以保我四万万神明之胄。"（林志钧辑：《饮冰室合集》文集之二，中华书局，1936年出版，第54页）这可以认为是中国思想家第一次提出学习和应用"行政学"的最早记录。而1906年陆润庠将行政学思想与中国的官制改革结合起来，则可以认为是中国官员实践行政学的最早记录。

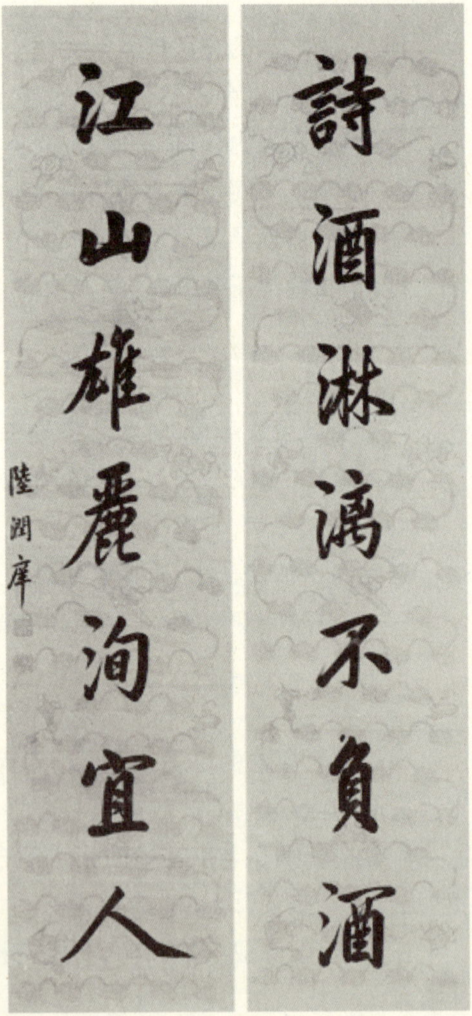

清末的预备立宪和官制改革，是中国沦为半殖民地之后清王朝提出的一副温和的自救药方。说它温和，是与光绪急于求成的戊戌变法相比的。说它是药方，慈禧确实把立宪视为救命稻革。但是,清政府的立宪存在着一种倾向,就是努力使立宪适应自身,而不是使自身适应立宪。这就必然导致立宪过程中的变异行为。清廷实施的包括官制改革的多项新政内容,客观上为后来孙中山为首的革命力量发动辛亥革命创造了条件,为袁世凯为首的君主立宪势力窃取革命果实埋下了伏笔。陆润庠试图借鉴西方的“三权分立”和“文官制度”,对旧的封建官制进行较大调整和改变,其本身是具有积极意义的,这一改革有利于改造皇权治理体制,推进政治与行政的分开,减少腐败政治对行政的影响,提高国家机关的工作效能。陆润庠与袁世凯关于君主立宪制度设计中皇室权力大小的斗争,体现了维护国家统一至上还是满足个人权欲至上的根本分歧,陆润庠试图以内阁的适度分权来置换封建体制的弹性,以行政的变革取代政治的变革,以保卫清王朝的继续统治为代价防止军阀割据混战,以倚重朝廷守旧势力与野心家袁世凯抗争,其种种努力与煞费苦心,均无法改变大的历史方向,从更加宽阔的背景进行分析,官制改革失败的原因是清政府的变法来得太晚,丧失了最佳时机。陆润庠把希望寄托在慈禧身上,这也是他人生的悲剧所在。

林泉到处资清赏；
翰墨随缘拟古欢。

——陆润庠自撰联

第七章
裁机构如何减官员　陆大臣带头先下岗

1906年"改官制"闹得沸沸扬扬，虽然未能触动皇权根基，君主立宪制也泡了汤，但清政府还是对中央机构作了一些变动。完全裁撤的机构有工部、兵部、太常寺、光禄寺、鸿胪寺、太仆寺等，这几个机构的官员都要裁减。一些虽然未完全裁撤的机构，如都察院等，内设机构有较大的调整，也有人员裁撤问题。

这是一个大难题。

裁撤官员怎么分流

裁撤机构、精简官员，这涉及利益调整，正是官制改革的难点所在。清末是怎么安置裁撤机构的官员的？有什么值得借鉴的地方？陆润庠又是如何表现的？

陆润庠写过一副对联，意境很美：林泉到处资清赏，翰墨随缘拟古欢。形容文人游山玩水，欣赏茂林清泉的美景，兴致来了就提笔吟诗作赋，追思古人，抒发胸怀。这副对联也可以理解为他对官场生态的一种向往。而要使官场风清气正，关键是要有一个好体制、有一个好的官员队伍。清朝官制的弊端很多，其中一个问题就是冗员太多，行政效率极为低下，六部之中的官员经常互相推诿，堂倌推给司员，司员推给书吏，一些重要的文件变为一纸空文，外省督抚大臣要办一件事，往往要从县一级开始逐级上报，到他们手上最快有时也要数月，清政府还常常在一个职位上设置数人，以达到互相牵制的作用，最后各个官吏均懒于从事，导致一事无成。举个例子，清初漕运每年四百多万石，戊戌年间上有些年份只有一百多万石，运米本来是商人的事，政府却设总督一级的官员办理，沿途各舱搬运船丁等达十万人，由于冗员过多，致使每担米的运费高达 18 两银，仅漕运一项，国家每年要支付千万两白银，成为国家财政上的一大负担。新政对于官僚体制的改革，主要措施是裁并闲散衙门，裁减冗员，改变以往机构重复设置、叠床架屋、人浮于事的现象，以达到一种条理贯通、事权专一、提高行政工作效率的目的。

既然官僚机构臃肿庞大，就必须撤并机构；既然官吏队伍数以万计、冗员充斥，就必须裁减人员。裁下来的人员怎么安排便成为"第一要义"。

> 光绪二十四年七月十三日上谕指出："国家设官分职各有专司，境外大小各官旧制相沿，不无冗滥，今日臣工条奏多以裁汰冗员为言，虽未必尽可准行，而参酌情形实亦有亟当改革者，朕惟授事命官不外综合名实，现当开创，百度事务繁多度支岁入有常，岂能徒供无用之冗费，至碍当务之急需。"
>
> （《德宗景皇帝实录》卷五六四，中华书局，1987 年出版）

1906 年 9 月 1 日，清政府发布仿行立宪的上谕，并于次日开始着手调整中央官制。被裁撤的机构有三种情况：一是完全裁撤，如工部、兵部、太常寺、光禄寺、鸿胪寺、太仆寺等，这几个机构名义上并入其他机构，实际上等于裁撤；二是并入新设机构，如练兵处并入陆军部、财政处并入度支部；三是改为新部而执掌功能有较大变化的，如户部改为度支部、巡警部改为民政部、刑部改为法部、大理寺改为大理院。这些变动的机构都会不同程度地发生人员裁撤问题。①

陆润庠当时担任工部尚书，工部属于要裁撤的机构。这个部可不是一般的部，是个大部，人数多，据《申报》1906 年 11 月 23 日报道，改革方案刚公布时，工部共有实缺及候补的郎中、员外郎、主事共 380 余人②。当改革方案宣布工部并入商部并改为"农工商部"时，一些人误以为"工部司员亦统并入商部"，以至

① 潘鸣：《1906 年中央官制改革裁撤机构人员安置问题研究》，《首都师范大学学报（社会科学版）》，2004 年增刊。

② 这只是正式统计数，工部实际的人员数比这一数字还要多。

有工部“某主事于奉旨后即刊农工商部学习主事之大帖到处拜客”。但实际上农工商部由于裁撤人员较多，“除由臣部调用外，余均开单咨送吏部，按照新章分发他部及外省补用”。这么大的改革力度，特别是要外放到地方工作，工作难度显然非常大。陆润庠向上面表态，表示愿意从自己开始，带头先下来，到外地工作。朝廷考虑到经常需要他参与中央政府的工作，决定将他安排到顺天府（北京市）。他的这一行为，对于当时工部推进改革、甚至对整个机构改革这一牵涉到几乎所有官员的利益的大问题，有了极大的引领作用。慈禧知道后大加赞扬，还专门接见他一次，给了赏银，表达了一定会继续重用的意思。

机构改革后，不断地有裁撤下来的官员找陆润庠，希望得到他的关照，向上面推荐，谋个新职位，他都婉言拒绝了。他在一封信中写道：“去年厘定官制后，各部尚书均兼参与政务。曾奉严旨，不得与外省大吏通函为人谋求差缺。近来新设会议政务处，又奉旨如前，不啻三令五申矣。以后未便于函札中有所干，请谅之。”

在8年前的“戊戌变法”中，由于裁汰冗官速度过快，又没有做好相应的分流安置工作，造成“因之失职失业者，将及万人。朝野震骇，颇有民不聊生之戚”的局面，对变法造成了严重的危害。这次机构调整中清政府十分重视人员分流安置工作，采取了一些相对比较细致的措施。

第一条措施是，对中央要裁撤的各部、院的主、副官者先“卧倒”，自然免职，然后再考虑另行安排工作，但待遇不变。清代各中央部院衙门的主、副官俗称“堂官”，从1906年开始“各部堂官均设尚书一员，侍郎两员，不分满汉”，“此次裁缺之堂官，均着以原品食俸，听候简用”。在改革方案公布后的三天内，清政府迅速对各机构的多数尚书和侍郎进行安置。

第二条措施是，对裁撤机构中的一般人员区分情况进行安置，但不限定具体时间，有的快些，有的等待的时间较长。对于各机构一般人员，清政府总的安置原则是“裁缺衙门之实缺候补司员笔帖式，或由他衙门调用，或分班次分发外省补用”，具体办法责成吏部加紧制定。所有裁撤机构人员，除由改设后的新部门留用及其他部门调用外，一律被咨送到吏部，由吏部掣签分发至京内各部及各省补用。需要说明的是，根据外务部、学部的章程，两部不接受吏部分发的人员，此次新设的农工商部也要求仿照外务部、学部之例，免去掣签分发，得到朝廷批准。根据上谕，吏部很快制订了一系列针对各种类型人员的具体安置办法。基本办法是：“京察一等记名道府之郎中、员外郎仍开单请旨简放；京察一等记名主事以下仍照例按班归用；实缺郎、员以下除留部或调他部外，请以相当各衙门改发行走，按原班补用。”

第三条措施是，扩大各衙门的用人自主权，有能力消化人员的部门可适当多接收被裁撤机构的官员。为便于安置工作的开展，吏部奏定对授官制度做出一项重大调整，除外务部不参与此项调整外，其他部门“旧设暨改设、添设各衙门所有额设各项缺分删除选、咨、留各名目，一律改为由各该堂官在各本衙门分别奏补”。在清代授官制度中，题授指衙门主官在本衙门内拣选人员，题咨吏部复查后自行补授；选授指由吏部铨选补授；留授指官缺不入月选，留归本衙门主官题补；咨指某一机构发出公文调用人员。其后，吏部又为分发各部人员制订了具体的补缺方法，“凡实缺人员遇有序补之缺与本部人员相间轮用，先用本部一人，再用裁缺一人；其候补人员遇有序补之缺亦照此办法，如有熟悉部务及才能出众者，准堂官酌量拟补”（1907 年 2 月 20 日《大公报》）。

第四条措施是，对部分京官根据自愿原则，调到地方任职。由于裁撤机构涉及的人员数量庞大，无法全部在京城安置，于是将部分人员外放地方就成了一种重要安置手段。早在改革方案公布之初，吏部就计划将待安置人员“除各部咨调外，其已得京察者外放，实缺者作为俸满截取以对品外职调用，至候补者酌量改补外官或咨各省委用”。其后，吏部为减轻安置工作的负担，迅速制订了裁撤人员改用外官的补缺办法，鼓励这部分人员外放地方：“凡京察一等未记名之郎中、员外有知府缺出即行选补，其实缺之郎中、员外有选缺之知府缺出，三缺得一，其实缺主事遇有选缺之直隶州缺出，三缺得一，其候补郎中、员外则均改为候补直隶州。”（《大公报》1906 年 11 月 15 日、21 日。并参见《东方杂志》第三年第十三期，第 293 页）在裁撤人员中还有大量捐纳人员，京城各部院普遍不愿接受这类人员，于是吏部也制订办法，鼓励他们外放到地方。一个月后，由于裁撤人员在京城各部院补缺依然十分困难，吏部主官又“复提此事，拟将各部所裁实缺人员有愿归外省候补者一律作为特旨班，俾得补缺迅速，免致久闲，以示优异”。

第五条措施是，对级别较低和能力比较差的官员采取留薪待岗的方式安置。裁撤机构的人员中还有大批六品以下（含六品）的小京官，这类人员品级虽低，但人数众多，也需要得到专门的安置。吏部安置他们的办法是：“各衙门六品以下小京官除留用、调用外，其内用者改发各衙门以相当对品之缺分别补用，其外用者无论原品有无外升班次，均分别实补候补，以原品对品升阶分省各归班次补用。”六品以下小京官多为被归并的五个寺的一般职官，其中实缺人员数量不大，吏部专门为他们制订了具体的在其他部院补缺的办法，如“大理寺评事、太常寺典簿、太仆寺主簿、光禄寺署丞、部寺司库，满员改用内阁中书，汉员改用中书科中书，如系正途出身者，以各部七品小京官改用”，等等。清代各级衙门中都有一个岗位叫“笔帖式”，就是担任文书工作的人员，笔帖式专用旗籍，品级较低但人数众多。早在1901年清政府即“改题为奏”，一切内外公事均用奏折，笔帖式从此成为闲差。此次改革中不但各裁撤机构有大批笔帖式被裁汰，没作重大变动的吏部、都察院等机构也纷纷裁撤笔帖式。吏部考虑到笔帖式人数较多，决定将他们“除正途出身准以原品或对品内用，或以知县分发外，其余各员应出本衙咨送吏部考试，分别以知县杂佐等官录用”。根据这一办法，笔帖式所享受的待遇并不算优厚。但清政府到底还是特别“体恤”旗员，不久，吏部见各处笔帖式补缺都很困难，于是又制订了新的办法，如分发各省补缺的笔帖式有“愿内用者”，在其分发至各部后“实缺者无论掣分何部即作为该部实缺笔帖式，仍照原品食俸”，“其候补各员原有花样者分部后仍归原班，以度支部咨到之日与该部候补人员统较先后拟补，其无花样者仍归学习正班比较奏留日期补用”。

安置裁撤官员的特点

清政府采取这些安置办法有以下特点：一是重视官员出身。清代文官的任用首重出身，在安置中无论官员品级高低，是内用还是外放，正途出身人员都比非正途出身的同一职务人员优先补缺。二是官员升、改线路明确。这也是清代文官制度的一大特点。安置工作中官员无论是内用还是外放，其具体办法都是较严格地按照《钦定大清会典》中的官员升、改条例进行，并非吏部一时的“创造”。三是维护满人特权。在各项安置办法中，凡涉及满汉官员同时候选补缺时，满官总是优先补缺，或是补缺时选得好缺。连品级很低的笔帖式因全部为旗籍，故也受到特别的优待。四是安置办法中注重需要加强的职能。如外交、教育、农工商三个领域由于兴办近代化新事务，需要专门人才，因此获准免于接收较多的分发人员。

清廷改革机构、减少官员的过程中还有一个特点值得关注，就是对流动和安置的官员一律采取考试的办法。正规科举出来的官员采取面试，捐纳人员一律参加笔试和面试考试，并严定了考规，派出专人“搜检及内外稽查，片纸不准携入”。笔试通过之后还要面试，吏部尚书鹿传霖“定期将各员逐一传见”，并且“首询各员三大要事”：一是曾否吸食鸦片；二是曾入何项学堂，是否毕业，有无文凭；三是对吏治、行政有没有经验与方法进行考察。对发现的“拣发人员考试有枪冒之弊”的，以及“枪手”替考的，立即分发到各省从严处置。

工部有这么多的人员“无地驻足”，让人同情，特别是陆润庠为官、为人在官场闻名，“各部长官多闻而怜之”，于是纷纷伸出援助之手。“礼部调用刘寻等十员到部行走，民政部亦调沈学范等八人听候派差”。不久，第一批请求内用的工部人员由吏部签分各部，其名单于正月二十二日（1907 年 3 月 6 日）公布，此次共有 82 名原工部人员被分发到法、度支、陆军等部，吏部自己也因“外廷典礼事宜非常繁重”，“故将工部人员拟留八员不入分发之列”。半个多月后，吏部奏报工部裁缺人员安置情况，称：“呈请内用者共一百三十一员”，已全部分发到各部；可是“其呈请外用者仅十五员，除出差、出洋、丁忧、告假六十三员外，尚有一百七十八员拟俟呈明内用外用”。在此之后，工部人员中“续请内用”的，继续由吏部分发，有些已被分发内用的人员还主动申请外放，一些部院也奏调了部分工部裁撤人员，工部人员的安置工作到 1907 年夏基本完成（《大公报》1907 年 1 月 29 日，2 月 22 日、24 日、25 日，3 月 9 日、10 日、30 日）。

清廷对裁撤人员还普遍进行培训。吏部奏称：“现在厘定官制，添改各部，以专责成。各部办事，必须预储人才，练习讲求”，而培训大批待安置人员正是向各部院输送后备人才和暂时缓解安置压力的好办法。学部原设有法政学堂，为培养裁撤人员的行政能力，吏部决定将“凡各部裁撤及新分司员笔帖式，并请准其咨送学部，各接所分之部，分门学习”，吏部还特别强调，考虑到需要培训的人员水平参差不齐，“恐难绳以一律学科，拟于法政学堂内附设讲习科，其所有咨送人员均在讲习科肄业，其中国文学根底太浅者应令专力补习一年再行升入其本科”。各类人员毕业后经学部考试分出等级冉行差派（刘锦藻编：《清朝续文献通考》卷一百八，《学校十五》，考 8669 页，商务印书馆，1936 年出版）。吏部设立的学治馆是清末重要的官员培训机构，也是这次安置工作的一个重要产物。该馆专门培训咨送吏部人员中考试不合格者，如果“留馆学习后仍无进益者，再留馆学习一年，至如所习终无进益者，即行停其铨选分发”。

正所谓：改革难在官去留，大臣率先分忧愁；安置需要多渠道，树挪会死水要流。

感言与物议

清末官制改革虽然基本上可以说是流产了，但其对体制改革的思考和探索是有积极意义的，这一点前面已经谈到了，其对裁撤官员安置的某些做法也有值得肯定的地方，而且当时所采取的一些措施也表明高参们是学习了西方改革的类似做法的，有点与国际接轨的意思，是我们现在仍然可以有选择地吸收的。

首先，对撤销或合并机构的主要官员，不是采取增加领导职数的办法安排，而是实行全部“卧倒”，然后再根据每个官员的特点做出新的安排，这就坚持了官职数量不增加的原则。这样做的好处是防止裁减下来的官员干预新机构的工作，也可以防止官员之间的攀比。

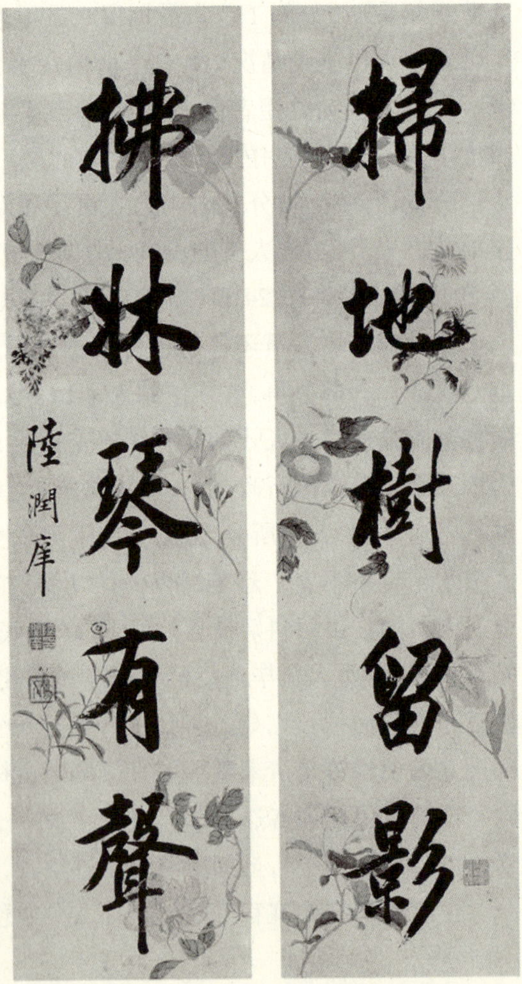

其次，对合并的部门下面的二级机构，不是简单地把二级机构原封不动地留下来，加到新机构里面去，搞“拼盘式”改革，而是全部“打乱”，尽量按照新机构的职能重新划分二级职能、三级职能，在此基础上设置新的二级和三级机构。

第三，对裁减下来的人全部做出安置，但不是完全包下来，也不是无条件地安排，而是采取考试的方式择优进行安排。人的安排要慎之又慎，能不能多方面开辟途径安置裁减下来的官员，成为改革能不能取得进展的关键，但要利用机构改革提高官员的素质。

第四，正确处理拆“庙”与减“和尚”的关系。减机构是拆“庙”，减人员是遣散“和尚”，从表面上看，拆“庙”是釜底抽薪，没有了庙当然就没有了和尚，但问题在于和尚到哪里去念经，信教的人到哪里去寄托信仰？人们自然而然地很快又会提出建庙的要求，所以回潮现象、“精简—膨胀—再精简—再膨胀”的循环就不可避免。只有把拆“庙”与减“和尚”同时并举，才有可能破解机构改革的怪圈。

读书取正，读易取变，
读骚取幽，读庄取达，读汉文取坚，最有味卷中岁月；
与菊同野，与梅同疏，
与莲同洁，与兰同芳，与海棠同韵，定自称花里神仙。

——陆润庠题苏州留园五峰仙馆联

第八章

大理院法部纷争起　都察院废留孰是非

中国古代的司法与行政是合一的，审判机构隶属于行政机构。与司法有关的政府机构有刑部（晚清改为法部）、都察院、大理寺三家。刑部作为主管全国刑罚政令及审核刑名的机构，是管政府对社会案件的审判的，都察院是管政府对官员的稽查、审判的，大理寺是管重大案件的最后审理和复核的，一部两院共同形成“三法司制”的体系。

在晚清官制改革中，要按照“预备立宪”的要求，实行司法独立，就必须改变原来的机构设置和职能分工。怎么分？怎么设？怎么定职能？矛盾出来了。

争论的实质

清末在政治体制改革中闹过一个“部院之争”和“都察院废留之争”。

“部院之争”是指刑部改为法部后，与大理院在司法问题上的权限之争。按照中国传统而言，审判工作即使不属于政府，交出去了，政府仍然要通过警察系统、政治系统等，对审判有所影响，有所指导，有所监督，但是这不符合现代审判独立的原则，大理院要求借鉴西方制度，独立承担全部审判职能的想法也是有道理的。设立的法部和大理院在司法权限划分上出现的不同意见，完全是可以通过协商解决的。

"都察院废留之争"就更复杂了。行政系统的刑部改为法部，那么，原来由都察院执掌的对政府官员的审判归谁呢？全世界也都没有一个统一的模式，各国不一样，有的国家，如法国，就在政府系统内设立行政法院，大多数国家则在独立的法院之中设立行政审判庭。那么，是保留类似法国政府所属的行政法院性质的"都察院"呢，还是完全交给大理院来审行政案件？

要搞清楚争论的核心问题，还需要先讲一下都察院。清代的都察院是由明代的体制接续下来的，明代之前叫"御史台"，职责差不多，是主掌监察官员、有权弹劾官员的职责，以及对皇帝提建议、下情上传的机构。作为行政判定责任、监督监察制度的主要实施者，都察院在维护政府正常秩序和保障国家机器平稳运转方面起到了重要的作用。历史上出现了无数刚正不阿、铁面无私、妙计迭出的御史。唐朝御史徐有功，敢于犯颜直谏，严格执法，平反成百上千冤案，救活人命多达万人，两次被罢官又两次复出，仍持志不渝，不阿谀奉承。包拯也是一名御史，当范仲淹实施吏治改革，力破官员冗滥作风，斥退冗员，触及一些既得利益者，变法失败，新政被废时，包拯突然上奏，建议皇帝保留范仲淹提出的通过考试选拔人才、举贤用能方面的新政。这样的例子举不胜举。

"部院之争"和"都察院废留之争"的实质是什么？前者的实质是，要维持适当的行政主导型的司法制度，还是要实行"去行政化"的司法制度。争论中的"行政主导派"的代表是戴鸿慈为尚书、张仁黼为右侍郎的法部，"独立派"的代表人物是大理院一把手沈家本①。后者的实质与前者有密切的关联，但有一点区别，就是假如司法独立了，还要不要保留以前作为"言官"性质的制度，由都察院来行使对行政官员的监督？

争论中的这三个人与陆润庠的关系都不错，特别是沈家本，他是陆润庠的姻亲，在他们之间的争论中，陆润庠的观点是倾向于"行政主导派"的，但是他又不想伤害沈家本，所以他表态比较少。但在要不要继续保留都察院，行使行政

---

① 沈家本（1840—1913 年），字子淳，别号寄簃，吴兴（今浙江湖州）人。历任天津知府、保定知府、陕西巡抚（未到任）、刑部右侍郎、修订法律大臣、大理院正卿、法部右侍郎、资政院副总裁等。沈家本精于经学、法学和文字学，继承了我国学术传统中宝贵的考据方法和求实精神。著有《诸史琐言》。沈家本还主持制定了《大清民律》《大清商律草案》《刑事诉讼律草案》《民事诉讼律草案》等一系列法典，他重视研究法理学，建议废止凌迟、枭首、戮尸、刺字等酷刑。

审判职能这个问题上，陆润庠与沈家本直接对立，沈家本认为都察院已经没有必要存在，其职能由专门负责审判的大理院统一行使；而陆润庠认为，行政案件还是应该由政府为主来审理，大理院负责指导，所以都察院要保留，再加上都察院还有监督的职责，就更不能裁撤了。陆润庠想回避矛盾都不行了。

好戏开演了。

部院之争

在进行官制改革过程中，光绪三十二年（1906 年）九月二十日颁布的新官制规定，刑部改为法部，专任司法；大理寺改为大理院，专掌审判。这就改变了传统的行政机关兼管审判的制度，建立相对独立的审判制度，开始接近“三权分立”体制下的司法独立。但是，在文件中对法部和大理院各自的权限划分很不明确，甚至互相交叉。不仅是法部“专任司法”及大理院“专掌审判”的文件表达在概念上模糊不清，埋下了法部与大理院职能冲突的隐患；而且司法与审判两个概念在内涵上也难以截然分开，奕劻等在《厘定中央各衙门官制缮单进呈折》中对司法独立的理解和规定是：“司法之权专属法部，以大理院任审判，而法部监督之，均与行政官相对峙，而不为所节制。”清廷同意了奕劻的要求，以戴鸿慈为尚书、张仁黼为右侍郎的法部，与以沈家本为正卿的大理院在协商划分权限时，“部院之争”爆发了，矛盾和对立十分严重。

戴鸿慈曾于 1907 年 4 月 12 日致书时仍被清廷通缉而远在日本的梁启超，请教法部与大理院权限划分之事，其中有言：“自去年七月宣布预备立宪之旨，其后组织内阁……惟枢密诸员，未明新学，故颁谕之始，即已含混不分疆界（谕云：以刑部改为法部专任司法，大理寺改为大理院专任裁判），致令部院诸员，纷纷争议，互起冲突。沈家本看到法部的方案和清廷批准的圣谕，内心自是难以平静。”

作为晚清法律学名家，中国现代法学的创始人沈家本对传统司法审判制度的优劣长短十分了解，担任修律大臣后，因职务所在，对西方近代法制特别是东邻日本先进的司法审判制度研究颇多，因而在晚清审判体制改革中，极力主张审判独立。在他看来，法部的方案不仅大大侵削了大理院的正当职权，将导致今后的工作处处掣肘，难以开展，也与“司法独立”这一宪政精义大相违背，因此，他不顾皇帝已经做出了谕准的批示，毅然于 5 月 20 日上了一个奏折，题目是《酌定司法权限并将法部原拟清单加具案语折》，对法部方案中的谬误之处提出了全面的批驳意见。他尖锐地指出，“司法独立，为异日宪政之始基，非谓从前现审办理不善故事更张也”，并认为“宪政精义以裁判独立为要义”，因而必须纠正以往行政干预司法之积弊，要求法部不得干预正常的审判活动。他指出，“各国裁判制度，皆以大审（理）院为全国最高裁判之地，定拟各案，惟死罪送交司法大臣执行，如情罪或有可原，则由司法大臣奏请减免，并无驳审之权”，而“今死罪必须法部复核，秋朝审必须法部核定，权限未清，揆诸专掌审判之本意，似未符合”。至于法部提出要掌握大理院及各级审判厅之人员任免之权，沈家本指出：“至臣院推丞推事等官，必须得力人员，经臣等试验有素，而后量能使用，方足以鼓舞群材。若以他衙门之堂官而定此衙门之员缺，情形既未周知，而以本衙门之庶僚，更听他衙门之任用鉴别，恐难于允当。”当然，鉴于法部方案已由上谕认可，未便推翻重来，不得已，沈氏最后提出“通融办法”：对大理院自定死刑之案及朝审册事宜，分别情形，由大理院和法部分别审、核办理；而对于各级审判厅及奉旨速议之件，添入大理院会同具奏；至于大理官之推丞、推事各官，仍由大理院自主请简奏补，以责专成。

应当说，沈家本的“通融办法”虽然向司法独立迈出了较大的步伐，但仍有很大的调和性。其方案最大的特点是，在维护皇权干预司法的前提下，为大理院争取较多的独立审判权。

就是沈家本这样一个充满妥协和折中的方案上奏清廷后，仍然震怒了朝廷。光绪帝览折后，立即下旨：“本日大理院奏司法权限酌加厘定开单呈览一折，着与法部会同妥议，和衷协商，不准各执意见。”

三天之后，朝廷将大理院正卿沈家本与法部右侍郎张仁黼对调任职，以釜底抽薪之法来解决部院司法权限之争议。

都察院废留之争

在“部院之争”的同时，“都察院废留之争”也正如火如荼地进行着。关于负责审决行政纠纷的裁判的机构怎么设立的问题，形成了三种观点：一是主张设行政裁判院，改组都察院；一是保留都察院，无须再设行政裁判院；还有一种观点，既增设行政裁判院，又保留都察院。第三种观点为清政府采纳，从而出台了我国历史上第一部行政诉讼法草案，即《行政裁判院官制草案》。这第三种观点是谁提出的呢？就是陆润庠。陆润庠在上奏书中称：

> 厘定官制，宜保存台谏一职。说者谓既有国会，不须复有言官。岂知议员职在立法，言官职在击邪。议院开会，不过三月，台谏则随时可以陈言。行政裁判，系定断于事后，言官则举发于事前。朝廷欲开通耳目，则谏院（即都察院）不可裁；诸臣欲巩固君权，则亦不可言裁。即使他时国会成立，亦宜使该院独立，勿为邪说所淆。
>
> （赵尔巽等撰：《清史稿·列传二百五十九·陆润庠传》）

行政裁判院，是体现制约公共权力、保障公民人权的理念，专司“人民不服公权力违法侵害其权益行为而控诉”的案件的机构，形成于1872年的法国。这方面的情况和资料，在清代同治十一年（1873年），经过德国人辗转传到日本，再漂洋过海来到中国，在政府系统和学术界有所流传。

由于行政裁判院与这个传统的都察院有着职能上的相似，所以一进入中国，就有人把二者相比拟。最早把二者联系起来的是日本学者织田万，其在《清国行政法》中称都察院为“监察行政得失、查办官吏邪正、伸张人民冤枉、干预终审裁判，即为唯一最高之行政监督机关也”，根据其职能职权，“可谓实质上之行政裁判者也”。（［日］织田万：《清国行政法》，李秀清译，王沛点校，北京：中国政法大学出版社，2003年出版，第209—211页）正式把都察院与行政裁判院相提并论的是清末考察政治馆拟设行政裁判院的说帖，其言：“谨按唐有知献纳使，所以申天下之冤滞，达万人之情状；与御史台并列，今各国有行政裁判院，凡行政各官之办理违法致民人身受损害者，该院得受其呈控而裁判其曲直。”（《大清光绪新法令》，第二十册，商务印书馆，1910年出版，第125页）陆润庠对中国的官吏制度有深入的研究，对这些情况当然很清楚。要他做出“二选一”的判断，他是不愿意的——这既不符合他的“中庸改革”的思想，他也不想太多地得罪沈家本。

陆润庠提出的“宜保存台谏一职”的意见，经过完善后，就按照借鉴当时世界上的立宪国家，主要有英、美、德、法、奥、意、日、比等，都设置了相应的行政裁判制度，考虑到中国的都察院与行政裁判院的职能有同也有不同，在厘清权限的基础上保留都察院，设立行政裁判院，这样来编纂官制改革方案的思路，在庆亲王奕劻等奏厘定中央各衙门官制清单的折子中明确地提出，两者都要，适当修订都察院职责：

按立宪国官制，在立法行政司法三权并峙，各有专属，相辅而行，其意美法良。

行政裁判院“纠正官权之过当”。

拟应设立无疑，而都察院原掌纠劾官邪，条陈利弊，关系至重，惟原缺职掌与新拟部院官制参差重复者，当略加厘正，以归划一。此都察院官制更正之大略也。

（《庆亲王奕劻等奏厘定中央各衙门官制缮单进呈折》）

慈禧太后对奏折进行审议后裁定：“都察院本纠察行政之官，职在指称阙失，伸张冤滞，着改为都御史一员，副都御史二员。六科给事中着改为给事中，与御史各员缺均暂如旧。”（《裁定奕劻等核拟中央各衙门官制谕》，沈云龙：《清末筹备立宪档案史料（上册）》，文海出版社，1981 年出版，第 471—472 页）

这里没有提及行政审判院问题。1908 年 8 月，清政府同意了两个机构的方案，颁发《钦定宪法大纲》并附《逐年筹备事宜清单》，其中有这样一句话：

定于 1913 年（光绪三十九年）设立行政审判院。

在随后颁布的《法院编制法》和“预备立宪逐年筹备清单”里，对行政裁判院的体制做了进一步的规定，拟采取德奥日行政裁判模式，即属于另设的专门的行政裁判机关。

英、美、比等国以司法裁判官兼行政裁判之事，其弊在于隔膜，意、法等国则以行政衙门自行裁判，其弊在于专断。惟德、奥、日本等国特设行政裁判衙门，既无以司法权侵害行政权之虞，又免行政官独行独断之弊，最为良法美意。今采用德、奥、日本之制，特设此院，明定权限，用以尊国法、防吏蠹，似于国家整饬纲纪、勤恤民隐之意不无裨益。

（《行政裁判院官制草案》，《附厘定制草案》，《大清法规大全 · 吏政部（第 23 卷）》，高雄：考证出版社，1972 年出版，第 960 页；或张德美：《探索与抉择——晚清法律移植研究》，清华大学出版社，2003 年出版，第 144 页）

后来,辛亥革命爆发了,成立行政审判院这事就放下了。陆润庠想在变法中保留中国传统优秀行政制度的方式行事和工作“成果”,再次为不可抗力所搁置、所抛弃。

正所谓:丈夫何事空啸傲,不如烧却头上巾。君为进士不得进,我被秋霜生旅鬓。

感言与物议

在发生机构职责争论这类官场经常性的矛盾时,陆润庠为什么要持这样的观点而不采取另一种态度?

一是陆润庠要保留的并不仅仅是一个都察院机构,而是希望体制内能够有专门负责监督行政官员、制度性地向皇帝提出改进工作建议的机构。他有6年多时间担任“左都御史”,即都察院的一把手(都察院设左右都御史,左为上)。十分了解这个机构的重要作用,“为天子耳目风纪之司”。仅督察这一项权力,就具体包括三项弹劾权:凡奸邪、乱政者,弹劾;凡贪腐懒政者,弹劾;凡心术不正、欺上瞒下者,弹劾。还有协助吏部监督考试、协助刑部监督判决以及作为朝廷临时派遣监督地方大员等权力。这个机构在权力高度集中的体制下,具有发挥参谋咨询方面的积极作用。

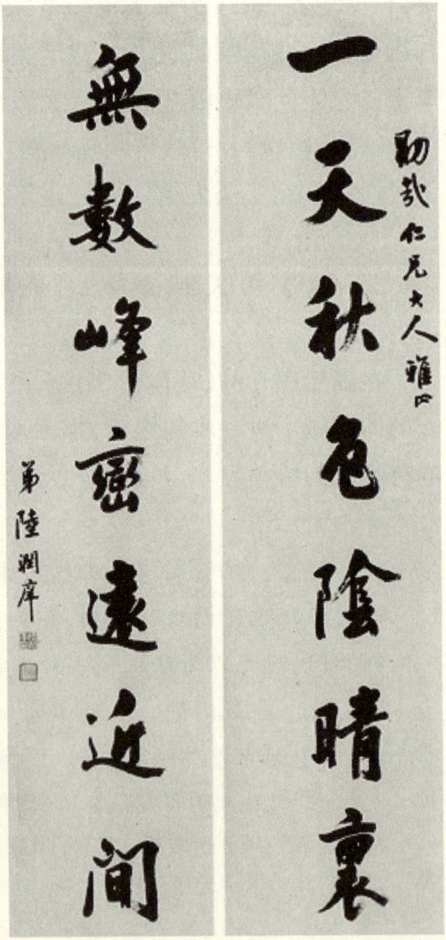

二是想必与他有相当长的时间在都察院任御史一职有关,出于“部门利益”考虑,他也要力图保留这个机构。这一现象在古今中外概莫能外。我们回头看前面提到的那位中国法学奠基人、陆润庠的姻亲沈家本,他冒着杀头的危险,坚持大理院不受行政权影响的主张,固然有借鉴西方的审判独立的思想这一面，但是实事求是地讲，估计其考虑更多的是为了争部门利益，“屁股决定脑袋”。

三是权力需要制约，成立行政法院是对行政权力的制约，保留监督机构也是为了监督。大陆法系的国家和地区（主要包括法国、德国、奥地利、瑞士、意大利、波兰、芬兰、日本、印尼、巴拿马、哥伦比亚、希腊、葡萄牙、泰国、立陶宛、中国的澳门和台湾等地区）一般采取行政法院专门审理行政诉讼的组织形式，对政府进行法治上的监督制约，而普通法系的国家和地区中，不设行政法院，公民控告政府行政部门的程序和普通民事诉讼无大分别，只是被告换成政府，这也是对政府进行法治上的监督制约。晚清关于要不要设立行政法院的争论，有着重要的意义。

四是陆润庠提出与两种比较极端的意见不同的第三条道路，既回避了变革的风险，也能让持比较极端意见的人，比如沈家本他们接受。那些主张设行政裁判院就一定要裁撤都察院和如果保留都察院就没有必要再设行政裁判院的意见，在陆润庠看来都很容易翻船，因为伤害的既得利益者太多。这一点，连沈家本都知道。沈家本在1904年到1909年间主持变法修律，召集留学欧、美、日的学生，进行外国法学著作和法典的翻译工作，共翻译了《德意志刑法》《德意志裁判法》《日本现代刑法》《日本改正刑法》《日本陆军刑法》《俄罗斯刑法》《法兰西刑律》《普鲁士司法制度》等10多个国家的80余部法律和法学著作，属于行政法方面的法典只有一部《德国行政官惩戒法》，行政法方面的著作一本都没有。这说明他根本就没有认真地考虑过制定行政方面的法律，也可以理解为他认为中国在当时并不具备产生近代行政法制的土壤。

同是宦游人,到此一空天地界;
坐观望钓者,苍然如对海山秋。
——陆润庠题龙门石窟联

第九章

江苏省险些被分解　众京官奏上收成命

老舍先生在《茶馆》的开头这样描述晚清北京城的一道风景——茶馆:

在这里,可以听到最荒唐的新闻,如某处的大蜘蛛怎么成了精,受到雷击。奇怪的意见也在这里可以听到,像把海边上都修上大墙,就足以挡住洋兵上岸。这里还可以听到某京戏演员新近创造了什么腔儿,和煎熬鸦片烟的最好的方法。这里也可以看到某人新得到的奇珍——一个出土的玉扇坠儿,或三彩的鼻烟壶。这真是个重要的地方,简直可以算作文化交流的所在。

张謇提出苏淮分省

在1904年(光绪三十年)这一年里,北京的茶馆里流传着这么一条新闻:皇粮国税的重要来源江苏,要把富裕的江南与贫穷的苏北分成两个省。这是怎么回事?

江苏设省始于1667年。清代江苏的地方行政制度颇为特别,在一个省的境内居然有三个治理中心——两督一抚:省级行政长官有两江总督(主持全面工作，侧重军事）驻江宁，江苏巡抚（主持日常行政工作）驻苏州，漕运总督（中央派驻的专门机构负责人，也兼有地方管理职责）驻江北淮安之清江。虽漕督自有专职，但因其兼有巡抚事宜，而与地方吏治密切相关。在清末，正是由于漕运的衰落，清廷在裁废漕运总督的过程中，面临安排干部的难处时，地方经济势力出于利益考虑，提出了苏淮分省的问题。

这件事情的来源是状元张謇的一项动议：苏淮分省。而在办工厂这件事情上与张謇高度一致的状元陆润庠，却在把江苏拆开成为两个省的问题上与张謇提出了完全不同的意见。

张謇为什么要解构江苏？我们来看看他的理由。清光绪三十年（1904年），张謇拟就《徐州应建行省议》，系统地提出徐州建省计划。首先，他说明了徐州建省的重要性。一方面，徐州古往今来具有重要的地理位置：

> 控淮海之襟喉，兼战守之形便，殖原陆之物产，富士马之资材，其地为古今主客所必争者，莫如徐州。

徐州地处山东、河南、安徽、江苏四省交界地带，历来为兵家必争之地，“但能经营徐州，蔚为雄藩，皆可以左提而右挈之矣”。另一方面，也是更重要的是，在当时特殊的历史条件下，徐州建省具有抗衡英、德侵逼之“外患”与消弭会党起事之“内乱”的战略意义。

> 今天下大势：英之兵舰梭织于长江，德之铁路午贯于山东。谋蔽长江，则势力必扩而北；谋障山东，则势力必扩而南。南北之际，徐为中权。平原荡荡，广袤千里。民强而无教。犯法、杀人、盗劫、亡命、枭桀之徒，前骈死而后踵起者，大都以徐为称首。近数十年，复有会匪之勾结，教士之浸权。设不早计，祸发一隅，牵动全局。将欲因时制宜，变散地为要害，莫如建徐州为行省。

徐州处四省交界之地，各省政治势力鞭长难及，本为“内乱”之渊薮；如今又夹在英、德势力范围之间，如果没有强大的政治军事力量，则很难抵挡英国势力的北犯和德国势力的南侵。“其在今日，非建行省设巡抚，则断乎不可。”其次，他规划了徐州建省的具体办法：

徐州为中心，从苏、鲁、豫、皖四省各分出一些州县，划归徐州行省。计有江苏徐州府属之铜山、肖、砀山、丰、沛、邳、宿迁、睢宁，海州之沭阳、赣榆，淮安之安东、桃源；安徽凤阳之宿、灵壁，颍州之蒙城、涡阳、亳州，泗州之五河、盱眙、天长；山东沂州之兰山、郯城、费、莒、沂水、蒙阴、日照，兖州之滕、峄，济宁之鱼台、金乡，曹州之曹、单、城武；河南归德之商丘、虞城、宁陵、鹿邑、夏邑、永城、睢、考城、柘城。共四十五州县。

再次，他分析了徐州建省的利害条件：

徐州建省的有利条件有“二便”“四要”。所谓“二便”，一是“增官不必添员”，裁漕运总督以徐州巡抚兼之，升徐州道为布政使，以淮海道兼按察使；二是徐、海、淮、泗、沂、济、凤、颍各州民气皆“朴啬劲悍”，可就地练兵。所谓“四要”，是指徐州建省有利于训农、勤工、通商、兴学四项要政。至于不利条件，他提出有“三难”，即得巡抚难、巡抚得人难、筹款难，指的是人才与经济条件。

但他认为：“若鉴于二便、四要而以为不得不建也，有人有财，虽有三难，直可旦夕举之。”最后，他进一步强调了徐州建省的重要意义。他说：

吾惧徐州不日龙争而虎斗，迭进迭退；芒砀大泽，我之伏莽枭徒又乘机窃发，或不免举足左右，以为敌用，为东三省之续也。

（《张謇全集》第6卷，江苏古籍出版社，1994年出版）

客观地说，张謇这个徐州建省计划既有抵制英、德列强侵略的积极意义，也有加强清王朝统治的用心，如他自己所说，“盖为中原腹地治安计也”。

张謇的分而建省的计划书，经由两江总督端方代为上奏，引起了清廷的注意。政区的设置，不仅关涉行政区划问题，而且涉及一整套的地方行政制度，尤其是行政官员配置问题。在江苏，本有两督一抚三中心，徐州建省势必与漕督势力冲突。恰在此时，漕运总督的裁撤问题已被提上议事日程，御史周树模以漕运废弛而漕督无官可辖为由奏请裁撤漕运总督。

清廷把张謇的条陈与周树模的奏折这两份重要文件一并交给政务处议奏。政务处在否定张謇的徐州建省计划的基础上，变通提出了苏淮分省的新方案：同意裁撤漕运总督，将其缺改为江淮巡抚，“与江苏巡抚分治，仍归两江总督兼辖”。据此，原江苏省一分为二，苏、淮划江而治。江北设立江淮巡抚，将江宁布政使及其所辖之江、淮、扬、徐四府及通、海两直隶州全归管理，巡抚驻清江县，即为省会，并以淮扬海道兼按察使衔；江南仍归江苏巡抚，以苏州为省会。此议很快得到清廷上谕的批准。同年十二月二十三日(1905 年 1 月 28 日)，清廷调恩寿为江淮巡抚，以陆元鼎为江苏巡抚。这便在苏淮分省的基础上设置了江淮巡抚。

抵制江苏分省的行动

江苏人，尤其江南的江苏人，最不愿意的是将江苏无端分隔为两省，譬如前堂后轩一座成格局的住宅，忽而为人封闭中段，割去一半，门面依旧，堂室已浅，自然不能甘心。苏淮分省消息一出，舆论哗然。上海《时报》认为，从地理、历史、民风等方面来看，建省当在“徐州一带”。所谓“徐州一带”，不仅包括江苏之江北各府州县，而且包括安徽之凤阳、泗州，山东之曹州、济宁，河南之归德。“故徐州今日不设巡抚则已，若设巡抚，宜合以上各府另组织一行政区域，不宜合长江下流之扬州、通州等同一区域，更不宜合江南之江宁府同一区域。”如果仅以江苏之江北各属与江宁一府为江淮省，则不能有效地控驭苏、鲁、豫、皖边境，“但有新设抚军之名，而无新设抚军之利也”。

江苏官绅更是群起反对。张謇颇感失望，对所谓“江淮省”的建置大为不满。“闻建设江淮省，此大谬，痴人前难说梦，信也。”“苏抚端方懵然入奏，部懵然因其说而易名为江淮，以漕督为巡抚，非驴非马矣。”他立即致书湖广总督张之洞和两江总督周馥，“请争江淮省事”。

与此同时，江苏籍的在京官员哗然。过年团拜，无不以此为话题，大致相当愤慨，决定上疏力争。都察院左都御史、南书房行走兼工部侍郎陆润庠被大家推为领衔，起草奏折，有陆宝忠、顾肇新、陈名侃、吴郁生等人参与。御史是中国古代一种官名。先秦时期，天子、诸侯、大夫、邑宰皆置，是负责记录的史官、秘书官。自秦代开始，设置御史大夫，为监察性质的官职，职位仅次于丞相，主管弹劾、纠察官员过失诸事，一直延续到清代。唐代韩愈曾任监察御史，明代海瑞曾任南京右佥都御史。袁可立由苏州府推官升任山西道监察御史，奉命分巡北京西城，竟然抗旨斩杀了万历皇帝的弄臣。明末黄道周任御史期间敢于触犯上怒。这些史例都说明御史一职在封建社会发挥了极为重要的作用。

到底是江南文豪，左都御史陆润庠挥笔疾书，字字千钧，于光绪三十一年(1905年)正月二十一日上奏折，提出的理由有四条：①

> 光绪三十年十二月二十二日政务处关于建江淮省之奏不妥之处有四：其一，"江淮、江苏若合为一省则名实不符……一省两抚向所未有。现在湖北、云南本有之巡抚甫经议裁，而江南一省忽添数缺，未免政令分歧。"其二，"溯自苏、皖分省已非复旧时形胜，而苏省跨江尚有徐、淮得力据上游之势。今画江而治，江苏仅存四府一州，地势平衍，形胜全失几不能自成一省，较唐之江南道统州四十二，宋之江南路统州十四，亦复悬殊。惟南宋浙西一路仅有三府四州，此偏安苟且之图，非盛朝所宜取法。至巡抚藩司专管地方之事例驻省城，今设省清江，舍临江扼要之名城，就滨河一隅之小邑，似亦未甚得势。"其三，"国朝经制分省三等盖因户口之多寡，亦视幅员之广狭。各行省中惟山西、贵州两小省幅员最狭，今苏、淮分省，江淮地势较宽，仅及中省，江苏则广轮不足五百里。较山西、贵州殆由褊小，势不能再称大省。若改为小省则一切经制，俱需更改，而筹饷摊款尤多窒碍。"其四，"漕运总督所委漕务人员皆系地方官吏，又有屯政军政，多与地方相附丽，定例兼管巡抚事者，所以重其事权，初不责以吏治，且淮徐之去江宁远者，仅数百里，不为鞭长莫及，而三府二州之地，特设两道一镇，固已控扼要区，布置周密，其地方要政向由藩司禀承总督，以为治理，历久相沿未闻有所丛脞。今之改设似出无名，若江宁办事悉仍旧贯，则江淮巡抚孤悬虚寄，徒多文移禀报之烦，无裨吏事军政之要。"

概括地说，陆润庠认为"建立江淮省"的意见有四个方面的错误：

一是与当前裁革冗官的精神不符，现在朝廷推进精简官员政策，已经将湖北、云南原有的巡抚裁撤，而如果江苏一省又分为两个省，未免政令不统一。

二是苏、淮若要分为两个省，首先要定界。自古划分边界都是以地形作为

① 中国二十世纪通鉴编辑委员会主持，龚育之主编：《中国二十世纪通鉴》(1901—1920年卷)，线装书局，2002年出版。

依据，现在江苏包含徐淮地区，据合理之势，如若划江而治，江苏仅存四府一州，地势平缓，无法自成一省，也失去划分边界的依据。

三是最重要的一条：将影响国家的财收，增加政府的负担。因为增加机构，势必增加预算。同时，江苏作为朝廷税收主要来源的日子将一去不复返，江苏自己也得“一切从简”了。此外，以前江苏是朝廷、吏部往下安排官员的重要省份，现在恐怕也容纳不了那么多人员了。

四是管理起来有难度，治理体系不科学，会影响行政效率。所以，陆润庠认为，此举纯属因人设事，请求下旨将此交政务处及沿江督抚复议。

在这个折子上签名者有江苏特别是苏南的同乡京官20余人。“除总宪及陆伯夔、外部陈右丞名侃、内阁吴学士郁生外凡苏省在京三四品京堂均与其列。淮省则寥寥无几人。”就是说，江苏籍的四品（相当于副部长级）以上京官基本上都赞成陆润庠的意见，而同意设江淮省观点的则寥寥无几。

接着，恽毓鼎也上了折子，认为苏、淮单独立省，则彼此削弱，不但不利于江、海军事防御，甚至将引起外国列强争夺利权与中外交涉的麻烦。中央政府大臣纷纷行动，一共上了79件折子，都是“主苏、淮不必分省”，可见绝大多数京官反对江淮分省。《申报》也称：“据内廷人云江淮同乡官因江淮分省事宜纷递条陈说帖主不分者占最多数。”

在外地的官员对此是什么态度呢？

当时的东南两位封疆大吏———张之洞、周馥对江淮分省也持反对意见。尤其是两江总督周馥，由于分省之举将极大地影响其权力，所以反对态度更加明确。早在光绪二十八年（1902年）时，任两江总督的张之洞设想在江北设省的意见刚露头时，周馥就表示强烈反对。他在致鹿传霖的电报中称：“此议万不可行。两江总督止管宁淮扬徐四府，苏属全归抚辖不能过问，事事掣肘……若江北再添巡抚，则江督直无地可管无事可作。”他主张要加强两江总督的权力。此时张之洞虽已经回到湖广总督的任上了，但仍关心两江的事。光绪三十一年（1905年）二月初七日，周馥将致庆亲王奕劻的电文抄发送给张之洞，明确提出：“江苏分治有损无益。”张之洞表示完全赞成周馥的意见。周馥在电文中所举的理由，大体与陆润庠的意见差不多。

给朝廷一个台阶下

尽管很多人都反对分省，但朝廷都已经做出决策了，那怎么办呢？陆润庠认为：

江苏跨江立省，定制已久，疆宇宴安，官吏无阙。朝廷本无分省之意，江督亦无废事之虞，顾以裁漕督而添巡抚，因设巡抚而议添行省，办法既疑乎倒置，定章必归于迁就。

陆润庠想出了这么个主意：朝廷本来就不想把江苏分开的，只是在任命干部的文件上出现了个新的省份名称，这个问题不要紧，重新任命干部时再不要那么写不就行了吗？方方面面都考虑周全了以后，他建议，江苏分省必须慎重，希望朝廷谕令廷臣与沿江督抚会议复议。清廷将陆润庠、恽毓鼎等折一并发交政务处议奏，并提出"苏淮分省事关建置，审慎为宜，略举四端，以备采择"作为基本指导思想。随后，两江总督周馥一面电告张謇速议，一面会商湖广总督张之洞，希望他"设法挽回大局"。形成一致意见后，周馥上奏清廷，从军事、政治、经济三方面提出反对意见，认为"分设江淮行省非万年金汤之全策"。他建议将淮扬镇改为江淮提督，"文武并用，节制徐州镇及江北各营"。张之洞也电奏清廷，"详陈江淮分省之有害无利，仍以不分省为宜"（《张謇全集》第6卷，江苏古籍出版社，1994年出版）。

苏淮分省，这么一件大事，虽然已基本获朝廷上谕，基本属于批准而成为既成事实，却"为众论所不韪"，使政务处颇感为难，不得不向清廷奏请"仍请收回江淮设省成命，裁撤漕督，于徐州地方添设提督一缺，以资重镇"。三个月后，1905年4月21日（清光绪三十一年三月十七日），清廷下令裁撤江淮巡抚，将淮扬镇总兵改为江北提督，江淮省重新回归江苏省。

正所谓：合久必分虽常闻，不能分时就不分；敢于直言作犯上，言官履职在于人。

感言与物议

行政区划，是一个国家政体的重要组成部分。江苏是富庶之地，其行政区划设置或改变，是一件特别大的事情。江苏分省这件事情发生在"数千年来未有之变局"（李鸿章语，见梁启超著《李鸿章传》第六章）的晚清，表达出的信息是多方面的。

一是行政区划的变化体现了地方力量壮大后产生的离心力与清王朝力图保持大一统格局的矛盾。在地方任职的官员，从体制角度看，与在中央政府做官的人，均出于一个渠道，都是朝廷命官，但是，随着市场经济的开始萌芽，利益格局发生了变化，政治诉求便也随之发生转变。中国古代的区划适合大一统的中央集权国家在交通和通讯都不发达的情况下，管理单一且以自然经济为主的农业社会。历史上也有多次减少行政区划层次的变革，但往往最后都没有成功。根本原因在于中央与地方的分权和集权，改还是不改，都存在着一放就乱、一收就死的两难命题。这也表明，中国行政区划问题，实质是个权力划分的问题，而不仅仅是个管理的问题。

二是行政区划的变化体现了历史传统的断裂。中国文化中有个同乡理念，在国外，中国人都是同乡；而在国内，同乡就是处于同一个行政区域的人。所以，改变行政区划就必然会改变同乡的内涵和外延，使一些人从同乡变成不是同乡，或者把不是同乡的变成同乡。中国的省级行政区域自元朝一直沿袭到清，就这一点而言，已经成了中国的历史传统。而清末提出改省、分省的建议，实际上表达了政治上改造中国国民的“民族性”的要求。

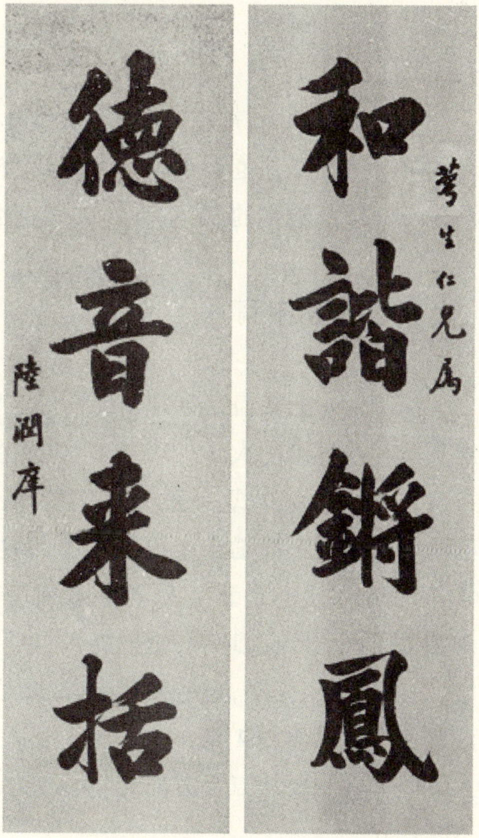

三是行政区划的变化体现了中国的治理体系开始发生深刻而重大的转变。中国的地方政治向来是一方面听命于上级，没有自己的“地盘”，没有地方治理体系；另一方面，由于权力来源不清，导致了中国的地方官员都是“土皇帝”。所以，中国的地方自治就自然而然地与宪法制度的建立过程紧密联系在一起，并使得地方自治的提出成为对中国治理体系的第一次重大冲击，成为民主意识觉醒的起点。这是提出江苏分省的深层缘故。

风日和美，正江南重四节；
江山委蛇，是中朝第一流。

——徐世昌贺陆润庠六十寿联

第十章

为国家办校出大力　帮筹款甘当幕后人

根据南京大学、东南大学、南京师范大学、南京理工大学、南京农业大学、江南大学等以三江师范学堂为前身的诸校校史记载，晚清两江总督刘坤一、张之洞是三江师范学堂的创办者。[①] 陆润庠也做了不少贡献。

张之洞朝中有人

南京大学的前身是创建于晚清的三江师范学堂，20 世纪初成立的时候是一所具有相当规模的大学。1904 年的《东方杂志》曾对三江师范学堂做过这样的报道："校舍俱系洋式，壮丽宽广，建筑耗费，不亚于日本东京大学。"北京大学政治学著名教授王浦劬当年报考大学的时候，和我一样，第一志愿报的是南京大学，第二志愿报的是北京大学，但我被南京大学录取了，王浦劬被北京大学国政系招去了，他开玩笑地说：全世界带"京"字的著名大学只有三所：一所是北京大学，一所是南京大学，再一所就是东京大学。北京大学的前身京师大学堂比三江师范学堂早建立 4 年。

陆润庠主要从三个方面参与了创办三江师范学堂的工作：

① 参见王德滋等编：《南京大学百年史》，南京：南京大学出版社，2002 年出版。

一是陆润庠与刘坤一、张之洞是至交,刘坤一、张之洞先后任两江总督,在江宁当官,陆润庠那几年在苏州办企业,在 1894 年至 1899 年期间,他们经常在一起商量振兴现代工业和教育方面的事,创办一所现代型的培养高级人才的学校,是他们的共识。

二是在 1902 年至 1904 年三江师范学堂创办之前和创办之初,陆润庠在朝廷担任户部左侍郎,相当于现在的财政部常务副部长,对张之洞办学来讲,是"朝中有人",而且陆润庠掌握财权,在中央说话很有分量,可以在资金上直接给予支持。

三是陆润庠于光绪二十六年八月(1900 年 9 月)起,以内阁学士、户部左侍郎、工部左侍郎的身份,兼任礼部右侍郎(并授予尚书衔,即正部长级的副部长)。礼部是管理全国教育、学校事务、科举考试以及外交事务的部门,相当于今日的教育部和外交部。创办大学自然都属于他管理的范围。当时办大学师法明治维新后渐趋完备的日本教育体制,通常循着"派出去"和"请进来"两条路径进行,张之洞在湖南办学就开始聘请日本教习,或派员留学东瀛,三江师范办学之初要聘请日本教员和进行学者交流,自然少不了通过礼部聘请进来、派人出去,陆润庠承担了相应的工作。

光绪二十五年(1901 年)初,刘坤一、张之洞在十天内连着三次联合领衔上疏朝廷,提出请求变法,兴学育才、整顿朝政、兼采西法等主张,史称"变法三疏"。其中一个折子的《变通政治人才为先折》,洋洋洒洒一万言,提出"育才兴学之大端"四项举措:

> 一曰设文武学堂;二曰酌改文科;三曰停罢武科;四曰奖励游学(即留学)。
>
> (《刘坤一遗集》第三册,第 1276 页,或见舒新城编:《中国近代教育史资料》上册第 47 页《湖广、两江总督会奏三疏》,人民教育出版社,1961 年出版)

刘坤一向来重视兴学育才,在两江总督任上,他曾创立"江省郡县学堂",又设立农工商矿学堂和练将学堂;他甚至倡议兴办女子公塾,让一般女子也有接受教育的机会。[1] 1902 年 5 月 8 日,刘坤一邀请张謇、缪荃孙、罗振玉等江苏学

① 王玉棠著:《刘坤一评传》,暨南大学出版社,1990 年出版,第 189 页。

者和名流商议兴办学堂事宜，达成共识：兴学育才的主要困难是师资匮乏和资金短缺，而开办高等师范学堂，不仅可以为各级学堂培育师资，而且“更可比办高等学堂经费减省一半”。刘坤一在当日给张之洞的信中通报了此次商讨的经过，力主兴学“应从师范学堂入手”①。

怎么解决经费问题

张之洞于1902年11月1日（光绪二十八年十月初二）搭轮船从武汉一到达江宁（南京），就马上接手了刘坤一办学的事务。12月29日（农历十一月三十日）成立了“三江师范学务处”，开展具体工作。当然，最重要的是筹款。即使是办师范，经费问题仍然是大问题。据1914年2月13日上海《时报》的统计，1903—1911年前后九年中，一共“用款达二百余万”。刘坤一、张之洞他们的安排来源有：

> 购地建堂经费，由江宁藩司筹拨；常年学堂经费，由江宁藩司先行协拨银一万两，以后每年协筹四万余两，安徽、江西两省各按学生数额每名每年协助龙银一百元，稍资津贴；同时，将江宁银圆局“岁获盈余”，专供该学堂经费之用。
>
> （张之洞：《创建三江师范学堂折》，《张文襄公全集》，58卷，第15—16页。）

这些筹款的设想好是好，但是某些方面实际上难以落实，特别是要想从“江宁银圆局”的盈余中抽取经费资助办学，那是必须经过朝廷批准的，因为“江宁银圆局”是属于朝廷的机构，地方官无权动用那里的资金。

为了完成上述工作，刘坤一、张之洞以及张后任两江总督的魏光焘，他们做了两个方面的事：一方面积极准备，硬着头皮向朝廷要钱、要政策；另一方面，张之洞请江宁银圆局的负责人志仲鲁担任三江师范学堂“学务处”的“副总办”，把他拉进来，一起参与创办工作，目的很明确——钱能不能要到，就看你的了。②

他们向朝廷要钱，分两步走，先讲大道理：国家“赔款极巨，筹措艰难，应省之事必须省，应办之事必须办，应用之财必须用”。“为富国起见，然当其创新

---

① 《刘坤一遗集》第五册，中华书局，1959年出版，第2299页。

② 《振兴学务》，光绪二十九年正月初七日《申报》。

法、开新埠之初，必先官设学堂以为教，官创机厂以为式，官助资本以为扶持，然使农工商之利可开。本欲阜财，必先费财，西洋各国皆然，而日本为尤著。”“请户部及各省督抚，于赔款外，务必专筹巨款，以备举行诸要政。”

火候差不多了，张之洞于1903年2月5日（光绪二十九年正月初八），正式奏请创建三江师范学堂，递交了《创建三江师范学堂折》。现在人们认为这个奏折是典型的“先斩后奏”——1902年已经利用原国子监的地方办学堂，并已经举行了开学仪式（当然只有教师而还未招生），而到了第二年需要钱了，才想起了奏请朝廷。

张之洞的《创建三江师范学堂折》开宗明义，重申了“师范学堂为教育造端之地，关系尤为重要”的观点，强调兴办教育，必须“扼要探源”，把握先后次序，“唯有专力大举，先办一大师范学堂，以为学务全局之纲领，则目前之致力甚约而日后之发生甚广”。并禀报皇上：

> 兹于江宁省城北极阁前，勘定地址，创建三江师范学堂一所，凡江苏、安徽、江西三省人士皆得入堂受学。
>
> （张之洞：《创建三江师范学堂折》，《张文襄公全集》，58卷，第15—16页。）

他的这片奏折，详尽而又具体地阐述了创设三江师范学堂的理由、意义、章程、学制、生员定额、师资来源与构成、办学经费及筹措渠道等。值得注意的是，在同一天（光绪二十九年正月初八），张之洞还上了一个《吁请陛见折》，其中提及新任两江总督魏光焘“正二月之交定可履任”，张之洞要求在“交卸署篆”后，束装北上，拜见皇上。①

朝廷在重大问题决策时往往比较独断，而在不是很重要的事情上就不那么专权了，这时，内阁部门就显得比较有权了。要经费、办学校，这事归户部和礼部管。

陆润庠此时任该部左侍郎兼工部尚书，刘坤一、张之洞他们事先做了很细致的工作，况且，刘坤一、张之洞在陆润庠创办苏纶纱厂、苏经丝厂的过程中给过很多帮助，于官、于私都协助陆集资，现在他们二人在办学校问题上有困难，陆润庠自然非常愿意帮这个忙。

---

① 张之洞：《吁请陛见折》，《张文襄公全集》，58卷，第14页。

朝廷将张之洞的奏折批到户部时，让他们协调提出意见。户部是清代中央政府六部中排名仅次于吏部的一个大部，也是掌握财权最重要的内阁部门①。掌管铸造钱币的机构隶属于户部。张之洞他们办学希望能动用江宁银圆局盈余的银两，这事自然归户部管辖。

户部尚书鹿传霖对户部左侍郎陆润庠说："凤石啊，张之洞的奏折批到咱们这里了，让协调提出意见。现在朝廷力推新政，办师范是好事。我看就协调一下礼部就行了，不用找其他部门了。你既是我的左侍郎，又是礼部的右侍郎，一手托起两家。这是你老家的事，涉及咱们部和礼部，你拿去看着办吧！"

陆润庠愉快地接受了这个任务，先是向礼部尚书徐郙了解了一下三江师范学堂办学的必要性。徐郙（1838—1907 年），字寿蘅，号颂阁，江苏嘉定人，岁数比陆润庠大，是同治元年的状元，出道也比陆润庠早，陆润庠一直对他十分敬重。

陆润庠说："寿蘅老兄，咱们老家已经办了一所东吴大学了，最近，香涛又打算在江宁办一所师范学堂，不知道您是不是知晓这件事啊？"

徐郙说："知道、知道。香涛在武汉办学有经验了，他接替刘坤一任两江总督后，继续热心教育事业，这对我们礼部的工作可是重大的支持啊！他要有什么要求你就给办吧。"

礼部这边协调好了，陆润庠又与江宁银圆局沟通，他电报打过去第二天就接到回电——"无异议"。其实，陆润庠心里早就明白，张之洞一定是与江宁银圆局说好了，现在是让自己送个顺水人情。陆润庠将礼部和江宁银圆局一致同意支持张之洞办学的情况写好，特别注明把江宁银圆局盈余的银两拨付给三江师范学堂作为建设经费的补充，然后亲自交给了鹿传霖。

没过几天，慈禧和光绪上朝，陆润庠跟在鹿传霖的后面进了紫禁城。

在鹿传霖禀报了户部办理张之洞奏折情况的意见后，朝廷批准了张之洞的请求：

---

① 户部的建制起源于先秦时的"地官大司徒"；秦代为"治粟内使"，两汉时期为"大农令"和"尚书民曹"，三国至唐时期称"度支""左民""右民"，唐代永徽年初因避讳太宗皇帝世民的"民"字，改称"户部"，以后一直叫"户部"，清代光绪末年，改为"度支部"。清代户部的基本职能是掌管全国疆土、田地、户籍、赋税、俸饷及一切财政事宜。其内部办理政务按地区分工而设司。各司除掌管核本省钱粮外，兼管其他衙门的部分事务，职责很多。二级机构设有江南、浙江、江西、福建、湖南、山东、山西、河南、陕西、四川、广东、广西、云南、贵州等 14 个司，并设有八旗俸饷处、现审处、饭银处、捐纳处、内仓等机构。

署两江总督张之洞奏:江南省创建三江师范学堂。请将江宁银圆局铸造铜圆盈余银两,专供该堂经费。

([清]世续监修,陆润庠总纂:《清德宗实录》,中华书局,1986年影印,61卷)

江宁银圆局盈余的银两,作为专供三江师范学堂的经费,源源不断地补充到学堂的账上,学校的后顾之忧解除了。

为什么用"江南省"

上面引述的《清德宗实录》的话,其中错误地使用了"江南省"这个提法。这是很奇怪的事。

江南省原为明朝南京(南直隶)地区,满清入关后,于清顺治二年(1645年)沿明制设江南承宣布政使司,即废除了南京为国都的地位,巡抚衙门位于江宁府(今南京),康熙初,改承宣布政使司为行省,江南承宣布政使司即改为江南省。由于该省过大,又因其经济繁荣,文化昌盛,江南一省赋税占全国三分之一,故于清顺治十八年(公元1661年)分江南为江苏、安徽两省。其中江苏取江宁(今南京)、苏州两府的首字,安徽取安庆、徽州(今安徽歙县)两府的首字。两省所辖范围分别与今日大致相同,其中江苏包含今上海市。就是说,顺治年间就已经不叫江南省了,过了240年,在晚清时期,怎么可能还用这个称呼呢?

出现这一错误,有两种可能,一种可能是编辑《清德宗景实录》的人无意间写错了,还有一种可能是有意写错的。《清德宗景实录》正是由陆润庠全面负责编辑整理的,他或许在整理到这一部分的时候,在不改变原意的基础上做了取舍,以便不给后人留下他为家乡"办事"的嫌疑。当然还有第三种可能,那就是当时的文稿就是由在朝做官的陆润庠代拟的,目的当然也是表示他"没有"胳膊往里拐。

陆润庠实际上给了三江师范学堂的创建以很大的支持,但是他甘当无名英雄,从不提及此事,或许是由于他的谦虚,或者是由于他觉得这在他为官几十年做过的事中微不足道,我们不得而知。

张之洞很快调走了,他的两江总督继任者是魏光焘。魏光焘一上任就面临建学堂工程费用一再追加、急需进一步筹款的问题。魏光焘首先从内部挖掘潜力,整顿盐政,"岁增款至二百余万;厘金、银圆,并增出二三百万",总督府增加了财源后，魏光焘“提款建立三江师范学堂”，确保了三江师范学堂的教师薪水能按时发放，但是工程经费依然拮据。魏光焘向朝廷递交了《江南创建三江师范学堂经费折》，提出：三江校舍可根据分批招生入堂而“次第增添”“分别起造”，“核实估计，共需工料曹平银九万八千五百余两，拟于江宁筹饷捐输款内解存司库银五万八千余两，尽数动拨，其不敷银两，由司设法另筹……”（转引自《首都志（下）》第714页）陆润庠从1899年开始就以工部右侍郎兼管钱法堂事务，他又一次动用手里的权力协助促成了此事。各方面经费落实后，三江师范学堂的建设顺利进行。计划兴建的“五百四十室大校舍及职员住宅”，至1904年10月工程全部竣工，“局面极其宏敞”，三江的中日教习均迁移至北极阁下新堂址。而魏光焘也在此前后卸任两江总督，奉调去当闽浙总督了。

正所谓：三江兴学新政时，世纪名校与天齐。钟灵毓秀星璀璨，雄伟淳朴思旧师。

感言与物议

陆润庠帮助刘坤一、张之洞创办新型大学，这件事情以前人们一直不知道，经过查找资料，有了一些线索，得到史料的佐证，也找到了某种必然性。这里有三点思考：

第一，以办现代化的大学为契机，大力培养人才，推进各方面的变革，是晚清朝野比较一致的认识。陆润庠在办工业的同时，参与办学校，是符合当时历史需要的，后来陆润庠在当吏部尚书期间，对推荐的人才都要看其是不是重视教育，对有过办大学政绩的地方官员他优先考虑向朝廷举荐，这些历史资料都证明他在自己没有条件直接办学的情况下，支持同僚、朋友办学，是他不二的选择。

第二，世界各国现代化的进程都是与行政体制改革伴随的，在自然经济条件下，政府是未分化为科层级的管理体制，皇权统领一切权力，所谓各内阁的部门都不是现代意义上的一级管理机构，就是说，朝廷中设立的部门与现在的政府部门有着本质的区别，现代政府实行“政府及其部门”的两级管理体制，而古代的政府部门不是一级管理机构，只是皇帝的秘书性机构，类似于我们现在的政府办公厅（办公室），各个部门的职责分工就相当于现在的办公厅下面的分成几个处、科，是秘书工作分工的几摊子事。随着工业革命的发展，政府管理的面越来越宽，职能越来越复杂，于是就借鉴企业管理中分出董事会和经理两个层面的管理方式，逐步实行政党、议会与政府两级管理体系，政党、议会负责决策，政府负责执行，又在政府中分出部门，即实行政府与部门的两级管理体系，政府负责决策，部门负责执行。部门按照工业化、现代化的要求设立，赋予其直接推动专业领域发展的职能。没有这样的体制转型，就不可能有现代化的大发展。陆润庠的时代正是中国要向现代化转变的关键时期，在他当吏部、礼部等部门负责人的时候，力图推进这方面的体制创新，利用礼部分管教育的权力，帮助地方政府建立新型大学，是完全可能的事情。

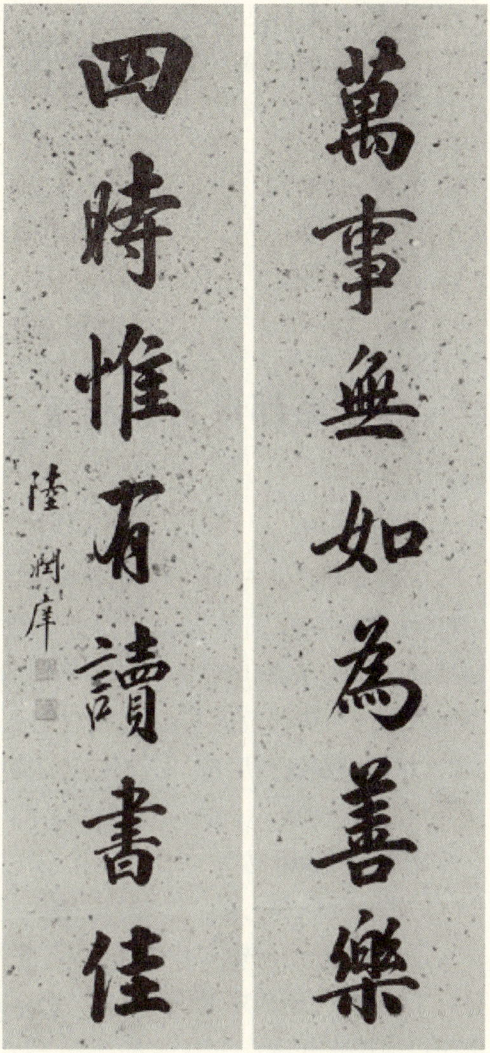

第三，陆润庠任职期间，中国的改革尚未取得大的突破，政府实行的仍然是皇权至上的旧体制，那么他所在的朝廷部门的职能就只是秘书性的工作，他就仅仅是个“当差”的角色。这一点决定了他必须“少说、多做、低调”，参与办学这些出头露面的事情与他无缘，即使帮助做了一点事，也毫无值得夸耀之处。这恐怕是陆润庠从不愿意提及他帮助创办三江师范学堂的重要原因。

近郭古招提，毗连浒墅名区，渔火秋深涵月影；
傍山新结构，依旧枫江野渡，客船夜半听钟声。

——陆润庠题苏州寒山寺联

第十一章

管吏部致力改制度　重考核公开评政绩

1906年快进入冬季的一天，陆润庠照例早晨四点多钟起床，五点多钟就到了机关，遛达溜达，到各办公室转上一圈，顺便“点卯”①，然后准备去紫禁城参加早朝。此时，陆润庠作为已经被撤销的工部原尚书、顺天府主管，办公室还在原来的工部。清代政府机关上班时间是早晨六至七时报到，下午三至四时回家，这也是自秦汉到明清，古代公务人员每日上下班的时间。

上任吏部尚书

这天，在陆润庠转了几个办公室、准备离开机关的时候，一位与他很熟的年轻部下走过来，悄悄对他说：“大人，您今儿个有好事，听说早朝就要宣布，嘻嘻，卑职提前祝贺您啊！”

其实，关于陆润庠要任吏部尚书的传闻已经有些日子了。陆润庠淡淡一笑，朝他看了看，以表示些许地接受他的巴结，扭头便赶紧走了，去领谕旨了。

自1906年底至1909年底，陆润庠出任吏部尚书这一要职有整整三年时

① 点卯即点名。旧时官署衙门卯时（早晨5时至7时）开始办公事，官员查点人数时叫“点卯”，吏役听候点名叫“应卯”，其点名册称为“卯册”。若需签到，则称为“画卯”。由于官场管理松懈，常常有人在点卯后就离开，故后来用“点卯”来比喻敷衍了事、应付差事。

间。吏部掌管全国官吏的任免、考核、升降、调动等事务，列六部之首，历代相沿，其他部门的职责和重要性在不同历史时期偶尔会有所改变，而唯一不变的就是吏部。吏部的主官叫尚书（又称大宰、冢宰），副长官称侍郎，此前陆润庠没在吏部干过一天。明清时期吏部下设四个司：文选清吏司、验封司、稽勋司和考功司。司的长官为郎中，副长官为员外郎，其下属官有主事、令史、书令史等。四个司中，文选清吏司掌考文职之品级及开列、考授、拣选、升调、办理月选。验封司掌封爵、世职、恩荫、难荫、请封、捐封等事务。稽勋司掌文职官员守制、终养、办理官员之出继、入籍、复名复姓等事。考功司掌文职官之处分及议叙，办理京察、大计。1911 年（宣统三年），清政府的责任内阁设立制诰、铨叙等局，吏部遂被撤销。

陆润庠任吏部尚书后发现，他长期研究的中国官吏制度的知识，除了在改革官制时用了一把，现在掌管吏部了，又有了新的用武之地。知识和能力在于积累，有了积累总会有用上的时候。

他心里暗想，不是什么人都能当上这个吏部尚书的，既然自己当上了，就不能尸位素餐。他信奉中庸，但又不屑与平庸的人为伍。作为这个部的主官，他觉得除了按照惯例做好给国家物色精英人才的工作外，对现在很多官员尸位素餐、贪污腐败的事情要好好管管。但是整饬吏治，从何处下手？他想来想去，觉得可以从官员考核开刀。官场工作效率真是每况愈下啊！

陆润庠翻出中国古代官吏考核的资料，展现在他眼前的是前人这方面丰富的思想和制度。早在战国时期，便以“上计”来考核官吏，即群臣于年终须将赋税收入写于木券，呈送给国君考核，以考核的优劣决定官职升降。两汉对官吏的考核仍以“上计”为主，各县令将该县的户口、钱谷出入等编为计簿，呈送郡国；郡守再加汇编，用副本上计于中央的丞相，每三年考核一次以定升黜。魏晋南北朝时，对官吏的考核发生了一些变化。考核对象从地方官吏扩大到中央百官，考核办法改三年考核为每年岁终考核，到了第六年，统计历年考核结果并以此来决定官吏的升黜任免。

唐代具有严密而完备的官吏考核制度，以“四善二十七最”作为对官吏的考核标准。所谓“四善”，即“德义有闻、清慎明著、公平可称、始勤匪懈”，这是各级官吏的道德规范。“二十七最”则规定了考核百官职守的具体标准。各个部门的长官依据这一考核标准，每年评定属官的行状，分别列为九等，并给予一定的奖惩。宋代由于没有严格的考核制度，官吏们只要在任内不出错就可升迁，因而各级官吏苟且因循，坐待升迁。元代则沿袭了历代汉族地主政权的考核制度。明代官吏考核制度更趋完善，对官吏的考核主要是通过"考察法"来实现，即按"贪、酷、浮躁、不及、老、病、罢、不谨"八个指标考察官吏。考察又分为"京察"和"大计"。"京察"是每隔六年对中央官员进行考察以决定其去留。从州县到府道司，三年一次，层层考察属官，再汇总至督抚复核，造册上报吏部。这种考察地方官的制度称为"大计"。清代继续沿用明代的"京察"和"大计"制度，并改为三年举行一次。随着政治的腐败，晚清对官吏考核制度逐渐松弛，有的基本成了虚文，名存实亡。①

陆润庠边看书，边做笔记，思路渐渐清晰了——不能就考核抓考核，必须与权力结构的改变结合起来，再设计考核方面的制度，才能标本兼治。于是，他重新构思，花了一个月的时间，拿出了一份吏制改革的方案。

推动吏制变革

在陆润庠的推动下，朝廷出台了多项吏制变革措施，这里重点讲一下州和县官员管理体制和官员考核制度方面的改革。有三件事值得说一说：

第一件事是把原来中央管理的州县官员下放给了省。清代官员管理体系十分庞杂，中央对地方特别是基层官员管得过多过细，州和县作为初级行政机构与上面错综复杂的众多"婆婆"之间关系复杂，影响了效率。清政府于 1907 年颁布《直省官制通则》，对省各级职官的性质和职责进行了明确定位，将有辖区的分巡道、分守道一律裁撤，其他无辖区的道员成为纯粹的省级职能性官员；设于各府的同知、通判，凡有辖境的一律改为州县；无辖境而有主管事务（如河防、海防、粮捕等）的一律称同知，为府级的职能性官员。这样就进一步明确了在地方实行省、府（直隶厅、赢隶州）和厅、州、县的三级行政体制。在一定程度上解决了州县以上职官层次多而权限不清的问题，使地方行政基本实现了科层化。然后，清政府又于 1908 年进一步宣布进行"州县官制度"改革。停止中央政府直接任命州县官的制度，而实行中央（主要是吏部）负责将符合参选资格的人员全部分发各省，编为"改选班"，也就是后备干部、候补人选，在地方出现职

① 高小平、陈春会、吴建南：《我国汉唐时期绩效考评的特色与启示》，《中国行政管理》，2007 年第 5 期。

位空缺时由地方决定任用。此后，一直到民国都沿用了这个制度，把州和县官员的管理权作了比较合理的划分。

第二件事是建立了试用制度和培训制度。在实施“州县官制度”改革后不久，颁布了《州县改选章程》，该章程进一步规定，今后“改选班”人员也同其他候补班次的人员一样，初次任职时必须先行经过一定时期的试用性任命，“果能称职，再奏请补授；如不称职，即撤回作为过班，另以其次之员如前递署”。这是中国县级行政官员任命制度的重要变更。就是说，要凭实际政绩来看官员能力，确实能干的，适用后再正式任命。同时，建立候补州县官的学习培训制度。学习内容为各种近代性质的行政知识。清廷规定，州县官的吏部铨选停止后，凡“改选班”人员分发到省后，“督抚率同三司，量其才性，试以吏事，或派入政法学堂分门肄业。并须勤加考察，除有差人员随时接见外，其余各员，每两个月必须传见一次，三司按月传见一次，详细考询其才识学业，能否造就，有无进益。如有糊涂谬劣、不通文理，或沾染嗜好，或年力就衰等情，均即咨回原籍。扣除本班”。此后至民国期间，对(州)县级官员行政专业知识的要求和培训成为制度。1913 年 12 月北洋政府颁行《知事试验暂行条例》规定，参加县知事试验的人员须具有在国内国外学校学习政治、法律、经济的学历。1928 年 10 月国民政府颁布《县长考试暂行条例》，其中也将“在国内外大学或专门学校修习法律、政治、文哲、社会学科三年以上，毕业得有证书”列为参加县长考试人员的资格。其课程设置多为与近代行政有关的实用知识，如交涉、财政、警察、司法、教育、实业、自治。

第三件事是改革对州县官员的考核制度。清代在兴盛时期建立了详细周密的考核政绩的制度，但是随着政权的腐败，制度本身的不合理因素被放大，执行中的偏差走样越来越多，“人才既衰，吏治日坏，徒法终不能行”(《清史稿·志八十六》)。

改进官员考绩制

在陆润庠的主导下，晚清的官员绩效考核实行了几个方面的改革：

——传统考核制度重在考察州县官在赋税完解、诉讼听断等方面的情况，而不将其地方建设业绩列入考核范围；此次宣布，州县官考核实行政务处理和地方建设并重的原则。在吏部起草的上谕中称：“嗣后责成各督抚，考查州县必以为守俱优，下无苛扰，听断明允，缉捕勤能，为地方兴利除害，于学校农工诸要政悉心经划，教养兼资。方为克尽阙职。”

——纠正传统考核处分严苛的倾向，要求据实考核，而对于行政过错等“公罪”（相对于贪赃枉法等“私罪”而言）不予处分，以避免官员因惧怕处分而弄虚作假。

——特别强调对各种近代化“新政”办理情况的考核，要求各省督抚将本省各州县官“任内兴建学堂几所，种植、公益、巡警诸要政是否举办，一并分别优劣。开列简明事实，不准出笼统宽泛考语”。政府倡导的改革必须列入考核的范围。各级官员“凡正印佐杂则核其平日抚驭民夷，奉行新政，地方日见起色，舆论亦属相符，实有可纪之绩。教职则核其训士励俗，学校修明，并于吏事尚能留心，才堪上进者密饬该管道府一体考核”（《政治官报》附内阁官，北京：文海出版社 1965 年版，第 42 页）。

——细分等级。原来对地方官员考核分为好、中、差三个等级，在实际运行中，越来越成为走过场，一等的和三等的都非常少，基本上都是“通过”，而且提拔重用越来越与政绩无关，而与吏治腐败有关，针对这个实际情况，吏部提出，对地方州、县这个级别的官员，按照其实际做出的政绩，分为四个等级：最优等、优等、平等、次等四级。得到采纳后在全国实施。虽然仍然大量存在走过场的问题，“最优等”和“次等”基本上没有，但是毕竟要在官员中区分“优等”和“平等”，使考核工作有助于发挥对官员的激励作用。同时，实施分类考核。对州、县的考核，分别按照行业管理的特点进行专业考核，分为“学堂、巡警、工艺、种植、命盗、词讼、监押、钱漕”八个行类，由主管衙门分别订出考核章程。比如，对学堂的考核，就以开报处所学生人数最多者为上，次多者为中，最少者为下；对警察、工艺、种植等的考核，就以办有成效者为上，已经开办者为中，不办者为下；对命盗、词讼的考核，就以全无或全结者为上，未结者、不结二成者为中，逾二成者为下；对监押的考核，就以无者为上，较少者为中，多者为下；对盗案的考核，就以全无或全获者为上，获过半者为中，不及半者为下；对钱漕的考核，就以全完者为上，欠数少者为中，欠数多者为下。优次等级以什么为标准，并无明文规定，各省根据具体情况制定不同的操作方法。以江西省为例，分别等级以积分法为判断标准，事实十项，每项应上等者作为三分，中等二分，下等一分。综计十项共得十分至十三分为次等，十四分至二十一分为平等，二十二分至二十七分为优等，二十八分至三十分为最优等。其无漕粮一项者，最优等、优等各减三分，平等减二分，次等减一分。山东省考核州县事实定等办法：一表之内上事过半列优等，其次列平等，下事过半列次等。若办理尤为出色，成效昭著者则列最优等。其在任不及一年及有事故尚无表见者不列等，亦不出考。这在实践中也由于“名目繁多，表册虚伪，徒饰耳目”，遇到了抵制。

——公开考核的结果。为了解决上级考核下级仅凭一片文字、仅据一年事实、不看长期政绩的问题，吏部又出台了述职考核情况要向社会公开的规定。对朝廷高官的考核结果要在《政治官报》上公布。这一规定实现了陆润庠的好友、两江总督刘坤一早在1897年就提出的“孜孜图治，一切行政用人，莫不开诚布公，期归至当，自奉俭约，律己清廉”的政治志愿。（《刘坤一遗集》第三册，982页）然而，在那样的腐败盛行的局面下，要想真正做到公开也很难，大体仍然是走个过场，“责以公当，盖亦难矣”。

正所谓：世事维艰官难做，考核须改不容拖。指标细化公先试，后辈研读再论说。

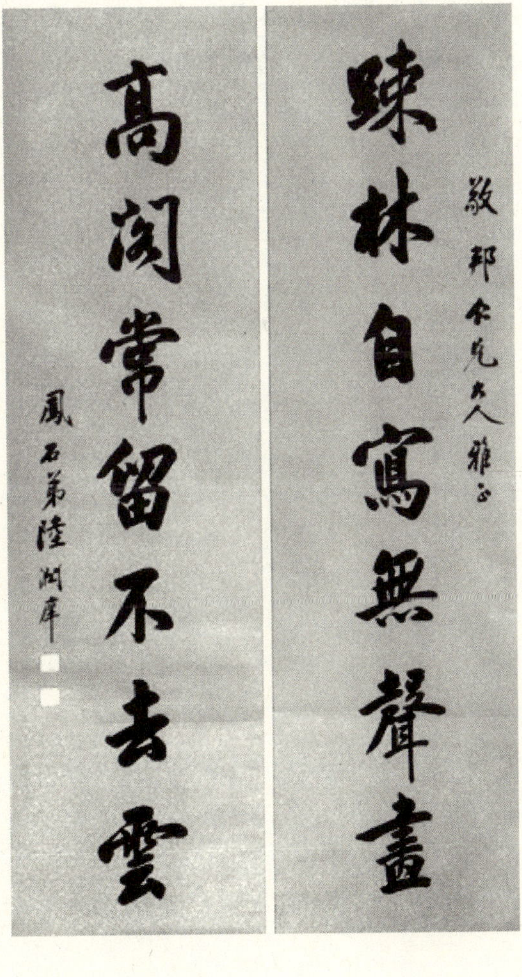

感言与物议

中国古代自然观中的阴阳是具有普遍意义的概念。《道德经》有：“道生一，一生二，二生三，三生万物。万物负阴而抱阳，冲气以为和。”《易传》有“一阴一阳之谓道”，“阴阳不测之谓神”。《礼记·郊特牲》有“乐由阳来者也，礼由阴作者，阴阳和而万物得”。《礼记·祭义》有“日出于东，月生于西，阴阳长短，终始相巡。春夏为阳，秋冬为阴”。古人认为，阴阳代表了一切事物的最基本对立统一。阴就是背着太阳，体现为寒、为暗、为聚、为实体化；阳就是朝着太阳，体现为热、为光、为化、为气化。这是很有价值的朴素辩证法。

国家治理也充分体现了阴阳的思想：在天安门边的东面是吏部、户部、礼部这三个部，因为他们是属“阳”的，主生发、办好事、教书育人；西面是兵部、刑部、工部这三个部，因为他们是属“阴”，主征战、管杀人、破坏自然。古代把打仗、判刑、搞工程列为“阴”（古人认为，除了种地不是破坏自然，其他的在土地上搞工程建设都有破坏自然的嫌疑。这个认识是很独特的，也是深刻的）。

吏部是六部中第一个阳性机构，它作为古代的“中央组织部”的设置，是通过培养和选拔官员来实现对国家的积极主动性的治理。既然是阳性机构，吏部就应该公道正派、铁面无私，就应该有适应这一要求的考核升迁制度，并将考核结果公开出来，在阳光下“晒晒”成绩单。晚清在官员考核制度上改进，虽然在很大程度上是走个过场，但某些想法和做法还是很有意义的，特别是把考核与培训结合起来，缺什么补什么，以及注重考核结果的运用、公开官员的绩效等几方面，至今仍有一定的借鉴价值。

绿印苔痕留鹤篆；

红流花韵爱莺簧。

——陆润庠题扬州瘦西湖听鹂馆联

第十二章

用官吏量才定标准　选人才讲求心术正

搞了几项官员管理制度的改进，成效不能说一点没有，但好像也不是很明显。陆润庠觉得，现在的问题实在是积重难返了，单靠改几项制度，肯定难以奏效，关键还要有一大批人才，中国才有希望。他开始考虑吏部下一步的工作。

吏治思想

1907年（光绪三十三年）九月的一天，陆润庠“退食”①之后，天已大亮，他端坐在吏部尚书宽敞的办公室里，点上一支大象牌香烟，看着窗户外面天安门前人来人往的景象，脑子里仔细回味着今天早朝上颁布的朝旨：

> 振兴国势，必先简拔人才，朝廷侧席求贤，全赖内外臣工，虚心访荐，着京内外各部院督抚等公同访求，详慎甄择，不拘官阶大小及有无官职，如确知有才堪大用，及各擅专长者，即行切实举荐，以备任使……

① “退食”就是大臣们吃早饭。在退朝之后到上班开始，中间有一段时间可以吃早饭，故退朝后的早餐叫“退食”。

这段话就是他们吏部草拟的。现在,这个任务当然要在他的手中去落实。历经官场风雨四十年,陆润庠对吏治从里到外、从理到制,可以说滚瓜烂熟,深谙其中奥妙,对各种明规则和潜规则了如指掌。把这短短的几句话写出来,变为朝廷的谕旨,转化为国家法制性文件,是很不容易的。陆润庠反复思考着,写下来不容易,执行起来就更加不容易了。但陆润庠坚信,思想本身也是有力量的。写出这么几句话,其中蕴涵着陆润庠很丰富的吏治思想。

吏治是指国家管理官吏的制度(吏制)、用人政策、政绩考核及官吏作风的总称。吏治是中国封建社会政治体制中最重要的内容之一,在国家治理体系中处于核心地位。中国古代吏治有丰富的营养,也有很多糟粕,吏治腐败就是封建政治体制中无法根除的痼疾。清王朝是中国最后一代封建王朝,研究清代的吏治,一方面可以了解集两千年国家治理经验于一身的时代究竟有哪些值得现在借鉴之处;另一方面也可以从清末暴露出的严重吏治腐败现象中发现本质性的问题。陆润庠是中国最后的状元相国,历史上倒数第二位吏部尚书①,通过剖析陆润庠的吏治思想,对于总结整个封建时代的行政管理,有一定的价值。

清代初期,特别是康熙时期,国家吏治昌明,制度健全,成效卓著。自康熙朝后期,吏治出现松弛,以致官员贪劣,弊端丛生,满、汉族官僚集团同流合污,成为新生的清王朝继续发展的重大障碍。雍正上台后,励精图治,锐意改革,造就了几十年的盛世。进入嘉庆、道光、咸丰年间,中国吏治又开始走下坡路,到同治和光绪时期,再次整饬吏治,出现了"同治中兴"。陆润庠所处的就是这一阶段的中后期。总的看,陆润庠的吏治思想是清代诸多方面治国理政要义的集合,反映出一个历史悠久的古老帝国在世界政治风云变幻中的思考,记录下了一些值得研究的问题。

陆润庠提出了"振兴国势,必先简拔人才"的吏治观,"不拘官阶大小,有才者即荐举"的人才观,"侧席求贤,虚心访荐"的选人作风,"学术心术兼察之"的用人标准。

首先来看其"振兴国势,必先简拔人才"的吏治观。光绪末年,陆润庠代朝廷起草谕旨的第一句话就是"振兴国势,必先简拔人才",这其实是提出了吏治以建立有效的选拔官员的体制机制为基础的思想。吏治观是建立在权力观之

---

① 李殿林是清代最后一位吏部尚书,上任时间是宣统元年十一月丁卯(1910 年 1 月 2 日),一年四个月后辛亥革命爆发即结束任期。

上的。在皇权统治之初，吏治观的基调是君权神授，皇权只是神灵的载体。周朝在立国之初就提出“天命”的观念，“天事官成”，是说上天命令的事情都是由神而不是人完成的，国家的管理不是靠人，而是靠神。到了皇权巩固后，吏治观的基调改为君权独享，夸大君主对国家兴亡的至关重要的作用，提出“国之将兴，其君齐明、衷正、精洁、惠和，其德足以昭其馨香，其惠足以同其民人。国之将亡，其君贪冒、辟邪、淫佚、荒怠、粗秽、暴虐，其政腥臊，馨香不登，其刑矫，诬百姓携贰”（《国语》）①。现代吏治观作为公共权力观的重要内容，强调包括政府权力在内的国家权力是社会经济发展到一定阶段的产物，国家权力具有公共性。恩格斯指出：“国家的本质特征，是和人民大众分离的公共权。”这种公共权力观指导下的吏治观强调人事管理和人才建设，要以推进经济社会发展，实现国强民富的核心和关键。“振兴国势，必先简拔人才”的吏治观是对传统君权吏治观的重大发展，具有现代行政人事观的雏形。

再来看其“不拘官阶大小，有才者即荐举”的人才观。自从龚自珍②写了“九州生气恃风雷，万马齐喑究可哀。我劝天公重抖擞，不拘一格降人才”这首脍炙人口的诗篇后，“不拘一格降人才”已经成为人们的美好愿望，但封建社会等级森严，看出身、讲门第、论资排辈这些陈规压根儿不可能很快消失。况且，从制度上讲，除了科举制度有“不拘一格降人才”的作用外，尚无其他正式的、合法的途径。再者，不仅官本位思想限制了人才的脱颖而出，还有长期的重政治军事型人才、轻经济型人才的倾向，重人文型人才、轻科技型人才的倾向，重德轻才的倾向，都使得中国难以通过人才体系建设推进现代化进程。新的人才观对荐举人才做出了制度性规定：

每署每省多不得过五人，至少一人。

---

① 《国语》是一部国别史，分别记载周、鲁、齐、晋、郑、楚、吴、越八国的政事，是各国史料的汇编。成书约在战国初年。内容偏重于记述历史人物的言论。《国语》的作者，自古存在争议，迄今未有定论。最早提出《国语》作者为左丘明的是西汉大史学家司马迁。班固、李昂等把国语称为《春秋外传》或《左氏外传》。晋朝以后，许多学者都怀疑这类说法。宋代以来，包括康有为在内的多位学者怀疑《左传》为西汉刘歆的伪作。现代学界仍然争论不休，一般都否认左丘明是《国语》的作者，但是缺少确凿的证据。普遍看法是，《国语》是战国初期一些熟悉各国历史的人根据当时周朝王室和各诸侯国的史料，经过整理加工汇编而成。

② 龚自珍（1792—1841年），字璱人，号定庵，后更名易简，字伯定；又更名巩祚，号定庵，浙江仁和（今杭州）人。是近代著名思想家、文学家。著有《吟朦山房诗》。其祖父龚禔身，官至内阁中书军机处行走。

限六个月内具奏。

朝廷因材器使，本无求全责备之心。各该员所夙擅者，固应标举其长，即偶有所偏，亦可指明其短。一俟陆续报到后，由吏部奏请，简派明达公正王大臣，分起订期，察验询问，出具考语，听候召见，分别量材破格擢用。迨试有成绩，原保各员，定予嘉奖。其一无所举，及举不以实者，量加处分。滥举固应示罚，蔽贤亦须示惩。庶几贤才登进，共济时艰。有厚望焉。

这一制度规定很具体。

一是数量上，规定每个部门、每个地方最多可一次荐举5个人才，最少1个，第一批应该在本年度的6个月内上报。

二是职务安排上，规定朝廷因人而异地安排这些人才，各部门、各地在推荐人才的时候也不要求全责备，即使是有这样那样缺点的人，只要有一技之长，并说明其缺点，就可以推荐。

三是对人才的考核上，规定吏部负责分期分批派官员对这些人进行全面的考核，据实写出评语，等待破格安排。

四是对荐举工作的奖惩措施，规定对荐举人才成绩突出的官员进行褒奖，对荐举不力的官员进行批评，必要时给予处分，对不负责任、胡乱推荐的要严肃查处。

再次看其“侧席求贤，虚心访荐”的选人作风。陆润庠强调要降低身段，深入基层，怀着求贤若渴的心态，以学生求学的方式，查访、发现、了解潜在的人才。陆润庠作为吏部尚书，带头探索，以优良的作风选拔优良的人才。他的做法，一是注意掌握官员管辖区域的政绩，“每于接见僚属之际，留心证以地方公事”；二是听取民声，“采诸舆论”，因为“金杯、银杯，不如老百姓的口碑”；三是在做日常工作的同时，时刻心系人才工作，处处留心皆学问，“时以察吏为先务”；四是发挥高级官员“御史”的作用，使每个人都在寻找人才中“巡视”出问题的官员，一旦发现“有贪诈昭著者，应即参劾，以儆其余”。

第四，看其“学术心术兼察之”的用人标准。陆润庠在代拟的谕旨中指出：“所举各员，其心术品望，才器学识，暨生平经历事实，详晰胪列。”他在上的奏折中提出了“学术、心术纯正”和“经济之渊深”两条荐举人才的标准。“学术”在中国古代有治国之术之称。《史记·老子韩非列传》有“申不害者，京人也，故郑之贱臣。学术以干韩昭侯”，《史记·张仪列传》有“始尝与苏秦俱事鬼谷先生，学术，苏秦自以不及张仪”，主要是指才干而言的。“心术”则明显是指品行、德行。陆润庠将“学术”放在第一位，主张才重于德，这是针对乱世而提出的人才对策。“经济”在中国古代是指经世济民的实践活动。《晋书·殷浩传》有言：“足下沉识淹长，思综通练，起而明之，足以经济。”唐代袁郊在《甘泽谣·陶岘》中写道：“岘之文学，可以经济；自谓疏脱，不谋宦游。”

从陆润庠提出的这两条荐举人才的标准可以看出，他将官员的能力与实际政绩相结合，把能力放在主要地位，而不是仅看政绩，同时又必须以已经干出的业绩作为证明其能力的依据。这样突出能力和政绩相辅相成的关系，应该说，陆润庠对吏治有着深刻认识。

说了半天陆润庠的思想，我们再来看看他究竟荐举了哪些人，这些人后来干得怎么样，这样才能证明他的吏治思想的实际价值。

朝廷发布要求各高官荐举人才的谕旨，给出的举荐时间为 6 个月。陆润庠在这个期限的最后一天上了自己荐举人才的奏折。请注意，朝廷谕旨是 1907 年（光绪三十三年）九月十三日，他上奏折的时间是 1908 年（光绪三十四年）三月十二日。作为吏部尚书，他显然属于很沉得住气的人，估计也是在这次规定期限内最后一位上奏折的人了。

举荐了哪些人

陆润庠按照规定的数量，也推荐了五个人，他们分别是宝铭、赵炳麟、毛庆蕃、潘昌煦、徐寿兹。

宝铭当时任吏部左丞。陆润庠荐举他的理由是“践履笃实，处事精详”，宝铭被提拔为现在职务之后，对部里的各项工作均能悉心规划，贯彻落实的措施得力，而且显得很从容，有潜力。其实，荐举宝铭，并将他排名在第一位，是陆润庠的一个策略，甚至可以说是个计谋，因为陆润庠并不是真心想提携他。但谁当领导不先提拔自己单位的人啊？如荐举的名单里没有自己部里的人，那如何向部下交代？我们从宝铭后来的发展就可以清楚地看到陆润庠这个“组织部长”运用的潜规则。从光绪三十四年（1908 年）陆润庠荐举宝铭，到 1911 年（宣统三年），前后整三年时间，宝铭没动窝。陆润庠在等什么呢？等宝铭犯错误，即使不犯错误也没关系，他的部下犯错误他也要承担“领导责任”。

政治，在某种意义上说就是一场赌博。政治家的预见性，是博弈的本钱。

没过多久,宝铭果然犯错误了。据御史赵炳麟上奏,"吏部挖改档册,听人贿买难荫,冒名承袭"。经查实,廷杰、林绍年确有其事。于是,宝铭承担领导责任,断送了前程。朝廷的处罚是这样的:

> 兹据查明奏称,讯据黄启捷供称,勾通金店,转托书吏,关说吏部司员,贿买难荫知县属实,并讯明吏部司员等各供认舞弊得赃不讳。左丞宝铭、右丞孙绍阳、左参议毓善、右参议吴敬修罚俸一年。
>
> (《大清宣统政纪·卷三十九》)

直到陆润庠作为吏部尚书的最后时刻,也就是提拔为大学士之前一个月,左丞宝铭才当上了吏部的叙官局局长,由副局级升为正局级。而且,在同一张任命的纸上,还有"候补四品京堂杨度为统计局局长,候补道张国淦为副局长,候补四品京堂陆宗舆为印铸局局长,掌安徽道监御史黄瑞麒为副局长,吏部郎中张锴为副局长"(大清宣统政纪·卷五十四)。

可以说,宝铭是借了他们几个重要人物的光,才当上这个职务的!官场上常常有这样的情况,张三资历比李四深,为了解决(提拔的代名词)李四的问题,只好将张三一起解决。杨度在晚清是大名鼎鼎的人物,清政府关于"立宪"的很多文件都出自杨度之手,朝廷搞"法治"讲座,都是请他当高级讲师,组织王公大臣学法。张国淦是 1902 年的举人,1904 年考取内阁中书,1906 年任宪政编查馆馆员,在《沪报》上发表关于辽、吉两省时政文章,次年任黑龙江省抚院秘书官、调查局总办、财政局会办等职。辛亥革命后于 1912 年 4 月任国务院铨叙局局长、国务院秘书长,后历任总统府秘书长、内务次长、教育总长。陆宗舆虽然后来成了负面的知名人物,但在当时是自费赴日留学,刚从早稻田大学毕业回国的青年人,二十出头,进入清政府工作,一下子就被任命为印铸局局长,从这样的任命可以看到当时用人的随意性。这也是宝铭等老资格的官员心理不平衡的重要因素。黄瑞麒当时以御史身份创办了京师女子师范学堂,在北京城里名气很大。吏部郎中张锴和黄瑞麒一起被提拔任命为印铸局副局长,都是为了解决一个级别问题,为下一步"发展"做好准备。这一点也是宝铭很不高兴的,他认为这些人不是为做官,而是为镀金。

列在宝铭后面的四个人,陆润庠是真心实意推荐的。其中列在宝铭之后第二位的是赵炳麟。

赵炳麟(1876—1927年),子竺垣,号清空居士。1876年11月26日生于广西全州绍水乐家园(今塘口新村)。13岁为秀才,15岁中举,光绪二十一年(1895年)19岁的赵炳麟成进士。殿试列为三甲,光绪皇帝破格提拔他与康祖诒(康有为)为二甲,康为第八名,赵为第十一名,直接进翰林院任编修。光绪三十二年(1906年),赵炳麟30岁。这年八月,他升任福建京畿道监察御史,上任次日即上疏"正纲纪,重法令,养廉耻,抑幸臣","整顿朝政",希望学习日本明治维新,立宪之初宜慎始慎终。接着又上《论立宪预防流弊第二疏》,在奏疏中表示自己认为新编官制流弊太多,"于国体人情未审,徒为权臣专政之地",矛头直指袁世凯和庆亲王奕劻。光绪三十三年(1907年),上《筹辽备倭疏》,指出"数年之后,为我大患者,其在日本",认为"舍练兵之外,实别无对待之策矣"!

陆润庠推荐赵炳麟的时候,赵才32岁,可谓年富力强。陆润庠荐举的理由是:"志节坚卓,学识宏通,平日于中西学颇有心得。自担任翰林御史,屡次陈奏,朝廷虚心采纳。是其人之学术、心术早在圣明洞鉴之中。"

在陆润庠推荐赵炳麟的当年,即光绪三十四年(1908年)十月二十一、二十二日,光绪、慈禧先后去世,宣统溥仪立,载沣为摄政王。赵炳麟被提拔为皇帝"侍讲"。赵炳麟上《劾袁世凯疏》,谓袁世凯留在军机处是"国本未定,后患无穷",要求载沣除去袁世凯。但载沣慑于袁势力太大,不敢下手,仅以"足疾"令袁回河南养病。赵又接着上《密陈管见疏》,建议杀掉袁,载沣召见赵于养心殿约一小时之久,后因张之洞反对赵炳麟所荐的杀袁世凯的人,此事未办成。1910年(宣统二年),赵炳麟上疏弹劾奕劻,列出十二大罪,说奕劻的"贪庸亡道,负国背君,罪大恶极,天怒人怨",此事得罪了皇帝宗室,于当年四月将赵炳麟调出京城,回广西任桂全铁路督办。1911年10月10日,辛亥革命爆发,民国初,赵炳麟两次当选为广西出席国会会员。1912年8月25日,同盟会联合其他四个政团组成国民党,孙中山在湖广会馆主持国民党成立大会,赵炳麟出席并与阎锡山、于右任、马君武、谭延闿、陈明远等人一起被推举为参议。1912年,赵寓居上海,与曹东寅及李瑞清谋划刺杀袁世凯,未成。回广西,创办铁厂,成为广西全州县内民办矿业先声。1915年,袁世凯在北京称帝,赵欲东渡日本避难,遇陆荣廷在柳州起兵讨袁,约赵赞助,同出湖南赴国会,躲过一难。1916年随陆荣廷讨袁。1917年10月,赵为避新旧桂系之乱,应阎锡山之邀,出任山西省实业厅厅长。赵炳麟提出:"今国体共和,自总统以至庶僚,皆为人民服务,称曰公仆。"他在山西时,提出了振兴农林、矿务和畜牧等主张。1925年,赵炳麟离开山西，在北京养病，1927年，逝于北京，终年51岁。

陆润庠荐举的第三个人是毛庆蕃。

毛庆蕃（1849—1927年），字实君，江西丰城县（今丰城市）人。出身官宦家庭。曾祖毛辉凤为道光举人，曾任四川綦江、江油等县知县，政绩卓著，人称“毛青天”。毛庆蕃于1873年（同治十二年）中举，随后游学各地。在扬州，与刘鹗投在“泰谷学派”嫡传弟子李龙川先生门下，学问愈益大进。泰谷学派创立于清代中后期，被学术界称为“中国最后一个儒家学派”，门下名士辈出。毛庆蕃的思想立足程、朱，不杂阴阳之说。为此他曾与好友陈三立在湖南衡山论战，但两人以后长期保持友谊。毛于光绪十五年（1889年）中进士，先任小京官，后外放京畿等地担任小官职。甲午战争爆发后，毛庆蕃为两江总督刘坤一保荐调办湘军粮台，坐镇天津，保障后勤。光绪二十六年（1900年）左右，毛“以名儒任永定河道，为历来河臣之冠。每至汛期，亲赴两岸，昼夜巡视，督促人夫防堵险要，在任数年，河无决口”。两年后，由直隶派抚局道员调上海机器局总办，受命为帮总书记，筹建中国万国红十字会。不久调任南京金陵机器局总办。金陵机器局是李鸿章创办的近代兵器制造厂，经过近四十年经营，成为当时中国最大的兵工厂之一。毛庆蕃全面经理兵器工业，以雪庚子之耻自誓，惨淡经营，食寝几废，不断扩大制造规模，改进制造工艺，以抵御外侮。光绪三十年（1904年），调任直隶布政使。

陆润庠荐举的时候，即光绪三十四年（1908年）时，毛庆蕃任江苏提学使。陆润庠荐举的理由是：即“操行纯笃，实心爱民”，在先任职的位置，即“直隶永定河道署”和“直隶布政史”期间，“有经有纬，政声卓著”，“凡所措置，一规于正，才长心细，足胜大员之任”。

“江苏提学使”这个岗位是专门管理学生、指导学术业务的。毛庆蕃思想倾向革命，同情并暗中支持革命党人。当时有人向两江总督端方密告，同盟会干事黄炎培①从日本潜回上海，正在南汇一带讲演排满革命，端方密令毛庆蕃逮捕并处决黄炎培。毛庆蕃将浦东中学捐办董事杨斯盛找来问明黄炎培的情况后，不但不去抓捕黄炎培，反而把黄炎培请到自己的家中，对他赞赏有加。几天后，毛庆蕃发布公告，为黄炎培等人委婉开脱。

---

① 黄炎培（1887—1965年），近代中国著名的民主革命家和教育家，中国共产党的挚友。黄炎培与毛泽东长期保持通信，他写给毛泽东的书信100多封，毛泽东写给他的书信60多封。

后来，黄炎培在晚年所著的回忆录《八十年来》(文史资料出版社，1982年出版)中回忆他所铭记的这段难忘经历：

大问题来了。有人密告两江总督端方：前在南汇县新场镇演说革命的黄炎培，现潜回上海，运动杨斯盛捐办浦东中学。日对诸生宣讲排满革命。江督(按指端方)饬苏提学使毛庆蕃彻查。一天，杨先生(指杨斯盛)忽接苏提学使电邀，相见之下，详问黄炎培为人怎样？在校做什么？教些什么？杨先生据实答复。问，有没有革命嫌疑？答，没有。问，你能保么？答，愿以身家担保。问，黄炎培月薪多少？答四十元(其时中学校长月薪标准一百元，但浦东同事感于杨先生的热诚，大家领薪极少)。毛提学使听了大惊异。说：上年我去视学，确是不错。这样说来，黄炎培当是好人。

黄炎培回忆毛庆蕃的恩情时说："我万分感激杨先生以身家担保，毛先生有意维护开脱，我怎敢忘却献身国家大义，放弃我的天职呢？只有努力以报答两先生的爱我。"

陆润庠荐举的当年，光绪三十四年(1908年)，毛庆蕃提拔调任甘肃布政使(甘肃省一把手)，并很快又上了一个台阶，护理陕甘总督兼甘肃布政使。他刚上任，正赶上兰州黄河大铁桥建设进入艰难阶段，他多方筹措资金和材料，使几有夭折之虞的工程起死回生，并得以竣工。他自己也成为这一中外桥梁专家合作建造的"天下黄河第一桥"的最终促成者。毛庆蕃决定建造一座桥头堡，以中国特色的建筑建成了"牌厦"，屹立岸边。这座"牌厦"至今看上去仍然巍峨雄壮。

毛庆蕃还为保护敦煌文献做出了重要贡献。自光绪二十六年(1900年)五月王道士发现敦煌藏经洞后，敦煌文物遭到外国文物贩子的巧取豪夺，流失严重。中国学者发现时，敦煌文献已遭重大损失。清廷学部官员乔茂楠和罗振玉火速电告已是护理陕甘总督的毛庆蕃，请他务必将敦煌遗献全部收购，为此开列数万元预算。毛庆蕃对此极为重视，立即停下手头在做的刘鹗遗著《老残游记》的整理工作(毛庆蕃女嫁刘鹗第四子，其时刘鹗已流放客死于伊犁)，派兵将王道士控制起来，并从转经桶中搜出剩余经卷8000余卷，全部解运进京，所用钱款仅3000元，令敦煌研究的学者们大喜过望。

袁世凯恢复帝制后，电请毛庆蕃出任津要，遭严词拒绝。

陆润庠荐举的第四个人是潘昌煦。

潘昌煦(1873—1958 年),字由笙,光绪二十四年(1898 年)进士,此后到日本中央大学留学,法学专业毕业后归国,历任翰林院编修、编查馆协修、国史馆协修、武英殿协修。陆润庠荐举的理由是"学问湛深,志趣远大",在翰林院任编修期间,"列入最优等,法政各门,尤所擅长,平日留心西学,近又游学日本,苦心研究,其识见、俱能超出侪辈,为有体有用之才"。

潘昌煦被陆润庠荐举的时候刚刚 25 岁,属于陆润庠的"储备"人才,荐举后并未立即得到重用。民国四年(1915 年),他任司法官惩戒委员会委员,兼任大理院推事兼庭长;民国十一年(1922 年),他任代理大理院长,并任大总统府顾问。他提出"司法独立"的理念,政府未采纳。于是他毅然辞职,到燕京大学任法学教授。"燕大"人才荟萃,顾颉刚、郭绍虞等都在那里执教,潘昌煦经常与他们一起探讨学术诗文。顾廷龙那时在燕大读书,时常向潘请教。民国十八年(1929 年),他到清华大学任教;民国二十二年(1933 年),回乡。新中国成立后,他当选为第一届全国人民代表大会代表。

陆润庠荐举的第五个人是徐寿兹。

徐寿兹(1852—1917 年),初名谦,字受之,又字袖芝,更名寿兹,江苏元和(今苏州)人。与陆润庠是正宗同乡。光绪五年(1879 年)举人,但进步比较慢,到陆润庠荐举的时候任河南知县。陆润庠推荐的理由是"学识宏达,究心吏治,淡于荣利,守正不阿","该员年富力强,家居不出,若令任事,责以兴利除弊,必能有所表现"。

徐寿兹得到荐举后由知县提拔为许州(今河南省许昌市)知州。中华民国成立后,于 1914 年任上海观察使(相当于上海市长),后又任江苏巡按使,并兼任江南水利局首任总办,主持兴修水利,造福江南人民。在河南任职期间写了《豫南水利卮言一卷》,对水利进行研究。他还是著名词人,写有《亢盦诗稿》词稿一卷。

陆润庠在总结荐举这五位官员的奏折最后说:

此五人者,类藉笃信谨守,学裕本原,明干有为,才堪任使。倘荷圣明,简拔俾得,各展所长,可收得人心之效。臣等知之既确,用敢据实,荐举上备,量才擢用。

陆润庠荐举的这五位官员，除宝铭属于“搭配”的“陪衬”之外，赵炳麟、毛庆蕃都是堪大任、被重用、发挥了重要作用的人，显示了陆润庠慧眼识才的能力和选贤任能的魄力；潘昌煦是作为后备力量，重点培养的对象；徐寿兹则是廉洁从政、淡泊名利的典型。这充分体现了陆润庠一贯的从政理念及吏治思想，也是对中国几千年来封建吏治的一次检阅和呼应。

本章起头引用了扬州瘦西湖听鹂馆中陆润庠写的一副对联：“绿印苔痕留鹤篆，红流花韵爱莺簧。”字里行间，透露出与唐诗的遥相呼应，浸染着他对盛唐繁荣景象的向往，也可以作为他对中国传统吏治继承性的传达。

正所谓：荐举人才确有道，不拘一格讲规则。精通旧俗为新用，有限权力图变革。

感言与物议

如何管理官吏，使其发挥统治和管理效能，这是一个历代统治者及思想家都十分关注的重大问题。中国历史发展过程中积累了丰富的吏治思想。

先秦之前，中国选人用人主要是靠禅让制，吏治未形成系统的思想。从先秦开始，荐举制逐渐取得主导地位，官员的管理也有了比较完整的吏治观。“千军易得，一将难求”的政治期待，“修身、治国、平天下”的评价标准，吏治思想在百家争鸣中渐渐形成。儒家举贤能的人治理论与法家重军功重实绩的法治理论成为先秦时期以来吏治思想的核心。“德治”“人治”与“法制”的冲突成了这个时期的焦点，对后世的吏治思想的发展具有深远的影响。

隋唐朝以来，科举制成为选拔人才的主要渠道，但高层官员仍然主要依靠荐举，形成了“双轨制”。吏治思想也越来越丰富。从“举孝廉”到“唯才是举”的精择良吏导向，从“明法治吏”到“严者治吏之经”的严格考课标准，“法制”基本成为治理民众的武器，而官场主要依靠“德治”和“人治”，“德治”“人治”与“法制”三者的冲突得以缓和。

到了晚清时期，西方思想的传入对中国吏治产生了深远的影响。有识之士考虑了加入规则思想以改造传统吏治制度的因素，但当局仍然行动迟缓。

改革开放以来，在现代化的进程中，中国终于启动了依法行政和公务员法制建设，将“德治”与“法治”结合起来，将对社会管理的“法制”与对行政主体的“法治”结合起来，在人事管理制度上实行选举、推荐、协商并重的渐进式改革。

“法制”“法治”“德治”正趋于统一。

但是，作为一个“人治”传统十分深厚的国度，建设法治国家还有相当长的路要走。人们常说，法治国家的核心是法治政府，这当然不错，但对于正在实现跨越式发展的国家，一个“强政府”现在仍然是必需的，法治政府的“标准”不可能很高，那么，现实条件下，如何推进法治中国建设？我觉得有一条路可走，这就是先对国家治理体系和治理结构进行法治化。就是说，在致力于推进国家治理体系和能力现代化的过程中，把“法治”有机地契入进去，使政府、市场、社会三个方面的关系在改革中同时进行法治化改造。政府调节市场的手段和方式，市场主体内生活力的发挥，逐渐实现法治化；政府培育、规范、服务社会组织，社会组织管理社会成员，逐步实现法治化。这对于一个传统的重“法制”、不重“法治”的国家，可能相对容易些。而只要推进了社会治理结构的法治化，也就在一定程度上实现了治理体系、治理能力现代化和政府行政管理的法治化。

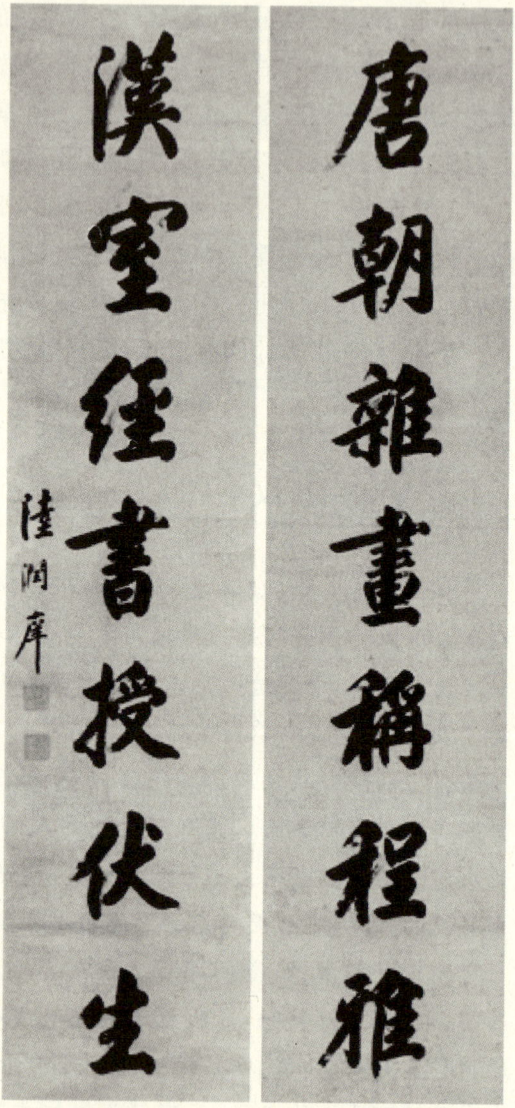

和风甘雨为世之祥；
璞玉浑金是仁者相。

——陆润庠自题联

第十三章

当京官惩贪保民生 治京城顺直搞联动

“京官难当”，自古如此。历朝历代很少有皇帝、朝廷、中央大员对京畿的长官满意的。为什么？京城的行政资源多，有一千条理由干好，怎么就干不好呢？因为京城就在皇帝眼皮子底下，没有了“距离美”，工作有成效是应该的，而稍微有点差池，都能看得一清二楚，甚至还会有放大效应。那么，究竟能不能当好京官呢？

陆润庠也当过一段时间北京的最高领导，我们来看看他是怎么干的。

顺天府最高领导

光绪三十二年（1906 年）九月，清廷任命陆润庠为“以尚书兼管顺天府府尹事务”一职，有点类似于现在的中央大员兼职北京领导，不过陆润庠的任命带有临时性。这是陆润庠为官 32 年来第一次担任地方要职。

顺天府，是明清时期整个北京地区的行政区划，但范围比现在的北京大得多。①

“顺天府尹”是主管北京治安与政务的最高行政长官，相当于现今的北京市市长，为正三品。虽然顺天府阶层不高，但地位极为特殊，顺天府尹是可以直接上殿面君的，跟御史台、步军统领衙门、九门提督府等衙门有几乎相等的权限。而且，顺天府还有承接全国各地诉状的资格，相当于一个小刑部。普通正三品衙门用的是铜印，唯独顺天府用的是银印，位同封疆大吏的总督、巡抚。

北京城垣之外的地区有顺天府所领的二十四个县，虽然在直隶总督辖区内，但顺天府尹和总督不存在隶属关系，这二十四个县由直隶总督衙门和顺天府衙门“双重领导”，大的举措要会衔办理。北京城垣之内，直隶总督无权过问。

清代北京城区行政管理体制最大的特点是满汉分城而居，分城而治。“旗人”均住在内城和西郊三大营，汉族和其他少数民族居住在外城。外城分为五城十坊，故时人有“内八旗外五城”之说。

在陆润庠被任命为“以尚书兼管顺天府府尹事务”一职之前没多久，朝廷刚任命孙宝琦为顺天府府尹。

孙宝琦（1867—1931 年），字幕韩，浙江杭州人。曾经任山东巡抚。1901 年任驻德、澳、法等国使馆随员，1902 年升任出使法国大臣，1905 年底回国后，以候补三品身份出任顺天府代理府尹。1907 年，孙宝琦离开顺天府代理府尹的位子（接任者是裴维侒），任出使德国大臣、驻法公使，还兼任驻西班牙公使。在欧期间，他用心考察列强政情，参观兵工厂、机器厂，思想日趋维新。1904 年，他上书清廷，倡言立宪，成为清朝大臣中第一个明确提出“立宪”的人。其时，有一湖北籍留德学生王发科，因参加兴中会被另一满族留学生以言语威胁。王发科胆小怕事，遂与汤芗铭合谋盗取了孙中山的文件包，内有机密文件和兴中会会员名单。二人如获至宝，交至驻法公使馆以求“戴罪立功”。不料，孙宝琦不仅没有严查，反而叱令二人将文件包送还，还派人密函孙中山“危险速逃”。孙宝琦

---

① 顺天府的辖区经常有变，在乾隆八年（1743 年）开始固定下来，共领五州十九县，即包括通、蓟、涿、霸、昌平五州和大兴、宛平、良乡、房山、东安、固安、永清、保定、大城、文安、武清、香河、宝坻、宁河、三河、平谷、顺义、密云、怀柔十九县，又混称为顺天府二十四州县。顺天府的辖区划分为四个厅。西路厅驻卢沟桥拱极城分管涿州、大兴、宛平、良乡、房山；东路厅驻张家湾，分管通州、蓟州、三河、武清、宝坻、宁河、香河；南路厅驻黄村，分管霸州、保定、文安、大城、固安、永清、东安；北路厅驻沙河镇巩华城，分管昌平州、顺义、怀柔、密云、平谷。大兴、宛平二县倚郭，称为京县，以北京城的中轴线为界，城东部及郊区属大兴，城西部及郊区属宛平。

的开明思想，由此可见一斑。

既然孙宝琦已经上任，如果把北京治理得挺好的，为什么还要派陆润庠去加强领导呢？明摆着，陆润庠当时已经是一品大员，而孙宝琦才是候补三品（北京这个地方好，位子应该是正三品的，孙宝琦来顺天任职显然是很快就能解决正三品待遇的），陆润庠来坐镇北京，要么是夺了孙宝琦的权，要么是临时负责某专项工作。其实，这两方面的原因恐怕都有。

首先，当时北京的形势不好，需要派朝廷重臣来加大治理力度。

> 有人奏，顺属（顺天府所属的区域）吏治日坏，捕务废弛，积压命案。请饬查办一折。着袁世凯（时任直隶总督）、陆润庠、裴维侒（一年后接替孙宝琦为顺天府府尹），确切查明惩处，并将积案表册，发司分别讯结。其各属盗案，应如何整顿，命案应如何严禁，私和等弊亦饬一并申明定章，通饬禁革。另核议整理步队章程，务祛积习，以益操防。如所请行。
>
> （《清德宗实录·卷之五百七十五》，中华书局，1986 年影印）

其次，形势不好的问题，北京和全国很多地方一样，是当时普遍的问题，而北京地位特殊，必须率先搞好治安，才能为全国树立榜样。各地情况究竟恶化到什么程度？请看朝廷在前后不到两个月中，单单为追究地方官员治理不力的责任，就处理了几百个命官。其中一次处理的情况如下：

> 直隶厅同知钱绳祖，积压命案。巡警局委员试用通判，曾于梁、经手款项，显有弊混。前巡警局委员试用通判桂劼，刑责醉人，致令毙命。夏邑县知县廉杰，听断糊涂，玩视民瘼。洛阳县知县徐仁麟，信用非人，遇案勒罚。宝丰县知县汪宝堂，嗜好素深，听断偏执。考城县知县周锡曾，听断缉捕，一无所能。署罗山县知县试用知县陶鸿吉，信任家丁，擅释讼棍。候补知县魏象新，衰庸昏眊，内行有亏。前巡警局委员候补知县陈祖棻，行为狂妄，屡酿事端。前署渑池县知县候补知县陈龙光，利心颇重，听断无能。前蚕桑学堂监督试用县丞孙凤翔，遇事把持，操守难信。嵩县巡检陈清扬，驭下不严，往往生事。永城县典史刘瑞旭，纵容差役，诈赃毙命。考城县典史宋恩华，勒罚客商，被控有案。滑县教谕郑恩祖，私考佾生，舞弊敛钱。灵宝县教谕薛炳文，不守官箴，声名颇劣。

以上，均着即行革职。

汜水县知县姜海珊，办事竭蹶，人地不宜。新郑县知县王溥，才短多病，难膺冲要。封丘县知县黄庭芝，性情柔懦，非理剧才。

以上，均着开缺另补，以肃官方。

（《清德宗实录·卷之五百七十五》，中华书局，1986年影印）

再请看几天之后的一次处理的情况：

捐升道员新都县知县刘朝镕，贪鄙狡诈，庇匪殃民，着即革职。永不叙用。

候补知府王葆恒，贪鄙巧滑，声名夙劣。另补直隶州知州桂天培，信任家丁，民多受害。长寿县知县唐我圻，苛虐任性，民怨沸腾。永川县知县吴鸿运，利令智昏，斯仆用事。丹棱县知县张景旭，性情贪鄙，不知大体。试用知县刘文增，贪利忘义，久著劣声。候补知县马寿祺，习染卑污，操守难信。大挑知县孙积善，使酒滥刑，残民以逞。试用知县赵玮，奔竞素工，贪得无厌。吴龄昌，躁妄干求。办事草率。另补知县邹放，虐政害民，衔怨刺骨。试用知县徐敬武，卑鄙贪污，遇案婪索。候补知县杨士木滟云，心地不明，精力已惫。罗毅威，心性轻浮，从公不谨。王中溢，性情躁妄，擅作威福。另补知县饶敦秩，嗜好甚深，政事废弛。试用通判张益谦，知县萧敷灼，府经历郭连云，均行止不端，有玷官箴。候补府经历张肇修，居心倾险，不堪造就。前成都府司狱李廷英，昧于大义，劣亦多端。工滟随州火井漕巡检张勋，声名狼藉，屡被控告。华阳县典史冯时懋，行为苟且，颇著劣声。松潘中营游击唐志林，任性妄为，不知检束。越巂营守备王日升，贪狡纵肆，侵吞兵饷。候补守备赵花凤，性情横暴，被控有案。

以上均着即行革职。

候补同知柏震蕃，心地不清，性复猥鄙。大竹县知县宋万选，苛刻鄙琐，举动乖张。盐亭县知县雷恩溥，举止轻率，有失观瞻。候补知县吴震翩，小有才能，罔知大体。高维寅，治理敷衍，习于怠玩。黄大琮，听断不明，性情苟且。另补知县田广恩，庸暗猥琐，不知治理。

以上均着以县丞降补。

候补知县曾福谦，阘欧无能，所至竭蹶。即用知县周长清，唐陋鄙啬，难胜民社。以上均着以教职归部铨选。

天全州知州熊朝滨，才既竭蹶，性复乖张。清溪县知县孙廷采，提用公款，自便私图。西昌县知县濮景贤，被控有案，声名平常。以上均着开缺另补。

（《清德宗实录·卷之五百七十五》，中华书局，1986年影印）

不到一个月，朝廷又处理了一批官员：

安徽候补直隶州知州白曾焯，缉盗无能，漠视荒政。望江县知县查光华，捕务废弛，识暗才庸。凤阳县典史钱觐扬，作事巧滑。补用巡检郭长桢，藉赈索贿。试用典史梅登甲，行止不检。试用按司狱裘炳，需索供给。补用巡检沙熙寿，办事粗率。试用典史宇文丙，纠饮滋事。均着即行革职。

庸劣不职文武员弁。试用知县李树梓，巧于沽名，操守难信。补用知县蓝和光，官声平常，绅民交控。捐升知县试用巡检杨定远，凉薄暴戾，任性酿命。凤台县典史杜树兰，遇事干预，不知远嫌。寿州吏目周鸿年，代州勘验，藉案需索。试用典史邹洪训，获盗匿禀。均着即行革职。杨定远，情节尤重，并着永不叙用，递籍严加管束。

（《清德宗实录·卷之五百七十五》，中华书局，1986年影印）

除了严肃查实处理贪污受贿、工作不力者外，朝廷还对涉及政治的问题十分挠头：

候补直隶州知州李家澍摇惑人心，奸狡情形，尤堪痛恨，虽随时破获，而地方已被其扰害，后患不可胜言，惟有破其诡谋，直揭其叛逆之罪，不使藉词革命，巧为煽诱，着各省督抚妥酌情形，处以镇定，务须设法解散，勿任句串固结，凡属不法之徒，尤当严密查拏，至获犯应得罪名。叛逆即以叛逆论，盗即以盗匪论，俱各科各罪，随时宣布，毋任信口妄供，致使遁而之他。果系著名首恶，或竟甘心从逆，仍予尽法惩治，弗稍轻纵。其被威胁势迫及家属之不知情者，均为网开一面，概免株连，俾释疑惧，咸与相安，似此以静制动，以宽制猛，庶可渐化人心之不靖，潜消逆萌亦于无形。该督抚等其各悉心筹划，加意防维，总不使奸民有词可藉，乱党有机可乘，稍纾朝廷宵旰之忧，即默造天下臣民之福。将此各谕令知之。

（《清德宗实录·卷之五百七十五》，中华书局，1986 年影印）

此外，自然灾害频仍、官员失职渎职的事情也常常发生：

袁世凯奏：永定河漫口奋溜，河水陡涨，南五工等处漫口，当经降旨饬令赶紧堵合，并查明被灾地方，妥为抚恤。兹据奏报详细情形：上月中旬大雨时行，山水暴涨，永定河南五工北四上汛，先后漫口夺溜，口门各宽至二三十丈，虽因河流奇涨，人力难施，在工各员，究属疏于防范。北四上汛涿州州同陈维垣，着革职留工效力；北岸同知裴锡荣，着革职留任；三角淀通判李树才，南五工永清县县丞陈人龙，均着摘去顶戴；永定河道瑞峻，着革职留任；袁世凯督率无方，并着交部照例议处。另片奏、北运河香河河西务等汛。同时漫溢成口。请将厅汛各员惩处等语。署务关同知戴世文、香河汛主簿张文运、河西务汛主簿钱光显，均着摘去顶戴。仍着禀遵前旨，迅将漫溢各工，赶紧堵筑，并派妥员速放急赈，以拯灾黎，毋任失所。

（《清德宗实录·卷之五百七十五》，中华书局，1986 年影印）

连袁世凯这等朝廷重臣都自己请求朝廷给他“督率无方，并着交部照例议处”的处理。

但是，即使全国都乱，北京也不能乱！清廷明白这个道理，所以派中央大员到顺天府加强领导，第一等重要的任务是维护首都安全，然后整饬吏治，革新风气。

清廷任命的帮助顺天府尹工作的大臣，一个是时任直隶总督的袁世凯——大忙人，指望不上；另一个是裴维侒，原来是太常寺少卿，后因官制改革，裁撤了太常寺，裴维侒成为“裁缺”太常寺少卿，但其官员俸禄品位级别不变，现在正好有时间可以做点实事，所以裴维侒协助陆润庠开始了整顿工作。顺便说一下，裴维侒由于在北京工作得力，一年后，顺天府尹孙宝琦被派到德国当大使后，他接了班，成为北京的行政首长。根据《北京市志稿》记录，裴维侒代理顺天府尹的时间近一年，即从光绪三十三年（1907）二月十一日至光绪三十四年（1908）正月二十日。

治京城用了三板斧

陆润庠他们在北京，第一斧头砍向社会治安。当时，重要机构“嗣后留京营务处”被盗，顺天府行政机关很快破案，抓住盗贼，市民们拍手称快。接着加强机构建设，设立了专门负责整顿捕务警务的监督机构，并对外挂牌，接受市民监督，威慑犯罪分子。另外，还建立了顺天府巡警马队，并进一步改编为现代巡警部队。

近日京城地面，常有火灾。难保无匪徒溷畚 ，亦纵火情事。顺天府严查究办。

（《清德宗实录·卷之五百八十》，中华书局，1986年影印）

第二斧头，做民生工作。首要的是赈灾工作。

本年春闲，天气亢旱，近畿一带，二麦歉收；夏秋之际，又复山东暴涨，河流决口，通州、香河等十数州县卑下之区，皆成巨浸。小民荡析离居，朝廷实深轸念。着赏给帑银四万两。由度支部给发。交直隶总督、顺天府府尹、遴选员绅分往散放，务使实惠及民，毋任一夫失所。所有历年留存备荒经费银两，着度支部顺天府尽数拨充赈款，嗣后各省解到此项银两。着由度支部径交银行存储生息，遵照成案，专备赈荒，不准任意挪用。

（《清德宗实录·卷之五百七十五》，中华书局，1986年影印）

当时，京城粮价持续涨幅较大，市民反映太贵。陆润庠他们利用关系分赴奉、豫等多地买粮，平抑北京粮价。一波未平一波又起，粮价平抑后，其他物资还是在涨价，开始出现通货膨胀。顺天府尹迅速向朝廷报告，得到批准后采取措施，严厉打击扰乱金融市场的行为，遏制了通货膨胀的势头。

近日京城银价，仍未甚平。固由于铜圆之充斥，亦由于私票之繁多。现在业经饬令各厂铜圆暂行停铸，而私票仍漫无限制，奸商但知牟利，并无实存铜圆任意开写钱票，片纸架空，为害更甚。

顺天府迅即详定章程，严立限制，除本非钱业一概禁止出票外，其钱业所出纸票，必须准该铺实存铜圆之数，定其出票之多寡。傥再有架空出票，取巧害民，扰乱市面，定予从重罚办。并着民政部、步军统领衙门、协力查禁。认真整顿。勿得任其蒙混抗违，以肃圜法而利民生。

（《清德宗实录·卷之五百八十》，中华书局，1986年影印）

过了若干日，看到打击黑市的效果仍然不够明显，他们又进一步增加了工作力度。一方面请求清廷的财政部门（当时叫度支部）给予支持，另一方面严查大宗的私运行为。

京师人烟稠密，贫户孔多，食用物价，稍涉昂贵，小民生计，立形困难。近日银价陡涨，物价因亦增高。嗟我黎庶，其何以堪。着度支部迅即拨银五十万两，发交顺天府府尹承领，即责成该府尹妥择官商银号，代为贬价收钱，以平银值。一面严禁各商肆，任意暱滟台高物价，其有私运大宗铜圆入京者，由崇文门监督、邮传部、认真查禁。傥有奸民私铸铜圆潜销充斥者，着责成民政部、直隶总督、顺天府、步军统领、严密查拏，尽法惩治。俟银价物价皆平，由该府尹将承领银两解缴部库，其贬价亏耗之款，准其核实开单奏销。尚书陈璧、前在府尹任内，办理银钱平价，尚属得法。并着该尚书会同府尹、妥筹办理。务使操纵得法。国帑不至虚糜，用副朝廷体恤民困之至意。

（《清德宗实录·卷之五百八十三》，中华书局，1986年影印）

第三斧头，惩治劣迹官员，奖励良吏，赏罚分明。

陆润庠、裴维侒奏：为特参诈妄贪劣不职各员。请旨分别惩处，以肃官方……振兴庶务，必先澄叙官方，顺天为首善之区，尤赖有贤能之员，实心经理，方足以上宣德意，下协舆情。朝廷政治之推行得收实效。

诈妄贪劣各员一折。查有治中孙寿臣，滑诈性成，办事谬妄，承审各案，屡次被控，呈控人言啧啧，访查实有所因……请旨以州同降补。香河县知县王维琛，前署文安县知县，任内藉端苛罚，操守难信；候补知县郑世纲，天性太薄，被控有案，行踪诡秘，不守官常。以上二员应请旨一并革职。顺义知县吴亦琳,恃才任性,办案草率,前已撤任,应请旨开缺察看。石港司巡检邓汝霖,前署门头沟县丞,任内违例擅受,控告有案,业经撤任,仍请旨革职。以上各员既已访查有据,若再姑息纵容,地方诸务从何起色?谨就见闻所及,据实上陈。此外,仍当随时考复,期仰副九重整饬吏治之至。意所谴各缺顺属现有应升应补人员均请扣留外补,所有特参诈妄贪劣不职各员分别惩处。

(中国第一历史档案馆藏,军机处,朱批奏折,全宗第3卷,第5488卷)

顺天府奏:顺天高等学堂监督候选训导保厘东,居心近利,鄙玩已甚,着即革职。又片奏:署霸州知州候补直隶州知州周登皞,署文安县知县升补西路同知李培之,署昌平州知州候补知县何则贤,以上均堪为循良之选。着传旨嘉奖。

(《清德宗实录·卷之五百七十五》,中华书局,1986年影印)

这里提到表扬的周登皞,字熙民,号补庐,是福建闽侯人,光绪年间举人。他是陈宝琛的亲戚。曾先后在宁河县、武清县、霸县、大城县、东安县等多个县任知县,确实做过不少为民服务的好事。经过这次嘉奖,他又在后来的考绩中成绩优异,升任赵州直隶州知州、都察院广西道御史。1912年中华民国成立后,他举家迁往北京,曾任袁世凯政府的肃政吏。

昌平候补知县何则贤也是个政绩突出的人,他后来提升调任河南固始县,在那里督民筑淮堤,以工代赈,筑三河尖至溜子口淮堤,顶宽1丈(3.33米)、底宽4丈(13.32米)、高1丈(3.33米),全长160余华里(80余公里),至1917年(民国6年)5月竣工。何则贤在河南口碑甚好,被传誉为"问渠哪得清如许,因有源头何则贤"。

陆润庠严肃整饬吏治,对有买官卖官的、私自改履历的,给予查处。

有人奏:顺天武清县人度支部候补主事曹佑曾,蒙混捐官,改易履历,并被控有案等语。查明具奏。

(《清德宗实录·卷之五百九十》,中华书局,1986年影印)

“顺直联动”的提出

在陆润庠以吏部尚书兼管顺天府府尹事务期间，他还有一个重要的思想和实践探索，这就是“顺直联动”。他认为，北京与周边省份要在用人、行政等方面建立联系与合作机制，这样才能确保北京的平安，同时促进周边地区共同发展。

他在1907年（光绪三十三年）三月二十一日的上奏中指出：

京师亲民之官，莫切于牧令。顺天所属各州县，居三辅之要区，为四方所取法，必得贤有司与之共治，而后修明庶政，方足以资表率，而树风声。

近年来吏治日颓，积疲不振，推究其故，良以顺属（顺天府所属的区域）各缺素多瘠苦才智之士。往往意存趋避，瞻前弗前，而淡泊自甘者，又未必能胜烦剧。坐是因循废弛，几成江河日下之势。

今欲切实整顿，必先设法调剂。调剂之法，惟在顺直（顺天与直隶）联为一气，用人行政不分畛域，遇有员缺，互资迁调，因地而择贤，量才而授任庶。人才不可不穷于用，吏治自日进于良才，而各属之中。

（中国第一历史档案馆藏，军机处，朱批奏折，全宗第3卷，第5501卷）

陆润庠首先认为，北京这个地方在全国具有重要地位，而北京的官员能不能亲民、爱民关键在州和县这一级的领导。如果北京所属各州县的领导都以身作则，并且齐心协力，形成合力，那么北京作为首善之地就可以在全国发挥很大的正面影响。

接着，他分析了当时北京官场管理的形势，指出官场现在存在着诸如管理不善、精神不振作等问题，这些问题不是一天两天形成的，原因也是多方面的，但归根结底是缺乏好的人才。有的人想干事，没有本事；有的人有本事，没胆子；还有一个大问题就是北京下属州县的工作待遇太低了，无法调动积极性。这就导致吏治松弛，制度成了废纸，而且这些情况江河日下，令人担忧。

陆润庠话锋一转，提出了整顿吏治先从调剂人才开始的意见，并将此建议提升为“顺直联为一气，用人行政不分畛域”的重大战略。

“用人、行政合作机制”是一个很有创见的探索。根据其奏折中的内容分析，大体包括如下内容：

第一，北京的吏治要先行改革，使之成为“四方所取法”。

第二，国家要建立顺天府与直隶省之间的行政联动机制，官员不分彼此，打通使用，方式可以灵活变通，正式任命任职是一种方式，也可以采取行政关系归属不变、到异地兼职的方式，共同建设北京及周边地区的人才队伍。

第三，地区之间要建立治理协作机制，各地经验相互学习借鉴，特别是要把北京作为首善之区的经验介绍和传播到周边地区。

第四，对官员个人要建立“才尽其用”的机制，将自己的工作成就与国家吏治、选才制度建设结合起来。

在这个奏折中，陆润庠依据自己提出的“顺直联为一气”的设想，推荐了两位外地官员到北京所属的大兴、宛平两个县任主官，同时把当时大兴、宛平的主官推荐到直隶省任职。选择大兴、宛平这两个县，陆润庠是有特殊考虑的。北京有句老话：皇帝坐在金銮殿，左脚踩大兴，右脚踩宛平。说的是金銮殿位于北京城的中轴线，东边是大兴县，西边是宛平县。一个在东，一个在西，正好是北京的两扇大门。大兴、宛平的知县也比其他地方要高一级，为正六品。

陆润庠推荐天津县知县唐则瑀到大兴任知县。清代大兴县的位置是在北京城的东部地区。大兴县署就设在安定门大街东南侧，即现今北京平安大街北部的“兴华胡同”至前海西侧附近，紧邻北海和中南海。① 这一地理位置实在是太重要了！“大兴”二字的寓意是“疆域广阔、兴旺发达”，号称“天下首邑”。时任大兴知县的杨同高，是光绪五年（1879 年）的举人，资历不浅，政绩一般。陆润庠推荐的唐则瑀，在光绪二十二年（1896 年）任高邑县知县时，就受到朝廷“循良之选”的“传旨嘉奖”。光绪二十九年（1903 年）任天津县候补知县时，又因为政绩突出被“传旨嘉奖”。陆润庠介绍他的事迹时是这样说的：“爱民勤政，见义勇为，历任地方，循声卓著。先前在天津创办了学堂，条理精密，并时以经、史、儒先之理，躬亲宣讲，诱掖诸生。是以该学风之盛，士习之纯，为一方冠。”陆润庠主要强调这个人在过去做过官的地方，老百姓的口碑都很好，而且重视教育事业，自己亲自做思想政治工作，是一个可堪大任的人才。陆润庠建议朝廷另行安排杨同高的工作，后来杨同高被任命为河北文安县知县，以后又先后在武清、清河、昌平等地任知州，在直隶南路厅任同知、宣化府知府。

陆润庠推荐河北南皮县的知县章师程到宛平县任知县。宛平城位于北京

① 杨益茂：《清代的大兴县在北京城东部》，《北京日报》，2008 年 6 月 12 日。

西侧的通衢大道上，自古以来就是进入北京城的咽喉要道。明崇祯十年(1637年)宛平城建成后，宛平成了拱卫京师的重镇。从卢沟桥过来，一座雄关扼住大路，"卢沟晓月"与"西关镇钥"相呼应，纵有千军万马也难以破城。明清两代从皇帝到重要官员，封疆大吏，凡往(北京)西、南一带办事，都要走宛平城，所以宛平城又成了朝廷为百官饯行的所在，离了宛平城，就算出京城了。按明清旧制，北京城的城区分别划归宛平县和大兴县管辖，整个市区的西半部都属宛平县界。宛平城的这个地位决定了宛平县令太难当。京师是中央所在地，凡是京城的官吏出行经过宛平城，知县都要前去送行，而凡是进京的封疆大吏在宛平城落脚，宛平知县又都要前去迎接。一天到晚叩头跪拜，应接不暇，所以北京有一句歇后语："宛平城里当知县——跪着的差使"。据说自设置宛平县以来，历任知县没有一个能干上一年的。陆润庠是这样描写章师程的："才长识练，朴实无华。先前创办审判厅，结案至五六百起，于交涉重案，尤能援据约章，根据法律了结。特多中外商、民同声称颂。"强调章师程善于办案，特别是疑难案件，他都能依法办好，群众一致赞扬。

最后，陆润庠总结道：

> 以上二员，均为牧令中杰出之才，现值新政，颁行地方事务较前日形纷杂，京城内外，学堂林立，顺属正在次第兴办。又，都邑户口殷盛，诉讼最繁，现亦分设审判厅，期望案件无留滞。其余各项要政，均为遐迩观听所系。亟待逐渐经营。如该二员之治，行素优诚，任以京县要缺，必可绰有余裕。
>
> (中国第一历史档案馆藏，军机处，朱批奏折，全宗第3卷，第5501卷)

陆润庠"顺直联动"的想法和初步探索，极有价值。对于形成北京和外围地区的共治局面，并推动政治与行政体制格局的创新，都是积极的。

在北京工作的那一年，陆润庠也做了一些朝廷要求的规定动作——必须做的事情，比如关闭"京华报馆"，堵塞言路。据记载，唐继星创办的《京华报》，被清廷以"京华报馆语多悖谬"名义查封。唐继星是唐景星的儿子。[1] 唐景星在1874年6月任上海招商局总办的时候，与上海县知县叶廷眷资助的容闳、郑观

---

① 《袁克文救护国民党人唐继星》，《经济观察报》，2010年5月16日。

应等人创办了上海第一份由中国人创办的华人报纸《汇报》。唐景星的儿子唐继星,1907 年在北京创办了《京华报》。1908 年 3 月因《京华报》上转载了旧金山华侨报刊《世界日报》的新闻,出口转内销,报纸被清政府军警当局“语多悖谬,妄议朝政,颠倒是非,淆乱民听”为由封禁,唐继星被判处 10 年监禁。辛亥革命爆发后,唐继星提前出狱,并且在天津加入了同盟会及国民党。富家公子的特殊身份以及与国民党最高层孙中山、汪精卫、唐绍仪等人的同乡关系,使他很快成为国民党天津支部的主要负责人。“二次革命”①失败之后,唐继星被自己的兄长出卖,被押送到北京执行枪决。

正所谓:京官难当须魄力,民生先行再治吏。三斧抡出亲民策,不尚空言办实事。

感言与物议

“新官上任三把火”,出自《三国演义》。三国时,诸葛亮当了刘备的军师,在短时间内,连续三次火攻曹操。第一次火烧博望坡,使夏侯惇统领的十万曹兵所剩无几;第二次在新野,火攻、水淹使曹仁与曹洪的十万人马几乎全部覆没;第三次火烧赤壁,百万曹兵惨败,最后跟随曹操逃出去的只剩 27 人。当时,人们把这三把火称为“诸葛亮上任三把火”。传到后来便成为人们常说的“新官上任三把火”了。县官们上任接班,必做之事很多:要拜庙上香,地方的孔庙、关帝庙、文昌庙、城隍庙必拜,以显示自己尊儒崇道,连地方神都十分恭敬;要清仓盘库、粮库、物料库核对清楚;要巡查监狱,要视察城防;要对簿点卯,即对照簿册记载的官员侍从等花名册一一查对;要传考生童,就是将本地的学生集中,进行一次由官员自己亲自出题的考试,了解生童情况;要拜访乡绅,当然依次是本县的皇亲国戚、与自己同级的卸任官员直至豪门大户了。做完了这三件事,可以贴出告示,说明自己从何月何日开始上任。陆润庠不是新官,他比北京市长的地位还高些,所以用“新官上任三把火”来描述他在北京的政绩不合适。

用“程咬金三斧定瓦岗”的故事来形容陆润庠比较合适。程咬金学会了天

① 二次革命(又称癸丑之役或赣宁之役),是孙中山领导的反对袁世凯的革命。1913 年中华民国大总统选举前后,孙中山控制的江西、江苏、上海、广东等地爆发武装革命,试图推翻北洋政府。7 月 18 日,北洋军李纯部攻克南昌。8 月 28 日,倪嗣冲率兵进驻安庆。9 月 1 日,张勋武卫前军攻克南京。各地宣布取消独立。孙中山、黄兴、陈其美等被通缉,相继逃亡日本。9 月 12 日滇军入重庆,“二次革命”宣告失败。“二次革命”失败后,孙中山再次流亡海外,重建秘密会党中华革命党。

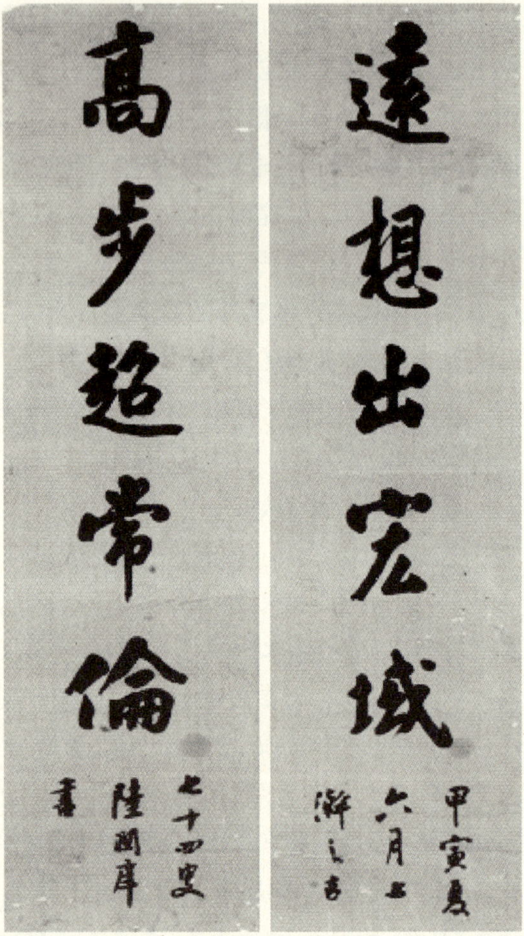

罢三十六斧，但因为他武功相当厉害，只使用了前三招，也就是到了“三斧”，对手就败了。所以，后人用“程咬金三板斧”形容两种情况：第一，此人有很大的本事；第二，此人的本事与一般人不太一样，有“一招鲜”。

在社会发育程度不高、经济不很发达的时候，政府管理常常可以使用“程咬金三斧”法，抓一下“严打”、搞一次“集中整治”，这些招数屡试不爽，效果很好。但是，在现代法治国家，往往不采取这种方式治理国家。反过来说，如果一个国家总是运用这种方式管理，说明法治程度不高。这里的问题出在三个方面：一是为什么不提前介入进行管理，非得等到问题成堆了再行动？二是为什么不建立法制、制度化地进行管理，而是采取人为设定的方式实施临时性举措？三是如果原先已经有了规则、法则、制度，为什么时松时紧，而不是一以贯之地进行管理？当然，我们可以把集中整治和长效管理有机地统一起来，但这绝对不能成为惰性于制度建设、继续习惯于“严打思维”的借口。李瑞环同志在《辩证法随谈》中讲到，城市本身是一个复杂的有机体，具有多功能、多层次、高度综合的性质。许多事情既表现为各种矛盾的互相对立、互相制约，又表现为互相联系和多样性的统一。因此，对城市工作必须有综合观点，切忌孤立、静止的观点。同样，对于集中整治与长效管理也应该从辩证的角度来统筹把握，两者之间紧密联系、相互作用、缺一不可。集中整治是手段，长效管理是目的；集中整治是治标，长效管理是治本；集中整治是量的积累，长效管理是质的飞跃；集中整治是解决难点问题的有效手段，长效管理是避免反弹、回潮，巩固集中整治成果的保证。喜欢“三斧头”的领导干部应该好好反思一下了。

至孝能营万家豕；
阴德予大驷马闾。

——康有为悼念陆润庠的挽联

第十四章

定细规抓住真不放　下猛药禁烟见成效

1903年初夏，恽毓鼎[①]从外地返京，路上惊讶地看到，黄河沿岸竟种植着绵延连片的罂粟。在色彩暗淡的麦田衬托下，罂粟花开得如此的艳丽，恽大学士忍不住赋诗一首："晓渡黄河走转车，离家较近转思家。南风十里鸳鸯锦，开遍连畦罂粟花。"

担任禁烟大臣

鸦片之毒，祸国殃民，甚于洪水猛兽，给中国人民造成的苦痛极为严重。自从第一位专办禁烟的钦差大臣林则徐揭开中国近代禁烟的序幕后，禁烟这件事始终成为清政府的重要工作。1910年8月28日，清政府任命大学士陆润庠为禁烟大臣，至第二年的7月10日，陆润庠去给溥仪当师傅，因而免去了禁烟大臣之职，他在这一任上干了一年时间，禁烟又取得新成就。

在鸦片战争之前，清政府禁烟是通过派遣临时性的钦差大臣这一方式进行的，到了1900年清政府推行"新政"后，任命专职禁烟大臣成为新政有机组成部

① 恽毓鼎(1862—1917年)，字薇孙，一字澄斋，河北大兴人，祖籍江苏常州。光绪十五年考中进士，历任日讲起居注官，翰林院侍讲，国史馆协修、纂修、总纂、提调，文渊阁校理，咸安宫总裁，侍读学士，国史馆总纂，宪政研究所总办等职，担任晚清宫廷史官达十九年之久。

分中的一项制度建设，其工作重点也转为通过禁烟整饬官风，发挥官员戒烟对全国禁烟的带动作用，雪洗鸦片战争以来毒品为中华民族带来的灾难与耻辱。政府在任命禁烟大臣的同时，还推出了一系列禁烟举措，如颁布严令全国禁烟的上谕、签订《中英禁烟条约》、建立禁烟总局等。当然，客观地说，这也是与多年来禁烟效果不明显有直接的关系。

对鸦片的危害，国人早有认识。雍正初年，闽粤沿海地区刚有人吸食用鸦片拌入的烟丝时，就有人上奏："初吸之时，晕迷似醉，身体颇健……迨至年深日久，血枯肉脱，纵自知鸦片所害，急欲止之则百病丛生，或腹痛而脱肛，或头晕而迷乱，或咳嗽而呕吐。一吸此烟则诸病立愈，精神百倍，虽苟延一息，然死期日迫。"鸦片既伤身又破财，既害己又祸人，"及至家业荡尽，称贷无门，即相率为盗"，滋扰社会，朝廷应谕令禁烟，"庶民命拯而盗源息矣"。[①] 于是，雍正于1729年制定了《惩办兴贩鸦片烟及开设烟馆条例》，颁布了《申禁售卖鸦片及开设烟寮上谕》，这是中国最早的禁烟诏令，但并未止住鸦片的贩卖与吸食，而且由于英国等西方列强为了利用鸦片换取中国的白银、茶叶、丝绸等钱物，对中国疯狂倾销鸦片，致使鸦片问题愈演愈烈，构成了严重的社会危机。

1838年8月，林则徐上奏道光皇帝，指出鸦片流毒天下，"若犹泄泄视之，是使数十年后，中原几无可以御敌之兵，且无可以充饷之银"[②]。这就触及了王朝统治的要害，道光皇帝连续八次召见林则徐之后，于1838年12月31日任命林则徐为钦差大臣，办理禁烟事宜。林则徐虽为钦差大臣，但授权很有限，大量的事务性工作还得靠地方政府，而地方督抚、巡抚普遍昏庸腐败，特别是林则徐手下没有专门的工作机构，"清道光中叶以前之禁烟，因系君主专制政治，纶音一降，全国钦遵，执行之责，全在各省督抚，下逮各府州厅县，别无何项机构"[③]，致使林则徐纵有一腔热血，未竟禁烟事宜，后来便被清廷革职查办，发配新疆，空饮余恨。经过两次鸦片战争，清政府步步退让，鸦片的贸易、吸食和种植逐步合法化、公开化，中华大地笼罩在一片烟霾之中。

据1906年的统计，全国共播种罂粟近1800万亩，占当时全国总耕地的1.5%，而在部分地区，如四川、云南、贵州三省，罂粟种植面积占到全部可耕地

① 马模贞主编：《中国禁毒史资料》，天津人民出版社，1998年出版，第4页。

② 中山大学历史系编：《林则徐集·奏稿》，中华书局，1965年出版，第601页。

③ 《清末禁烟之机构》，程维嘉编著：《禁烟行政》，1941年中央训练委员会内政部；《中国禁毒史资料》，第456—457页。

面积的8%以上。鸦片经济的繁荣与众多的吸食者互为因果，当年全国鸦片产量约2900万公斤，鸦片吸食者超过2000万人，到19世纪末20世纪初，清政府于1906年9月20日颁发了禁烟上谕："着定限十年以内，将洋土药之害一律革除净尽。"（《光绪朝东华录》第五册，总第5879页）又规定，十年是对全国老百姓的，官员必须先行一步。"十年禁绝，系为通国齐民而言，至官为民之表率，一有嗜好，何以率属正民？今欲令出惟行，自不得不从官严其期限，重其惩罚，以为风声之树。"（《光绪朝东华录》第五册，总第5879页）但是，到1908年春，各地办理禁止官员吸烟的成效不大，有的雷厉风行，有的踌躇不前，有的阳奉阴违，这将有碍全国禁烟运动的开展。鉴于此，清政府决定设立禁烟大臣，专司查禁官员吸食鸦片问题：

> 乃近闻臣工内平日沾染嗜好者仍不乏人，或陈明戒断，其实未尽祛除；或瘾已沈痼，表面巧为掩饰；甚或明目张胆，吸食如故。若不专派重臣认真查禁，恐禁烟之令难望依限实行，着派恭亲王溥伟、协办大学士鹿传霖、协办资政院事务景星、丁振铎充办理禁烟大臣。
>
> （《光绪朝东华录》，第五册，总第5879页）①

在加强对全国禁烟新政的领导并特设了禁烟大臣这一新的官职的同时，清政府禁烟还采取了两项具体措施：一是明确责任和机构职能。"执行禁烟者，除各省督抚藩臬守巡道各府州厅县外，内而民政部、外而民政司或巡警道，均为新设机关，各有专司禁烟之责。"这是一个从中央到地方的，以行政首长挂帅、民政部门为主、警察机构合作的全国性禁烟行政运作系统。二是设立戒烟所，引入医疗技术克服毒瘾。

禁烟大臣这个差使不好当，一方面要完成朝廷交办的任务，督察官员在禁烟运动中是不是能发挥表率作用；另一方面还得保证政府的鸦片税收，这可真是个吃力不讨好的差事。1911年7月19日《申报》以《李殿林不愿为禁烟大臣》为题披露了大臣的难处。摄政王载沣"以禁烟一事，最关紧要，向归各王大

① 1908年4月7日禁烟大臣初置之时，由（恭亲王）溥伟、（军机大臣）鹿传霖、（协理开办资政院事务大臣）景星、（协理开办资政院事务大臣）丁振铎四人共同担任，后由于有去世的，遂增补陆润庠等人，与陆同时为禁烟大臣的还有学部尚书唐景崇、顺承郡王讷勒赫、丁振铎。

臣兼办，每因有力不逮，以致禁令多疏”，决定让其师傅李殿林[1]以协办大学士、吏部尚书专任禁烟大臣，并欲重定养廉费，这里既包含了他尊崇师傅之意，也有对担当重任人士的褒奖之意。但李殿林本人却“殊不愿以禁烟一差，为众怨所归”，他认为“前此恭王等办理并未十分认真，皇族中已谤怨交乘，舆论则又实备其废弛，如此两不见好之事，何敢以垂暮之年，轻于一试”。李殿林坚辞不就禁烟大臣之差，“惟禁烟一席，现尚未得其人”。

一靠科学二靠严厉

陆润庠担任禁烟大臣，历史把他推到了这个位子。他硬着头皮也得把这份工作做好。他想出了四招：一是釜底抽薪，减少鸦片种植面积；二是加大用医疗办法治理鸦片的作用；三是扩大政府大臣管理权限，把二品以下（含二品）官员的禁烟权抓到自己手里；四是重典治吏，严罚官员抽大烟。

减少鸦片种植面积，既是禁烟的釜底抽薪之举，也属于另辟蹊径，因为以前的治理往往都把重点放到禁止官员抽烟和减少销售上，这是末端管理，从农民的种植抓起，才能把管理关口前移。陆润庠限定各省所有种烟地亩一律改种粮食五谷，并与法律大臣商量，建立法制化的管理方式：

> 拟定嗣后如有私种烟苗者，一经查察，即按照盗种他人田地成例变通办理，由一亩至十亩加等科罪，由笞杖至流徙分别议罚，仍将私种之烟充公，以示惩儆。
>
> （宣统元年三月初六日《浙江禁烟官报》第14期《严定私种烟苗专律》）

政府根据农民所种植鸦片的多少确定减和压的幅度，地多的分年减种，地少的一次性禁种，均责成地方官员遴选绅士，分别指导劝禁。对于改种庄稼或其他经济作物如茶、桑、桐、漆等之类者，政府都根据原来种烟的利润差额按种植品种不同而给予相应的补贴。

加大医疗技术的应用，治理抽大烟者的毒瘾，这是陆润庠的强项。禁烟大

---

① 李殿林（1842—1916年），字荫墀，山系大同县人，同治十年（1871年）进士，清末大臣。曾任协办大学士、典礼院掌院学士、清宣统皇帝经筵侍讲官。遗作有《周易别》《识史例纂》《车酋轩杂记》《铨政管见》《云中草堂诗文集》等，惜书稿毁于兵祸。

臣履行职责的方式一方面在于调验文武官员是否戒烟，对抽大烟的给予惩处；再一点就是建立戒烟医务机关，当时在京设立了禁烟公所。据溥伟等奏："臣等公同酌议，似须先租屋宇设立公所，以凭开办。兹查得亮果厂住房一区，计百余间，以之设立公所并戒烟查验等局所，均堪适用。惟修理尚须时日，暂借炒豆胡同北洋公所开办，俟工竣后再行搬入。"禁烟公所设提调 4 名，分别管理文牍、检查、收发、会计等事务，又设委员 16 名，帮办禁烟具体事务。(《总理禁烟事务大臣奏遵旨开办禁烟事务并请刊用关防折》，光绪三十四年四月初七日《政治官报》第 187 号)

禁烟大臣除自己在京城设禁烟公所外，还要求各省设禁烟公所。禁烟大臣奏报："查禁烟事宜必须京外通力合作，办理划一，以期切实推行而收实效。拟即咨行各省督抚，均按照臣所详定章程颁发，一体建立禁烟公所，遴派公正监司大员总司其事，择委妥员切实经理，专办一切禁烟各事宜……倘各省有逾限不开办查禁调验者，经臣所访闻，即行纠参。"因此，各省也先后设立了禁烟公所，选配戒烟药料，发给有嗜好者服食戒断，民政部、内外城均设有医局，招致良医，精制药料，免费广为施发断戒，取得明显效果。"据各将军、督抚、都统、提镇咨报，先后设立禁烟局所五十二处"，"自禁烟公所设立以来，凡有职人员业已分期调验，是否沾染烟癖，或已遵期戒断"(《禁烟大臣奏禁烟查验章程折》附《章程》，光绪三十四年五月十四月《政治官报》第 224 号)。

扩大管理权限，严罚官员抽大烟，就是在先前朝廷已经发布的《禁烟查验章程》《续拟禁烟办法》的基础上，禁烟大臣奏请再发布一个《续拟严定禁烟查验章程》，授予禁烟大臣更大的权限。1911 年 1 月 1 日，他与唐景崇等禁烟大臣向清廷上了奏折，朝廷谕称：

> 一品大员以上，其吸烟与否，难逃朝廷洞鉴；至二品以下各员，如有册结不符及曾报实已断净者，着禁烟王大臣一律切实调验。该王大臣务须破除情面，任劳任怨，据实参奏。
>
> (宣统三年三月二十三日，《政治官报》第 1246 号)

过了几天，禁烟大臣感觉制度还不够严格，"旧章自应加详，情伪以经验而益明，尤贵求杜渐防微之道；法令以森严而难犯，或转收潜移默化之功"，需要"重订新章，加严厉禁"。禁烟大臣于 1911 年 4 月 20 日又奏报了《续拟严定禁烟查验章程》，制定了十条更加具体、更加严厉的措施。主要内容为：

第一，“拟请自二品至四品官秩较崇各员，无论实缺候补，查照该衙门来册，由臣所核实，定期指调。先三日行文，该署长官接到臣所咨文，即将指调之大员自行具奏候验。臣所于查验后随时奏明，如无别项情形，即请饬下照旧供职，倘有嗜好未除，即专折奏参，请旨惩处。”

第二，“二品至四品应调各大员如有事故，未经先期奏明请假，一经臣所指调，无论有何要差，均不得临时奏请假期，倘咨调不到，即由臣所按照规避例请旨从严惩处。”

第三，“五品以下各员，凡由臣所指调者，如查有嗜好未除，由臣所专折奏参，该管长官按照臣所奏定《续拟禁烟章程》第二条请旨交部议处。其由各部院送验人员，查有嗜好未除者，仍咨回原衙门照章办理。”

第四，“五品以下各员，凡请假、出差、丁忧、病故，均在本衙门呈报，由该管长官核实，随时咨明臣所立案。惟请假须有限期，出差确系因公，不得稍涉含混。倘事前未经咨明有案，一经臣所指调，即依限投验，不得临期借故不到，即或患病属实，先未呈报，亦应赴所验明，方允给假。该管长官不得于行文指调后意存偏袒，咨称漏报出差、请假在先。如违此章，由臣所严行参办，以杜规避取巧之弊。”

第五，“出结官处分从前定例太轻，往往有见好同寅，视出结无关轻重，现既加严禁令，出结官未便从宽。拟请嗣后凡查出有嗜好未除者，除将本员奏参革职，永不叙用外，其出结官亦一并议以降一级调用，不准抵销。俟奏旨后由臣所咨行各衙门，自二品以下各员，无论有无嗜好，一律遵照此次奏定章程，重具同乡同寅切结一次，咨送臣所核办。如出结之员确知所保不实，准随时呈明撤结，臣所立即调验，无论查出有无情形，出结官概免议处。”

第六，“调验人员到所往往于衣被内潜带药丸等类，历经臣所搜出奏参在案。然作伪恐难尽悉，斯立法不厌求详。此次拟由臣所设立浴室，制备新衣，凡应调各员到所，无论堂司各官，均令沐浴更换，其随身衣履一概不准服用。倘不遵章更沐，或故为挑剔，任意刁难，即照违旨例奏参。其所带衣物，如查有暗藏违禁药品，无论多寡，均作戒断未净论。”

第七，“调验人员到所后，不准亲属来所省视，亦不得携带仆役及平日所服补益药饵等物，以防弊窦。”

第八，“调验人员到所，无论情形有无可疑，均须住所七日，方准出所。如有可疑形迹，即满七日，仍应展期，以免疏漏而昭详慎。”

第九，“凡已调各员出所后，每届三月，仍须取具印保切结，咨送臣所备查。如无保结，难免无任意复吸情事。应由臣所指名复调，庶人皆知儆，不至视厉禁为具文。”

第十，“调验人员到所，一切食宿起居，俱应遵守臣所原定规则，不得任情自便。倘有不守定章，矜骄使气，及故违以上各条，即由臣所据实纠参，以肃禁令。”

（宣统三年三月二十三日《政治官报》第1246号）

这样，政府形成的三个禁烟查验章程比较系统、比较严厉，对清末禁烟新政中禁止吸大烟，特别是禁止官吸，起到了威慑和督导作用。到1911年4月20日，“京内各衙门咨称：实已断净者四千一百二十六员，陈明断戒者一千二百七十三员，内外奏咨参办戒烟不力，革职休致者二百七十一员，自行呈请开缺者十九员，因戒吸而病故者一百三十六员”[①]。这在当时算不小的成绩了。

禁烟大臣根据上述三种法规文件，对二品以下京外文武百官是不是吸鸦片是怎么查证的呢？主要是实施访闻调验。禁烟大臣的访闻有两种方式，一是亲自查访，“该大臣等职司禁查，责无旁贷，尤当随时查访，严定章程，认真摘发”[②]；二是派员查访，“禁烟大臣派员密查各省督抚司道大员之有烟癖者，查实即弹劾”[③]。

他们还对派到禁烟公所去查验的官员的行为制定了规则。《戒烟所调验人员应守规则》规定：其一，不得携带家人仆役，由所方专派妥人伺应。其二，不需自带食物，饮食由所供给。其三，应在检察员监视下严格执行所内规定的食宿时间。其四，不得携带各种戒烟药品以及吗啡药酒等物。凡有夹带，一经查出，无论多少，即视为断戒未净，应咨回原衙门照章分别参办。其五，不得随意会见亲友，如有急事，须经提调准许后在特设的接待所内会见，并受检察员监视，会见不得超过10分钟。其六，如突患病症，须禀明检察员延医调治，患者可提供

① 《禁烟大臣奏阵办理禁烟情形折由》，《会议政务处全宗档案》第704卷第6350号。

② 《光绪朝东华录》第五册，总第5889页。

③ 《派员密查吸烟之疆吏》，《浙江禁烟官报》第17期，宣统元年五月初六日。

习诊医生名单,但不得以现成丸药、药膏之类随意服贴。如有重病,可保外就医,一俟痊愈,仍须回所。其七,如被确认戒断,三五日后即发给执照,仍咨回原衙门照旧供职。其八,如发给戒断执照出所后复吸者,一经访闻,或别经发觉,应再行到所调验,不得以原发执照藉词搪塞,如有违抗,即从严参办。其九,在所内应遵守检察员规则,如有违犯,视情节轻重,先行分别奏咨参办。(光绪三十四年五月二十六日《政治官报》第236号)

清政府还利用世界各国谴责英国鸦片政策之机,与英国进行了禁烟问题的交涉并向英国驻华使馆递交了照会,要求禁止吗啡及吗啡针贩运来华,1908年3月,中国与英国双方达成禁烟协议,以3年时间为试验期,1911年1月,中英禁烟协定3年试验期限届满,于5月8日正式签订中英《禁烟条约》,其中规定,中国仍按条件每年减少种植罂粟十分之一,英国继续限制印烟输入中国,至1917年全行禁尽。后来,清廷加快了步伐,到1911年1月全面禁止鸦片种植,并全面禁止鸦片进口。

清末禁烟运动,在中国禁毒史上占有重要地位。从清廷发布禁烟谕令开始,在短短的5年里,全国在禁种、禁售、禁贩、禁吸各方面,都收到显著成果。这在客观上为辛亥革命后民国开辟社会新风气铺平了道路。

正所谓:末路当作新起点,得民心者成事多。管理实招在细处,从严治官靠法则。

感言与物议

十年建设一个没有鸦片的干净的国家,清政府曾经的许诺,意不完全在禁毒,还有试图推进新政、肃清腐败、整顿吏治、弘扬社会正气、促进农业种植业结构调整等多方面功能,应该说,策划是有高度的,实践也是有一定效果的。在一个总体而言"有令不行、有禁不止"的治理状态中,能取得这样的成效,实属不易。分析这段历史的启示是:

第一,要想推进一件大事、难事,必须有专人负责,设立专门的机构,配备得力干部抓。清廷派出像陆润庠这样的一批官员,位高权重,廉洁奉公,又有人脉,还有方法,是做出成效的关键。

第二,改革必须有财力支持。当时鸦片税是清政府一项重要的财政来源,而实行禁烟,进口鸦片和土产鸦片每年减去一成,这意味着每年将减少80万两税银，是个巨大的数目。清政府动员力量开辟财源，设法弥补鸦片税锐减造成的财政损失。云贵总督沈秉坤以开滇省矿产，提取巨资；广西巡抚张鸣岐收宰牛税；四川总督赵尔巽抽肉厘；江西巡抚冯如骙将长江出口之米，每石征税 28 分之外，再加收出口税 10 分；等等。这些措施都减轻了清政府的财政压力，成为禁烟运动得以顺利进行的重要保障。

第三，制度必须规定得具体细化。清政府在禁烟问题上连续出了多道“章程”，特别是在陆润庠担任禁烟大臣期间制定的《续拟严定禁烟查验章程十条》，对各级官吏的查验、惩处做了极为详细的规定，才使得执法有了明确的抓手。

第四，改革最终需要人民的力量。清末禁烟运动的动力本源来自民众，清廷严厉的禁烟谕令合乎民心，各地官员虽然心里不想配合，但迫于形势，也要在表面上下些功夫，加上在一些开明士绅的自发组织下的“禁烟联合会”和“去毒会”等民间组织的协同下，清廷走上了一条禁烟之路，而且这条路没有回头路可走。

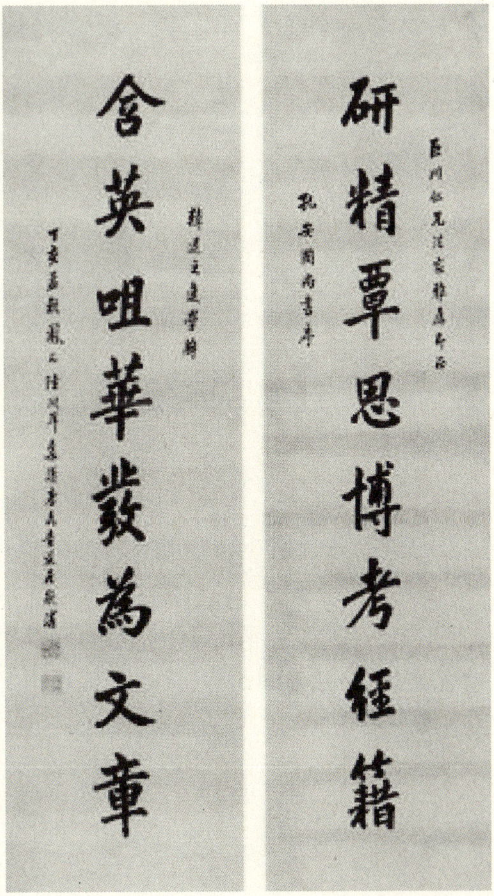

令人哭笑不得的是，从林则徐禁烟到清末禁烟，晚清史以禁烟始、以禁烟终，历史在这里画了个很不完美的句号。虽然禁烟取得了成效，但是政府财政越来越困难，不得不克扣军饷。而清末新政中最重要的一项要务是练新军，其很大一部分军费来自于鸦片税款，以张之洞创办的湖北枪炮厂为例，在 1895—1905 年期间，其经费有 30% 来自于鸦片税，而禁烟令后，来自鸦片税的经费下降为 13%，结果导致原本可以生产出世界最新式枪炮的兵工厂最终难以为继，停滞不前。1910 年 10 月，被派往江宁陆军中学学习的第九镇军官被宣布只发给七成的薪俸时，学员们的情绪表现得十分激愤。1910 年年底，湖北宣布削减新军开销，总数达 56 万两，军人对此表示抗议,有的甚至带着武器离开了军营。1911 年,清廷已无可能足额发放官兵们的薪俸,于是在当年的 5 月宣布各级军官的俸银削减 40%,这无疑是导致新军军官们在辛亥革命爆发后与清廷离心离德的一大原因。后来混战的各大军阀,不少都来自晚清新军将领,他们把中国带入了一个持续战争的年代。

下编

为文　做人

文淂中和品尤贵；
官居清美名亦香。

——陆润庠赠抡卿联

第十五章

好性格简约重廉洁　乐帮忙办事不收钱

赵尔巽是与陆润庠同科参加科举考试的（同治十三年，1874 年），考取进士，1914 年任清史馆总裁，主编《清史稿》，成为“二十六史”之一。《清史稿》中称，陆润庠“性和易，接物无崖岸，虽贵，服用如为诸生时”。“和易”一语出自《礼记・学记》：“道而弗牵则和，强而弗抑则易，开而弗达则思，和易以思，可谓善喻矣。”说平和、平易是最好的教育方式。“无崖岸”就是不站在悬崖上，意为不走极端。“服用如诸生”是说穿的、吃的、用的还与学生时代一样。

一个官员，特别是地位很高的大官，能不能保持廉洁，在很大程度上与其本人的思想性格、工作态度、生活方式有关。陆润庠思想中庸，不走极端，性格平和，坦诚直爽，办事谨慎，务循准绳，待人接物始终像最初的秀才一样，不摆架子，不盛气凌人，虽贵为大臣乃至官拜大学士、宰相，位极人臣，但一生俭朴，衣着如寒士，家用很简朴。这些人格特征和生活方式形成了他从政的思想基础。

三条严厉的家规

根据清末史料记载，陆润庠为官清廉。他曾出任最高监察官——左都御史，在任内曾弹劾大贪官李鸿章，有“铁面御史”之称。一位当时在宫内很有名的太监信修明回忆说，陆润庠曾致函袁世凯，谓“相好多年，袁从不给陆某好处，甚感谢矣”。不给好处，还感谢，是不是觉悟特高？也不一定，给了好处就要办事，就要听命于人，就不自在了，这可能是陆润庠的真实思想。

陆润庠“和易”的廉洁思想与他的祖辈传统教育有关。前文已述，陆润庠的七世祖父陆肯堂也是一位状元，是康熙二十四年（1685 年）的状元。被康熙誉为“天下清官第一”的江苏巡抚张伯行与陆肯堂是好友，陆肯堂去世后，张伯行撰写《翰林侍读陆公肯堂墓表》，对陆肯堂正直高洁的品行予以高度评价。陆肯堂留给后世有三条家规和遗训：一是僧道无缘，二是不吃牛肉，三是不置田产、不置恒业。所谓“僧道无缘”，是因为他认为，读书人信奉孔夫子的儒家之道，信仰要专一，须与佛家、道家撇清关系，他不做佛事，不摆道场，不许和尚、尼姑、道士进门；“不吃牛肉”，是因为他认为，中国作为农业大国，以农为本，而耕牛帮助人们犁地，不应该吃它；“不置田产”最不能让人们理解，封建社会达官贵人哪有发财不购置田产、地产和房产的，陆肯堂的这个想法和要求是非常奇特的，他的后人分析，是陆肯堂认为“普天之下，莫非王土”，买田就是跟皇帝争利，是一件很危险的事情。其实这一解释很牵强，真实思想可能是陆肯堂不愿意与贪官污吏同流合污，而一旦大量购置田产，势必容易导致私欲膨胀，与百姓争利。陆肯堂仅在苏州阊门崇真宫桥下塘购置了一套房子，分东宅、中宅和西宅，整个大家庭都住在一起。陆润庠谨记祖上陆肯堂的遗训，不置田产和房产，即使在他担任工部尚书主管全国的工业时，也仍然没有购置地产和房产，住的还是祖上陆肯堂留下来的旧居，几代人、几大家子人住在一起。陆肯堂、陆润庠之后的几代人，也都严格遵守遗训。

顺便交代一下陆家在苏州的祖居，其地点是在阊门内下塘街 10 号。苏州有多条小街道名字叫“下塘街”，下塘的含义是街巷依河而建，这与苏州是水乡有关，很多地方是“两街夹一河”，这河之侧的街，不少都被称作“上塘街”和“下塘街”，就像旧时苏州人家门口贴着的上联和下联，“门前大路通南北，路边小店卖东西”。苏州的“上塘街”和“下塘街”是怎么区分的？有三个依据：一是根据重要性，上塘往往是主街，店铺林立、街市热闹；下塘一般为次街，民居住家、简单宁静。二是根据河流的上下游，上游的一般叫“上塘街”，下游的一般叫“下塘街”。三是根据地处城门内还是外，一般来说城门外的叫“上塘街”，城门内的叫“下塘街”，如：阊门内下塘街、齐门内下塘街、娄门外下塘街；带城桥下塘、落瓜桥下塘、渡僧桥下塘、顾亭桥下塘、迎枫桥下塘、望星桥下塘、中市桥下塘、甫桥下塘；等等。陆家的祖居就在阊门内下塘街。

选择居住在下塘街，就是选择了“低调”。

2014年仲春的一天，我费了很大的周折找到了这个地方。下塘街上那些人家，大都是屋檐低矮、门户冷落、粉墙斑驳，居住的大都是蹒跚老人、外地民工。走在下塘，有一种苍凉和落败的感觉，只有河中打捞树叶和杂物的环卫用的木船驶来，带进点滴生机——下塘街是都市的冷点。我听到街上老人们在絮叨陈年往事，在讨论子女们什么时候来看望他们，或许这些话题他们翻来覆去地说了无数次了。令我想象不到的是，名为“阊门内”，其实离阊门很远，我足足走了二十分钟，从门牌号码看才接近“下塘街10号”。这里突然出现了一片很开阔的地方，一看是“泰伯庙”。庙的前方是一个不大的广场，全部用石板铺地，广场南面有一座“泰伯庙桥”；广场北有一座古老的石牌坊“至德坊”，牌坊后面就是“泰伯庙”。泰伯是吴地始祖，是我国江南吴文化的奠基人。“泰伯庙”就是历代后人为祭祀祖先泰伯而建造的宗庙祠堂，所以它不同于一般的宗教寺庙，而是苏州人、无锡人的祖庙。

过了“泰伯庙”不远，就到了陆家的祖居。大门三尺左右宽，没有任何装饰，根本不属于那种高门大院，连石库门都没有。门楣的右上方有一块黄颜色的牌子，上面写着“控制保护建筑，陆肯堂、陆润庠故居，苏州市文物委员会立”，并有这两位陆氏先人的简介。走进故居的大门，是一条深深的、幽暗的长廊，可以估计其规模颇宏大，长廊两侧有十几个“漏窗”，俗称花墙头、花墙洞、漏花窗、花窗，是一种满格的装饰性透空窗，每一个窗的镂空图案都是不同的。长廊左右两边都被分隔成很多间房子，约有房屋七进，最后一进是走马楼，环围周匝，构建精致。如今在这里居住的有100多户人家，由于住家多，又缺乏管理，故居已经破败不堪。从有限的几户开着门的人家能看到一些陆氏先人的残迹，在一处门厅的牌楼上，还能清晰地看出陆润庠的笔迹。总体感觉是，这个地方藏龙卧虎，这里的人荣辱不惊，你和他们交谈，都如同乡邻一样的自然。有一个好消息是，根据2013年3月26日《苏州日报》报道，“作为第二批苏州古宅保护修缮工程之一的陆润庠故居，正式在规划局网站上公布，修缮面积2569平方米”。

这段访察结束时，我走出陆家老宅，出了下塘街，往南走二十米，就进入了苏州的一条主干道——东中市，再往东不到一华里，便是苏州贯通南北的中轴路——人民路，而这与市中心近在咫尺。这说明什么？说明陆家的祖居既像是在偏远的小巷子，又实际上是在市中心；既低调，又实惠。

不去实地看看，根本无法想象一个清代的状元府本身，会蕴涵那么多的人文和行政文化啊!

帮了忙不收钱

陆润庠遇到的最多的事是来自各方面(包括亲戚、熟人、朋友、同僚)的请求帮助的事情,我们来看看他是怎么处理的。

梁启超在1910年逃亡日本期间求陆润庠办事,他请朋友麦孟华找到了陆润庠,陆润庠很负责地办了事,还告诉麦孟华,过几天他会去问结果。麦孟华要给陆润庠一万银圆作为酬谢,陆润庠当时没有坚决拒绝,事后给麦退了回去。(丁任江、赵丰田:《梁任公先生年谱长编》,中华书局,2010年出版,第270页)陆润庠采取的方法是,事没办成前,先收下礼,不收的话,人家心里不托底,怕不给办,在事情办成之后再坚决退回。清同治晚期,苏州有位"仕而商"者名叫唐芝田,在万年桥大街首创"唐隆泰皮蛋作",规模不小,全苏州的正式皮蛋作坊仅此一家,一开张就引起了轰动效应。唐隆泰皮蛋作在外墙上白底浓墨大书"进贡陈年松花彩蛋发客",以示商誉,以广招顾客。唐隆泰的产品入选为贡品,并非虚言;店主是应承当地官府进贡的需要而特设这个皮蛋作的。苏州官府怎么能把这个产品打进中南海呢? 因为主人唐芝田曾与陆润庠是紫阳书院的同窗好友,加之该作坊选料讲究,坯蛋个儿特大,六只满一斤者方合规格,制作技术也有独到之处,蛋白透明似镜,遍布"松花",蛋黄如流碧,爽口不腻。陆润庠喜欢用唐芝田做的皮蛋煮粥喝,一次无意中给朝廷管后勤的人听到了,就推荐这种皮蛋进入了宫中。[①] 陆润庠每次回苏州,唐芝田都要对陆润庠说感谢,陆润庠说:"给我一碗皮蛋粥喝,就很好了。"

① 《杂记·地方掌故》,见苏州市原沧浪区人民政府网站。

不能帮的忙婉转推辞

不能帮的事绝对不帮，但拒绝的言辞要委婉。陆润庠与盛宣怀[1]曾经同时办工厂，两人关系很好。陆润庠担任吏部尚书时，盛宣怀遇到一件事，请陆帮忙，陆没有帮。什么事？

张謇在南通办工厂缺钱，盛宣怀答应为张謇筹资25万两作为股份。但是当张謇的大生纱厂动工后，资金告急，盛宣怀答应的钱却迟迟不到位，盛本人对此不是默不作声，就是百般躲闪，屡催不应。张謇写信给陆润庠，求他出面帮忙催款，陆润庠回信说，估计盛宣怀有难处，要张謇自己想办法。盛宣怀则被张謇追得没法子，写信给陆润庠，希望能从吏部的“小金库”里借点钱给他，他再给张謇。陆润庠心想，你盛宣怀答应的事情自己不办，还来找我，真是岂有此理，便回信故意搪塞，说，钱的事不归我们吏部管，要找掌管财政事务的机构“度支部”。

张謇可惨了，到上海招股没有收获，甚至连回通州的旅费都没有了。无奈之下，只得在报纸上刊登广告，在四马路卖字三天，赚取旅费。张謇在笔记中写道——那些市侩油滑的小人官吏对他冷嘲热讽，阴阳怪调，而他听着诽谤之词也不敢辩驳，蒙受侮辱也不能作色。他在给刘坤一的信中写道：“三载以来，謇之所以忍侮蒙讥，伍生平不伍之人，道生平不道之事，舌瘁而笔凋，昼惭而夜模者，不知凡几。”“若不是经商，我一辈子不会和某些人来往；若不是经商，我一辈子不会说某些我不屑于说的话。”后来，张謇一直不能忘怀大生纱厂最初创建时的艰苦，特地请人绘制了四幅“厂儆图”，暗指创厂时遇到的事件，挂在厂内公事厅东西两侧。第一幅是“鹤芝变相”图，寓指潘鹤琴、郭茂芝在关键时刻退股作难。第二幅是“桂杏空心”图，指的就是盛宣怀（号杏荪）和桂嵩庆食言而肥，拒付资金。第三幅是“水草藏毒”图，指的是南通知州汪树堂因不满刘坤一将地方公款拨给大生纱厂，煽动乡绅秀才发难。第四幅是“幼子垂涎”图，指的是大生

---

[1] 盛宣怀（1844—1916年），字杏荪，又字幼勖、荇生、杏生，号次沂，又号补楼，常州人，出生于江苏常州官宦家庭，是洋务运动中的一个重要人物。据2008年11月25日《东方早报》报道，1913年1月孙中山致函盛宣怀，对盛宣怀热心公益表示钦佩，称国民党遇到财政困难，希望盛宣怀设法借款助其渡难关。盛宣怀的复函是，其本人也“债台高筑，有欠无存”。盛宣怀自1870年入李鸿章幕僚后，事无巨细记录自己的生活、工作，从未间断，他几乎将所有日记、文稿、信札、账册以及来信、来电、来文等都保存下来，计17.8万件，1亿多字。

纱厂即将投产而资金匮乏时，浙江候补道朱幼鸿、盐务督销严筱舫企图乘人之危，低价盘下大生纱厂产权。

在陆润庠看来，盛宣怀确实是不够意思，“忽悠”了张謇，而张謇也存在着看人不准的问题，所以，陆润庠认为谁都不能帮。

在翻阅陆润庠与他人交往的信件时，我看到不少类似的内容，大致都是婉转地告诉别人：我帮不上忙，可以找什么部门、什么人来帮你。这样，既堵住了一条路，又指出了一条路。

靠制度保廉洁

陆润庠对当时官场存在的腐败问题了熟于胸。他对腐败深恶痛绝。对于一些地方大员常常利用举办政府工程需要筹集资金之机中饱私囊的现象，他专门向清政府写奏折痛批“借筹款之名，鱼肉乡里”，建议严加管理。卖官鬻爵始于明朝，曾为清朝早期的统治者广泛采用，被称作“捐纳”，到 19 世纪初有较大收缩，到了晚清又很盛行。1860 年以后，通过捐纳途径取得四品到七品地方官的人数已经超过通过科举的正常途径得官的人数。（参见李国祁、周天生、许弘义：《中国地方志研究——清代基层地方官人事嬗递现象之量化分析》，中国台北，“行政院国家科学发展委员会”，1975 年出版，第 206—347 页）

陆润庠对买官卖官现象感到十分忧虑，希望通过建立严格的考试制度解决捐纳制度和官员素质低下问题。他在上疏清廷的文 书中说：“捐纳先例一开，仕途良莠混杂。有些官员学识浅陋。请制定道府以下考试章程，考试不及格者不差遣官职，设立仕学官教习之。”清廷于 1901 年 9 月下决心将捐纳制度永远废止。

该从制度上解决的问题，要立足改制。该保的官员待遇要确保，以薪养廉。陆润庠能做到始终廉洁，除了他的追求比较高尚外，还得益于他长期享受到的高官厚禄。他不仅自己廉洁，还要求部下也要做到廉洁，同时，对部下的生活也给予关心。1900 年清政府退出北京后，有的官员没有及时领到俸禄，他得知情况后立即向上反映：“陆润庠奏，上年七月二十日以后，曾经在京画到，嗣赴行在各员，闻留京各署，仍行开缺扣资等语，前经降旨，上年夏闲告假之实缺候补各员，销假后免其停补扣资，本系一体加恩，岂有七月二十日以后告假及赴行在各员，反仍停补扣资之理。着吏部钦遵前旨。无论七月二十日以前以后。均一律

办理。勿稍误会。”(《清德宗实录·卷八十一》,中华书局,1986年影印)

以身作则

陆润庠没有官架子,到哪里任职都能与部下打成一片,这使他很容易从部下那里得到信息,工作起来事半功倍,游刃有余。与部下打成一片,但对他们一定要严加管教。陆润庠坚持这一条。他知道,要正人,先正己。他对自己提出了凡事都讲廉洁为先的要求,每到一个新的岗位,都要先讲自己的做官和做人的原则,预防部下送礼给他。这种有言在先的做法很有效果,部下对他既敬重又敬畏。

他在担任吏部尚书这一重要职位期间,跑官要官的人自然极多,包括内部的同仁,都想通过“送”,使自己快点“进步”,但在他凡事都讲廉洁为先的要求面前只得止步。吏部下面有个文选司①,有个员外郎(相当于副司级官员)叫胡潜,与陆润庠关系相当好,常常在一起聊政务事务。一段时间以来,他们聊的话题是,清代以来,满汉之间一直存在的差别化管理,即歧视汉人的政策,被称作“满汉畛域”。这些政策在清朝前期,由于大家都对满族人的军事力量感到惧怕,认为“满汉畛域”是天经地义的。但到了晚清,由于时局动荡不安、内忧外患等原因,特别是革命党常常拿这件事“说事”,“满汉畛域”这一政策已经不可能实行下去了,清廷不得不对此进行改革,实行“化除满汉畛域”的政策。光绪三十三年(1908年)七月初二,清廷下了一个上谕,要求各地官员上书,对如何“化除满汉畛域”提出建议。

> 际兹时事多艰,凡我臣民方宜各切忧危,同心挽救,岂可犹存成见,自相分扰,不思联为一气,共保安全。现在满汉畛域应如何全行化除,着内外各衙门各抒所见,将切实办法妥议具奏,即于施行。

---

① 文选司全称是文选清吏司,是明清时期吏部下设的机构。该司的职能是掌考文职官员的品级确定与其选补升调之事,以及颁发月选政令。该司的职官有郎中7人(满4人,蒙1人,汉2人),员外郎6人(满、汉各3人),主事5人(满2人,汉3人),笔帖式若干人,经承31人。该司下设求贤科(承办官员注册,进士、举人拣选等)、开设科(承办应补官员的注册、验看、分发、引见等)、升调科(承办各项议叙,各官添铸更换印信)、册库(承办存储京外各员履历官册)、题稿房(承办大学士以下翰詹等官升补,查核考试中书、御史)、笔帖式科(承办京外各衙门笔帖式及各旗印务笔帖式照咨补放、铨选笔帖式各缺)。

陆润庠和胡潜都有很多想法，他们早就不满这个政策了。聊了几天后，陆润庠对胡潜说，你赶紧写个东西，梳理一下咱们这几天谈的内容，系统化一下，我可以上个奏折，并以你的名义报上去，这也是你的政绩啊！胡潜高兴得不行，但表面上还要客气一番，说：我当然可以执笔写，但署名可不能写我啊，明明都是您的见地，怎么能让我偷天之功归为已有呢？陆润庠诚恳地说：你这不也好几年没动窝了吗，难道你不想上个官阶？胡潜心存感念，当天加班一昼夜，写了“陈化除满汉畛域八条折呈”。其中指出，旗人的生活艰难，“本朝入关定鼎三百年，京师、驻防八旗，生齿日日繁，不下数百万人，京旗钱粮折而又折，减而又减，大半不能糊口，驻防钱粮本有定额，约而计之，有钱粮者十人中一人耳”。八旗兵在入关之初战斗力很强，但是经历了200多年的养尊处优，已经没有什么战斗力了，这是当初清朝的统治者万万没有想到的。胡潜接着写：“乃承平既久，人不知兵，器械窳败，已不堪用，虽岁糜巨款，以养成骄惰之姿，殊失本意。”据满族贵族子弟张廷栋所述：“我是在旗营生长的，我所看到的旗营，只是养着一群好吃懒做的寄生阶层，一点防营的军事气息也没有了。”“旗人中上至王公贵族，下至兵丁走卒，老弱妇孺，不抽鸦片者绝对没有。”八旗兵已经起不到维护清王朝统治的作用，反而成为清政府的负担，因此继续保持旗丁已经没有必要。“就旗丁言之，则病在食艰。夫岁费千万之金钞，而转令荷戈擐甲之俦，不得一饱，且授簧鼓者以口实焉，夫何取者。则穷而思通，裁撤旗丁使之各谋生计外，盖别无他术矣。”所以，胡潜提出，把裁撤旗丁作为“化除满汉畛域”的切入点，同时，提出“废除满人一切特权”“满汉一法”“法律面前满汉人人平等”等主张。他写好后第二天交给陆润庠，正好赶上这天陆润庠面见慈禧，陆就把这个折子呈了上去。陆润庠在奏折上写：“臣部文选司员外郎胡潜呈称《满汉畛域全行化除》，敬陈管见，呈请代奏。臣等公同阅看，呈内尚无违碍字样，未使壅于上闻，谨将该司员原呈一件缮折代奏。”事后，还没等胡潜说话，陆润庠就先说了话：“不要谢我，要谢就谢太后和皇上。”胡潜自然不好再客气。

书法不卖钱

陆润庠能成为清官，其中有一个小小的“原因”，或者说是一个“结果”，就是将大把大把的业余时间用在了书法上，而不是用在了应酬，去结识那些乱七八糟的人，帮那些帮不完的忙。安安静静地自己一个人写字，是重要的养心之术、养廉之术。

陆润庠是晚清时期最优秀的书法家之一，人称“三绝”（另两位是翁同龢、刘春霖），在京师享有盛名，来向他求书的人络绎不绝，并有人带来重礼，但他不收“润笔费”。他的父亲陆懋修是著名医生，医术高明，在上海、苏州一带很有影响，出版过《内经运气病释》等专著，陆润庠本人也比较精通中医，曾经负责管理清政府医局。据光绪三十二年（1906 年）的清宫脉案档案记载，慈禧和光绪身患重病，陆润庠为慈禧太后请脉处方，还敦促各地保荐医生来京为帝后治病，陆润庠开的处方慈禧服后效果都很好。陆润庠的医术佳话传播后，找他看病的人不少，但他从不收钱。

思想上淡然，行动就稳当。陆润庠“和易”的廉洁思想是与崇尚清静的生活方式相互渗透的。他曾自警：“欲除后悔先修已，各有因缘莫羡人。”清代著名散文家姚鼐认为：陆润庠“修己立德，又十足以践行其所言”。（姚鼐：《惜抱轩文集》卷 6《复蒋松如书》，刘季高标校：《惜抱轩诗文集》，上海古籍出版社，1992 年出版，第 95 页）陆润庠的后辈曾这样评价过陆润庠：“什么大官都做过，但什么大事都没有办。”可不是吗？不当贪官，子女、后辈便没“好处”。从我们找到的资料看，陆润庠的后人都不富裕，但他们并不穷，思想上富有，身体上健康。我的中学老师陆晋年过九旬，依然十分健康，每天还能与师母一起到拙政园里去转悠一圈。上海知名集邮家屠松鉴先生，其外公之父是陆润庠，其母以“正直善良，勤奋好学”要求屠松鉴，屠老将其作为为人处世的座右铭。屠松鉴享年 102 岁，2013 年无疾仙逝。在他 96 岁接受记者采访时说，自己身板硬朗，精神矍铄，耳聪目明，步履如常，思路清晰，中气十足，完全得益于书香门第的严格家教，“心态平和才能长寿”。①

陆润庠写的《百字铭》，体现他心静寡欲、修己立德的思想，谨慎宽宏、温柔止直、守拙抱朴、本分做人的主张，以及不强暴、不刁唆、邻里和睦、说话和谐的希冀，既是他一生沉浮宦海身世体验的升华，也是对“修德养寿”这一中国传统养生思想的阐发，有一定的警醒意义。陆润庠将此作为自己的座右铭：

---

① 朱亚夫：《长寿不神秘，九成靠自己》，《健康生活》，2007 年第 8 期。

欲寡精神爽，思多血气衰。
少怀不乱性，忍气免伤财。
贵自辛勤得，富从俭约来。
温和终有益，强暴必招灾。
正直真君子，刁唆是祸胎。
养寿须修德，欺心枉吃斋。
衙门休出入，乡党要和谐。
暗中休放箭，巧处藏些呆。
安分身无辱，防非口莫开。
世人依此语，灾退福星回。

陆润庠为政廉洁的事迹，在当时的朝廷和社会上是闻名的。这对于像他这样的地位很高，经常处理各种大事，极为容易卷入矛盾旋涡的人来说，无异于是一帖"护身符"。《民国人物传》中记载了陆润庠一次主持湖南的考试，任副考官时，发生泄露考题的事件，"言官欲劾之，以陆为人和易而止"，就是说，在陆润庠遭人举报、被御史弹劾后，由于他平时为人正派、和易而没有被追究。

正所谓：清风两袖朝天去，不带江南一寸棉。惭愧士民相饯送，马前洒泪注如泉。（明：况钟《拒礼诗》）

感言与物议

在我国传统廉政文化中，对当官者、掌权者乃至执政者，评论、评价、看待、定性这个人是否是清廉，一般都把廉正、廉洁、勤政、廉政作为标准来定位。所以，在古代对清官会有诸如"循吏""良吏""廉吏"等称谓。

中国是世界上最早建立官僚机构的国家，从司马迁的《史记》开始，就出现了对官僚的类型化评价，"清官"是一类，是属于最高标准的类别。历朝历代，不乏清官名垂后世。唐初名臣房玄龄的父亲房彦谦，虽一生为官，却俭朴一生，家无积存。《隋书》说他"自少及长，一言一行，未尝涉私，虽致屡空，怡然自得"，并载有他的家训"人皆因禄富，我独以官贫，所遗子孙，在于清白耳"。房玄龄遵循父亲的家训，尽管后来位高权大，依然洁勤慎独，从不恃权贪功，也是俭朴一生，以清白传世，成为一代名臣。《宋史》中有一段记载：宋朝宰相范质有一次生病，宋太祖赵匡胤前去探望，看到他用的是破旧家具，睡的是硬板床，床上铺的是旧棉絮，茶具也是粗瓷杯盘，回来后便派人送去了雕花大床、鸭绒被和精美茶具。不久，赵匡胤再去范家时，看到他睡的仍旧是硬板床，用的仍旧是粗瓷茶具，便疑惑不解地问："爱卿身为宰相，何必跟自己过不去呢？"范质拱手回答："陛下给我的俸禄，岂能置办不起好家具？只是臣以为为官应以奢为耻，倘若我奢侈豪华，那么我下面的官吏将会一一效仿，这样岂不坏了朝野之风气，成为千古罪人！"司马光，官至尚节左仆射兼门下侍郎，却奉行"众人皆以奢靡为荣，吾心独以俭朴为美"的生活。司马光的祖父司马炫、父亲司马池和司马光自己，三代都是进士，都做高官，却都朴素。司马光继承祖上遗训，生活十分节俭，勤廉自守，终其一生。文学家苏轼说司马光："于财利纷华，如恶恶臭。""清直仁厚闻于天下，号称一时名臣。"司马光自己平生不事聚敛钱财，官拜宰相，位极人臣，弥留之际依然想着朝廷政事，他清白传家，死后屋子里"床箦萧然"，枕边只有《役书》一卷。

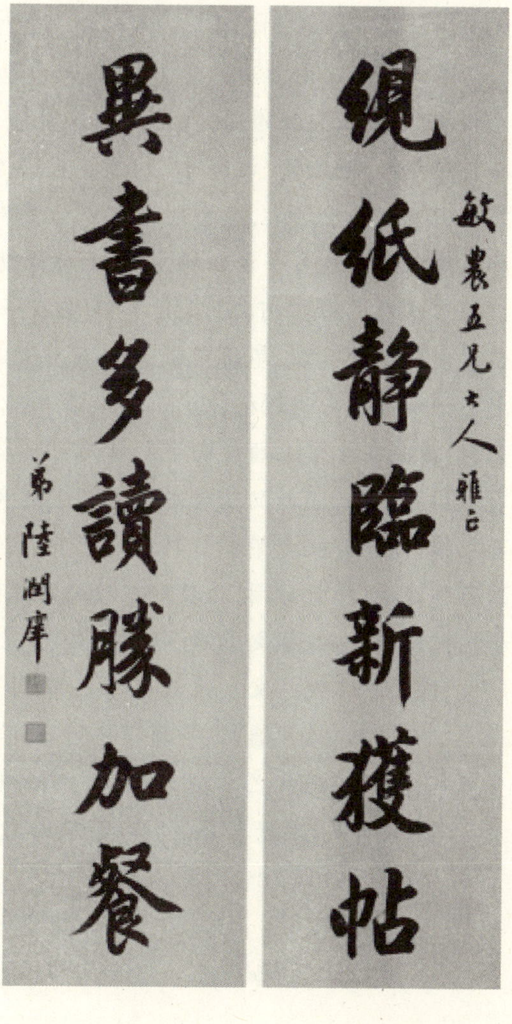

陆润庠为什么能做一个清官？

首先是俭朴当美德。在廉政文化中，古代对清官评价不可缺少的一条是讲俭朴、不腐化，永葆节简、纯朴、节衣缩食的本色。

其次是做官严律己。中华廉政文化把做官严格要求自己，不搞特殊化，做到以百姓之心为心，以百姓之格做人，作为一条信条、铁律去自觉践行，从而保证了清官的底线、底气、底蕴。

第三是家风廉为上。家风廉洁是官员廉政的根基，是从政廉政的保证。当官者，家风不廉，就谈不上官位廉政。要正社会、民风、政风，首先要正家风。立家要以廉为上、廉为重、廉为本。中国古代廉吏无不注重诫妻教子，共守清白。其中，以诗为体以言志的，不在少数。唐代大诗人白居易，职任左拾遗。诗人新婚不久，即写下《赠内》一诗，与妻共勉。诗中引用四个"贫贱不能移"的爱情故事，希望夫妻朴素一生，清白传世。诗中写道："蔬菜足充饥，何必膏粱珍。缯絮足御寒，何必锦绣文。君家有贻训，清白遗子孙。""庶保贫与素，偕老同欣欣。"元代进士吕思诚，官至中书左丞，在外做官，家中却一贫如洗。他有一首《寄内》诗："自从马上苦思卿，一个穷家两手擎。少米无柴休懊恼，大男小女好看成。恩深夫妇情何极，道合君臣义更明。早晚太平遂归计，连环共饮话离情。"无独有偶，明代进士张弼，曾任知府，律己爱民，治绩甚著。他的《寄内》诗是这样写的："四儿六岁五儿三，莫把肥甘习口馋。清白传家无我愧，诗书事业要人担。三餐淡饭何须酒，一箸黄虀略用盐。闻说有人曾饿死，算来原不为官廉。"

第四是拒贿讲方法。要当清官并不是一件很容易的事，必须能够拒贿、善于拒贿，这是一门必修课，也是考验官员能不能保持廉洁的"主课"。凡清官都有拒贿之术，他们的"拒贿术"对我们无不启发，是我们借鉴的一门艺术。北宋宰相王安石善于诗文，某个地方官以为他肯定喜爱"文房四宝"。为投其所好，那人给王安石送去一方名砚，并当面对他说："这方砚少有！"王安石问："好在哪里呢？"那人答曰："呵之可得水！"王安石一口拒绝，笑吟道："纵得一担水，又能值几何！"对方见状，不得不带着砚石羞愧地溜之大吉。明朝永乐年间，监察御史吴讷奉命赴贵州巡视，返京途中，贵州地方当局派人追送百两黄金。吴讷不启封，挥毫在礼盒上题诗回绝。诗曰："萧萧行李向东还，要过前途最险滩。若有赃私并土物，任教沉在碧波间。"言下之意，即使你勉强塞给我了，到前边我也要扔掉，绝不会收受带回。持金者无奈，终于悻悻而返。清代张伯行在福建和江苏任巡抚、总督时，极力反对以馈赠之名行贿赂之实，并写过一篇禁止馈送的檄文："一丝一粒，我之名节；一厘一毫，民之脂膏。宽一分，民受赐不止一分；取一文，我为人不值一文。谁云交际之事，廉耻实伤；倘非不义之财，此物何来？"此文言简意赅，浩气凛然，表现了他对拒礼拒贿的深刻认识。这种拒贿之举，堂堂正气，使行贿送礼之辈望而却步。张伯行正是凭借着这种坚定的为官立场，成了"清廉刚直，政绩卓著"的楷模，从而彪炳史册。

夏时周礼守前典；
汉璧秦瓯馀古香。

——陆润庠手书联

第十六章

讲规矩书法得真传　馆阁风堪称又一绝

陆润庠是晚清时期最为优秀的书法家之一。陆润庠在书法艺术上的造诣以及书写的内容，由于广为流传，在当时及他身后对世人的实际影响甚至超过了他在政坛的所为、所思。陆润庠的书法，从艺术传承与创新的意义上来说，马宗霍[①]在《书林藻鉴》中认为他的楷书是"清华朗润，略近欧、虞，然馆阁气重，干禄之书耳"，行书对联是"端庄妍美，内含筋骨，得欧、虞、赵笔意"[②]。

传承与创新

在我们这些非专业者看来，陆润庠的书法有严缜坚厚、方正光洁、苍劲有度、一丝不苟、中规中矩的风格，透露出他在地覆天翻的历史转折时期希冀保持定力，以实现官僚文人在躁动的现实生活中一份短暂的超脱，表达出对西方船坚炮利的种种无奈与些许抗争，也饱含了他行圆思方，不愿意与腐败势力正面

① 马宗霍(1897—1976 年)，湖南省衡阳县人。湖南南路师范学堂毕业。历任暨南大学、金陵女子大学、上海中国公学、中央大学等校教授，湖南国立师范学院国文系教授、系主任，湖南大学文学院院长、湖南师范学院(今湖南师范大学)中文系教授、中央文史馆馆员、中华书局编审。主持二十四史点校工作。以研究文字学为其主攻方向，潜心《说文解字》二十余年，著有《音韵学通论》《文字学发凡》《中国经学史》等。善书法，并自成一体。

② 转引自谷鸿:《陆润庠书法鉴赏》,《秘书》,2008 年第 5 期。

冲突但又不与之同流合污的为官之道。

陆润庠不仅写对联等正规的作品，而且还专门为练习书法的人写了字帖。他想到，学生习字用的字帖多为庙碑、亭记、墓志、山铭、经文之类，但学生只能学其字，却不解其意。陆润庠为之着想，选通俗易懂之文入帖，让学生在习书的同时亦能欣赏文章，一举两得。他利用业余时间写了一本《西湖风景记》字帖，该文原系明代袁宏道所作，原来的文题为《晚游六桥待月记》，陆略加改动，使之更通俗。另一本字帖是《读书乐》，是陆根据宋代朱熹的《四时读书乐》改写而成，全文一百四十字，讲春夏秋冬读书之专、之苦、之乐，对今天的习字者也不无启发，全文如下：

读书之乐乐何如？绿满窗前草不除。
修竹压檐桑四围，小斋幽敞明朱晖。
昼长吟罢蝉鸣树，夜深烬落萤入帏。
北窗高卧羲皇侣，只因素谂读书趣。
读书之乐乐无穷，瑶琴一曲业薰风。
昨夜前庭叶有声，篱豆花开蟋蟀鸣。
不觉商意满林薄，萧然万籁涵虚清。
近床赖有短檠在，对此读书功更倍。
读书之乐乐陶陶，起弄明月霜天高。
木落水尽千岩枯，迥然吾亦见真吾。

（黄孟弟：《陆状元和他的两本字帖》，2014 年 2 月 22 日《新民晚报》）

陆润庠与书法艺术的渊源可以追溯到他的祖上。唐朝宰相陆贽是陆润庠的先祖，陆贽曾对“治”和“乱”的关系做过深刻的分析，对人才培养有独到见解，流传至今脍炙人口的名言很多，如“多难而兴邦”“求才贵广，考课贵精”“得众则得国，失众则失国”等。曾国藩对陆贽推崇有加，将陆贽与诸葛亮相提并论，认为汉唐以来首选的圣哲就是此二人。陆贽和诸葛亮都是写奏议的高手，陆贽善于“事多疑之主，驭难驯之将”①。陆氏家族从陆贽到陆肯堂再到陆润庠，系三代状元的名门望族，陆氏家族深厚的文化积累造就了陆润庠渊博的学

① 匡亚明主编、梁绍辉著：《中国思想家评传丛书 · 曾国藩评传》，南京大学出版社，2006 年出版，第 517 页。

识，他在文学、史学、哲学方面都有很高的造诣，其书法艺术尤令人称道。陆润庠幼年即习书，初习晋代王羲之的名帖《圣教序》，后来几乎遍习汉魏及唐、宋诸家，逐渐形成了自己的风格。在全国很多地方都留有他的墨迹，北京的故宫、颐和园，苏州的留园、拙政园、狮子林、网师园中他题写的书法对联最多。北京师范大学的“会贤堂”，名扬中外的北京“荣宝斋”“韵古斋”“庆云堂”均为其书写。特别是荣宝斋的匾额，先后曾由陆润庠、郭沫若、齐白石、沙孟海、何香凝、李济深、徐悲鸿、沈钧儒、朱屺瞻、启功题写，有人说，后来者的题写都没有超过陆润庠的水平。故宫中有一面墙上刻有清朝三位状元翁同龢、陆润庠、刘春霖的题墨，人称“三绝”。当时以及后来很多文人是从临摹陆润庠的字开始步入书法艺术和国学殿堂的，周作人在散文中提到小时候练字就是用的陆润庠字帖。从某种意义上来说，陆润庠的书法以及书写的内容，成为他给当时及身后世人的最大政治、文化遗产，其影响甚至超过了他在政坛的所作所为，人们在欣赏他书法的同时不经意地接受了他的政治和行政思想。因此，我们研究陆润庠的行政思想不能不研究其书法。

从治理的角度看书法

从治理国家的角度研究陆润庠的书法，透过其作品的意义、趣味和格调，可概括“功夫既在书内又在书外”的几个特点：

严缜坚厚。陆润庠对书法创作始终抱着严谨缜密、一丝不苟的态度，每一幅作品都认真仔细，显现出他在地覆天翻的历史转折时期特有的宁静和定力，这一方面说明他与革命时代的政治环境格格不入，另一方面也透露出他与一些有着浮躁心态的投机者具有鲜明的区别。他以诗人的方式来诠释政治，得意时不大喜、失意时会化解，在书法艺术中获取官僚文人的一份短暂的宁静和特殊的享受，用炉火纯青的“铁笔银钩”表达对西方船坚炮利的种种无奈与些许抗争。

中规中矩。陆润庠的书法从形式美上表达的特点，最抢眼的就是方正光洁、苍劲有度、字势雄强，以及在中规中矩基础上产生的奔放气势和深远意境。他的每一字和每一笔都讲求有依据、有出处，这与他在官场上坚持原则、循规蹈矩、谨小慎微是一致的，但也同时蕴含了“螺蛳壳里做道场”、在潜规则盛行之时坚持自己主张的境界，这应该是他的行政追求。

讲究适度。书法界对他的书法最多的评价是“意近欧、虞”，即有欧阳询、虞世南书法的风范和特色，布局精心、匀圆丰满、平稳舒缓，充满了清新朗润、婉丽劲健的情趣和韵味。陆润庠从科举中来，足享高官45年，形成了相当成熟的馆阁作风，养成了讲究中庸的处世哲学和办事有始有终、前后呼应、内外兼顾的习惯。这些都是与书法、与书其政事、与书其人生相辅相成的。

千姿百态。陆润庠的书法寓丰富于平常之中，儒雅而不失鲜活，指腕灵动，笔笔送到，透出一股婉丽颈健、庄妍流美的灵动之气，这与他在呆板的官场中自寻乐趣、意态潇洒地处理毫无生气的文牍有着紧密的关系。他书写的一副对联："读书取正，读易取变，读骚取幽，读庄取达，读汉文取坚，最有味卷中岁月；与菊同野，与梅同疏，与莲同洁，与兰同芳，与海棠同韵，定自称花里神仙。"行云流水的运笔，平稳舒缓的格局，内容与形式珠联璧合，准确表达了他在施政中善于应对不同场景运用不同手段，在治理中学习治理的思想。

思方行圆。孔子春游，感慨于水，遇方则方、遇圆则圆，不禁叹曰："斯善矣！"陆润庠的楷书体现了"没有规矩，不成方圆"，笔圆体方，柔中带刚，外柔内刚，没有雕饰之火气，却有锋芒内敛之含蓄，堪称思方行圆的典范。想得缜密、周全、合理，雷厉风行，这叫思方；在行动上，见机行事，委婉通达，善于变通，不紧不慢，这叫行圆。这深刻表达了他思方行圆的行政思想，即既有原则性又不失灵活性的为官之道。

怀负梦想。陆润庠晚年最后写的一副对联是："杜老乾坤谢公山水，右军翰墨吏部文章"，洒金笺纸，纵203厘米，横46厘米。这是陆氏把人生、书品、人品熔于一炉的集大成者，我们仿佛可以从中看到中国近代史与古代史在这里百感交集，看到睿智、远见与自信在这里蒸腾升华。这副对联写得很特别，不用动词，没有形容词、虚词和副词，完全以名词和实词组合，对仗工稳，含义深邃。八个名词，写出了四位著名的历史人物及其评价。"杜老"，是唐朝诗圣杜甫；"谢公"，是晋朝诗人谢灵运；"右军"，是书圣王羲之；"吏部"，是位列唐宋八大家之首的韩愈，任过吏部侍郎。此对联的品位高就高在妙语连珠、一语双关。仔细读来思往，这副对联究竟要花费作者多少时间推敲啊，恐怕是穷毕生而写就。里面既有陆氏本人隐约的身形，显现其相当的豪迈之气，又于字里行间表达了他的彷徨和期待，尤其是对中国重现历史上文化鼎盛、人和吏治的大好时期的神往。

陆润庠写的书法作品很多，绝大多数都是送给朋友的，偶尔也有商家购买其墨宝。当年老上海著名药店童涵春堂请陆润庠题写了"童涵春堂"四字，他只象征性地收了一些"纹银"，而这块牌匾的价值极高。童家到第六任经理时，因经济陷入困境，转卖部分股权，在盘点房产、存货、牌号等，总价值146万两银子，而仅牌号这个无形资产就值120万两银子。“文革”中，这块金字招牌被作为“四旧”扔进了废品堆，幸好一位姓郈的老主顾意外地发现了它，就如获至宝般地悄悄拿回浦东家中，藏匿在床底下。改革开放后，“童涵春”恢复原名，这块匾额重见天日，如今这块匾额仍悬挂在上海小东门二楼童涵春堂的店堂中，已成为价值连城的无形资产，是童氏家族的传家珍宝。①

正所谓：感恩日月望星辰，天地人和入书中。得气藏风何处好，骑龙山里状元魂。（网民莲花叟《谒陆润庠墓》）

感言与物议

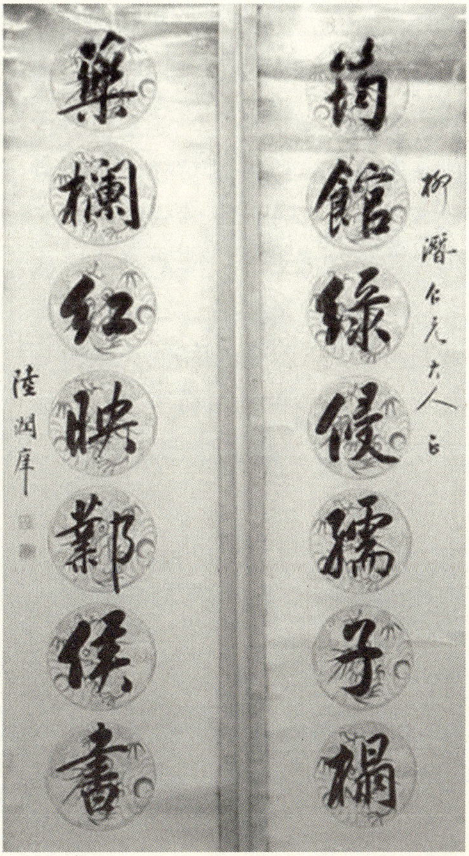

清代书画家石涛说：“笔墨当随时代。”书法与绘画在一定程度上反映了那个时代的精神。纵观中国艺术史，书法受到具体时代的社会体制的制约和影响十分明显。

甲骨文的神秘诡异，恰恰是殷商时期人们希望能够得到上天和鬼神的护佑以平安地生活的写照。金文的绚烂多彩与章法齐整，深深地打上了西周、东周时期浪漫和权威的烙印。秦篆的宽博开张与圆转延伸，宣扬的是秦始皇统一六国之后中央集权大国的勃勃雄心和继续扩张的野心。汉隶的拙朴雄浑与气势苍雄，是汉朝疆域拓展、文化昌盛的明证。东晋王羲之《兰亭序》道丽婉转、墨色清雅、点画灵动、结体精巧的神韵，与特殊的政治气氛下文人士大夫纵情山水直接关联。唐楷、大草的兴

① 郭宝成：《状元陆润庠一字千金》，《收藏》，2011年第2期。

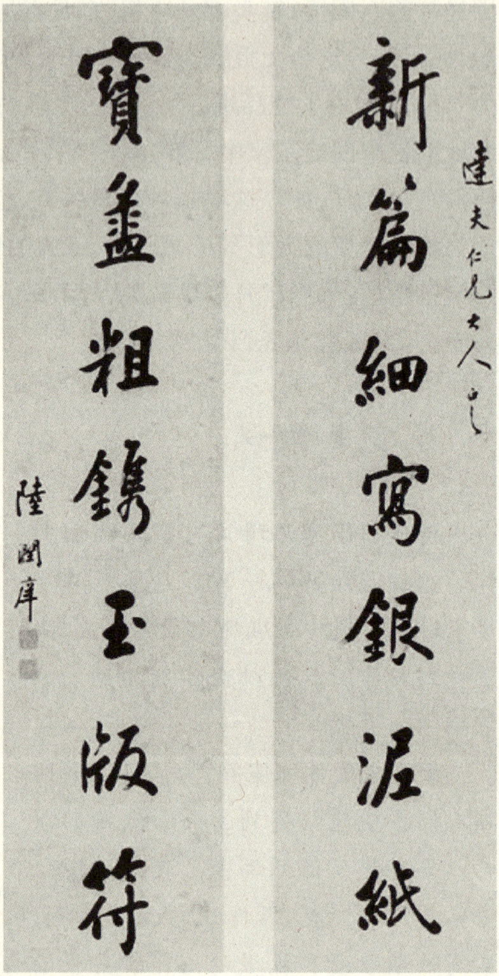

起，代表了唐代崇尚法度、规制森严的历史特征。宋代书法的意蕴神趣，透着北宋的自信和南宋的跌宕。元明清三代书风崇尚复古坚守、起承转合、变化革新，集合了中国历代的精华，特别是到了清末，流派林立，文坛极盛，是这一时期兴盛衰落、风起云涌的真实写照。陆润庠的书法是晚清标志性的艺术瑰宝。

文学艺术是由社会存在决定的。不能体现或反映时代精神的作品，不是好作品，也就难以得到流传。实际上，好的书法作品就是通过书写者在作品中流露的个人人格、文化心理而间接反映出来的时代精神，同时，好的书法作品也是一个时代的总体文化自觉的组成部分。陆润庠的书法之所以得以广泛流传，乃至今日，每每在拍卖会上都受到追捧，是因为他的作品以及其中蕴涵的为人、为学、为官等，均有可圈可点之处。

霜清震泽初尝橘；
晴过蒙山应试茶。

——陆润庠自题联

第十七章

率性人喝酒误大事　人缘好逢凶化吉祥

陆润庠与大多数文人一样，爱酒如命。很多人知道绍兴的花雕酒又名“女儿酒”[①]，却不一定知道苏州的“状元红”酒为什么叫这个名字。原来，这个名字的诞生与苏州状元陆润庠有关。

少年嗜好

陆润庠的叔父陆绍修无子，陆润庠小时候过继给了陆绍修，陆绍修早逝，家里很穷，全靠寡母做针线活度日。陆润庠年轻时就有个癖好，喜欢喝绍兴黄酒。每日苦读之余，总要喝上几杯黄酒。他家不远的地方有一条小巷叫都林巷，巷口有一爿酒店。那是陆润庠每天必到的地方。有时因为口袋里没几文铜钿，买

① 传说绍兴有个裁缝师傅，娶了妻子就想要儿子。一天，发现他的妻子怀孕了。他高兴极了，兴冲冲地赶回家去，酿了几坛酒，准备得子时款待亲朋好友。不料，他妻子生了个女儿。当时，社会上的人都重男轻女，裁缝师傅也不例外，他气恼万分，就将几坛酒埋在后院桂花树底下了。光阴似箭，女儿长大成人，生得聪明伶俐，居然把裁缝的手艺都学得非常精通，还习得一手好绣花技艺，裁缝店的生意也因此越来越旺。裁缝一看，生个女儿还真不错嘛！于是决定把她嫁给自己最得意的徒弟，高高兴兴地给女儿办婚事。成亲之日摆酒请客，裁缝师傅喝酒喝得很高兴，忽然想起了十几年前埋在桂花树底下的几坛酒，便挖出来请客，结果，一打开酒坛，香气扑鼻，色浓味醇，极为好喝。于是，大家就把这种酒叫作“女儿红”酒，又称“女儿酒”。

不起下酒菜，不好意思到店里坐着吃，只好站在柜台边，喝两碗就走人。有时喝完了，付不出酒钱，就像鲁迅笔下的孔乙己——记个欠账。几年下来，陆润庠欠的账在账簿上都记满了。而酒店老板始终不急着向陆润庠要钱，为什么呢？因为，他见陆润庠眉清目秀，一表人才，刻苦读书，满腹文章，相信他将来一定会发迹，所以，情愿把酒赊给他喝。

在陆润庠28岁那年，他作为苏州的优贡生被选派到北京上学，临行前路费还成了问题。酒店老板索性又借给他一大笔路费。5年后，陆润庠金榜题名，中了状元，酒店老板高兴万分。陆润庠奉旨衣锦还乡，在苏州摆宴席请当地的文人士绅，自然也请了酒店老板。酒席上喝的仍然是绍兴黄酒。陆润庠不忘酒店老板的恩情，风趣地说："李白斗酒诗百篇，我陆某能有今日，全凭这绍兴黄酒呀！"接着，陆状元站起来说道："陆某当时受益绍兴黄酒，多蒙这位店主老伯照应。今日，当众拜谢！"说着，陆润庠当众朝酒店老板深深地鞠了一躬。众人称赞不已。

陆润庠喝黄酒、中状元，一举红天下，有人顺水推舟地说："状元公喝了黄酒中状元，这黄酒也红啦，就叫作'状元红'吧。"酒店老板听到以后，连忙赞成："好啊，好啊！"老板回到店里后立即叫人做了一块金字招牌，上写"名酒状元红"，挂在店门口，并说陆润庠之所以能考中状元就是喝了名酒状元红的缘故。从此，酒店里的生意就更加兴隆了。后来，苏州城里的一帮读书人喝酒都要喝"状元红"，图吉利。如今，"状元红"已经成为黄酒中的一个著名品牌，蜚声全国。也有人说，"状元红"是对苏州科举全国第一的一种褒奖。①

惹来的麻烦

好喝酒，喝大酒，也给陆润庠带来过麻烦。在本书第五章提到过的一位人物，也就是当过张之洞的幕僚的樊增祥在《水烟袋歌》的"序"中记载了这样一件事：

太保陆凤石前辈，同治癸酉拔，春秋联捷，遂魁天下。夙与湖南李拔贞

① 清代全国录取进士26391名，共出状元112名，而苏州一府共取进士763名，其中状元26名，苏州历届出的状元数占全国状元总数的22.81%，占江苏全省状元数的53.06%。

同年相善，李试京兆，不售，光绪乙亥春，将还湘，陆饯之于丰楼。酒次，意甚郁悒，陆曰："若我主湘闱者，子必获售。"李请关节，陆方吸烟，即曰："水烟袋嵌于试帖句，可矣。"未几，充湖南副考官，先以书抵李曰："颇忆水烟袋否?"李发函狂喜，置书屉中，雀跃而出。妻睨其旁，疑为外舍情书，苦不识字，持归母家。母览而戒之，曰："慎勿泄也。"母有三女，所天皆诸生，乃使长次女各告其婿。是科诗题为《惟善为宝》得"书"字。陆得三卷，皆如所授，乃皆取之，独一卷后至，置副车。及拆封，李副榜第一，正榜两卷则其僚婿也。一人名次较高，闱墨刊其诗云："烟水苍茫里，人才夹袋储。"久之，事颇泄，言官欲劾之，以陆为人和易而止。李竟不获售，以道员需次某省而卒。然则科名之有定数，岂虚语哉！陆此事诚干例议，然爱才念旧，非纳贿作奸者比，无足深讳。寒夜偶忆其事，歌以传之，意在使君子知命耳。

（《清稗类钞·物品类9》）

樊增祥讲了这么一个故事：陆润庠与湖南李拔贞是好友，李进京赶考落榜，心情郁闷，李回湖南前，陆润庠给他送行，喝高了，在酒桌上，陆润庠为了安慰李，说："如果湖南乡试的时候，我去做考官，你的事就包在我身上了。"李请求道："如果真的是你主考，咱们定个暗号吧。"这时陆润庠正在吸烟，就说："把'水烟袋'三个字嵌入试帖就行。"没过多久，陆润庠果然成为湖南乡试副主考，他还没忘酒桌上的"承诺"，写信给李特意提醒：还记得"水烟袋"不？李接到信欣喜若狂，雀跃而出。老婆见丈夫形迹可疑，怀疑是李的相好来信，苦于自己又不识字，就把这封信拿去让娘家人帮着看看怎么回事。李还有两位连襟也参加这次科考，二人看信后当然明白了意思。后来，正式考试的时候，其中一位将"水烟袋"三字嵌入试帖，写得很漂亮："烟水苍茫里，人才夹袋储"，得到较高的名次。李拔贞则被两位连襟挤到副榜第一名的位置，只是空欢喜一场。

樊增祥交代，之所以"寒夜偶忆其事"写这首诗，把陆润庠违反考试纪律的事泄露出来，一是想告诉人们一个道理：为人很重要，陆润庠为人和易，就能逢凶化吉，虽然言官要弹劾陆润庠，但被别人劝阻了。再一点，陆润庠在判卷的时候还是能按照实际水准来判的，未让两份作弊的卷子都入围。第三，陆润庠干此事，实属爱才念旧，不是为了接受贿赂。所以樊增祥认为，此事不需要忌讳，讲出来可以"使君子知命耳"，让大家知道前途还是要靠自己的努力。

樊增祥的诗用文学语言描绘了这一事件的全部场景：

湘闱万口传佳话，关节三言水烟袋。
元和殿撰秉文衡，光绪初元岁乙亥。
先是鸡年贡树香，同年陆李皆轩昂。
两朵芙蓉分冷暖，一临春镜一秋江。
送客南归杯酒饯，悒悒酒边发长叹。
赠答平生缟纻欢，飞沉顷刻云泥判。
士衡慰藉匆为尔，我主湘闱定收子。
昔有明通榜上人，不信有如金筒水。
酒阑一笑去燕都，转盼潇湘迓使车。
长沙射得衔书雁，问记丰楼密语无？
李生狂喜忘嫌忌，少妇旁窥蹙蛾翠。
不识玉堂天上书，转疑外舍鸳鸯字。
持归告母心大怡，刘家姊妹皆淑姬。
欲教三女乘龙起，爱婿何分头腹尾。
一粒金丹鼎未开，谁知此鼎三分矣。
主文网得珊枝红，私喜贫交入彀中。
一人隐语寓滇铜，三人连犿伤雷同。
明知师漏多鱼地，那能一取复一叶。
本怀唐拔景庄心，更师宋录齐贤意。
两生捷足入前茅，一置副车因后至。
君不见东坡欲得李方叔，潜送程文李他出。
章 惇二子怀之去，端明坐迷五色目。
榜发乃隽援与持，天子所废人无术。
以今拟古何差殊，两僚诡遇二章如。
李生若比老方叔，弱女非男聊胜无。
陆公爱士如苏大，相度乃是富韩亚。
纵使南箕偏簸扬，卒无亶定相弹射。
湘水悠悠四十年，沂公坟葬梅花下。
吁嗟乎，
停寝科场十余载，状元相国总邱墟。
徒留烟水苍茫感，谁复人才夹袋储。

在陆润庠逢凶化吉的事中，科考一事还算是小的，更大的事是在选用干部上，虽然主要不是因为喝酒，但也是晕了头了。

光绪二十一年(1895年)中日之间发生甲午战争，中国失败后，光绪皇帝决心变革，希望能建立起一支强大的中国军队。

一天，光绪与慈禧谈心："自中日一战以后，子臣日夜忧愁，以为现在中国所以失败的原因，就是因为武力不足，子臣拟派知兵大员，督练海陆军队，十年之后，兵练精了，自然可以报仇，但不知太后额娘之意以为何如?"

慈禧说："我也是为这件事闷得连饭都吃不下去，皇帝既有此意，我甚赞成，但这督练大臣很不容易选择呢!"

既然意见高度一致，督练海陆军队这件大事就这么定下来了。

但是，接下就有问题了。母子二人一开始讨论具体让谁来干活，意见就不一样了。光绪推荐了几个人，慈禧都不满意，其实是她自己有人了，她，想用荣禄[1]。

光绪早就听很多大臣反映，荣禄这个人有野心。于是皇帝顶撞了一下太后，说道："荣禄怕不成吧，他不过跟着贤亲王训练过几年神机营，怎能知兵呢?"

慈禧十分不悦地说："在我看，京官中知兵的人，除了荣禄，就没有第二个，你不要驳我的话。"

皇帝只得赔着笑脸说："好，我明天就命户部和兵部详细议奏。"

皇帝退出，回到上书房后，立即召见翁同龢、陆润庠、孙家鼐、王文韶开会。孙家鼐想了一个主意："命户、兵两部会议，明日臣等与户、兵两部尚书密商，暗传谕旨，命户、兵两部均以'无款'复奏，岂不是两全其美?"就是说，孙家鼐建议光绪皇帝让部门拿意见，而同时，翁、陆、孙、王几个人下去赶紧做工作，让部门提出目前财政困难，暂时拿不出钱来办新军。

光绪见诸位大臣也没有更好的意见后就同意了，说："此计甚好。"

计是好计，问题出在泄密上了。翁同龢、陆润庠、孙家鼐、王文韶四位大臣分赴户、兵二部见满汉尚书，传知圣意，各位尚书哪敢不遵。过了两天，户、兵二部假开会议，复奏上去，说是国库空虚，无法筹办，"奏请缓练军队"。这个会衔的封奏递进，皇帝即留中不发[2]，准备缓缓，等到慈禧问的时候再让她看。可是

① 荣禄(1836—1903年)，字仲华，号略园，瓜尔佳氏，满洲正白旗人，先后任内务府大臣、工部尚书、北洋大臣、总理衙门大臣、兵部尚书。戊戌政变前后为慈禧太后和恭亲王奕䜣赏识。

② "留中"就是将臣子上的奏章留置宫禁之中，不交办。现在一般叫"压下不作批示"。

还没来得及缓过来，却被李莲英①知道了，他偷着告诉了慈禧。慈禧大怒，但亦无可奈何，心想拖就拖几日吧，也无大碍。

过了几日，也是荣禄官运大来，南洋大臣张之万因病出缺，皇帝要派李秉衡去接任。荣禄得了信息，忙着夜里进宫，见了李莲英，要求替自己说话。李莲英拿了“好处”，第二天就把话带到了慈禧那里。皇帝进得宫来，向慈禧请安完毕，慈禧说，南洋大臣出缺，让荣禄去吧。

光绪顿时无语，一脸尴尬地应着话，答应尽快考虑。

光绪回到上书房，又急召翁同龢、陆润庠、孙家鼐、王文韶四位大臣，把慈禧要让荣禄升任南洋大臣的话说了一番。四位大臣你看看我，我看看你，一时间急火攻心，拿不出好主意。

陆润庠奏道：“太后的意旨，这回是绝对不敢再驳、也无法再驳的了。但南洋这个地方非常重要，太后既要用荣禄，愚臣之见，不如将李鸿章调任南洋，让出北洋的缺给了荣禄。北洋离京朝甚近，诸事可以随时监察，也容易指挥，臣尚有二人，一为小站武胜军统领袁世凯，一为直隶提督聂士成，皆深明大义，忠勇有为，臣与他二人是多年之交。可由臣派妥员暗中嘱咐，命他二人随时监视荣禄行动，想来荣禄也不敢胆大妄为了。”

皇帝想了一刻，对陆润庠等说：“此计尚好，就照办吧！”

皇帝便将调任李鸿章为南洋大臣、任命荣禄为直隶总督的意见告诉慈禧，慈禧当然同意。这下荣禄快乐了，慈禧也高兴了。但是，这就埋下了一个极大的祸根。

离开光绪后，陆润庠立即在家里摆了宴席，请来了小站武胜军统领袁世凯和直隶提督聂士成一起喝酒，酒过三巡、菜过五味后，陆润庠说出了要他们暗中监视荣禄的事，他们二人均一再表示“绝对照办”。

袁世凯这人心太“活泛”，明里效忠光绪、听陆润庠的话，暗地里是根墙头草，后来看形势变了，就倒向慈禧。后来，光绪在“百日维新”中想制约荣禄，荣禄跑到袁世凯那里企求帮助，一向被光绪认为忠心耿耿的袁世凯却背叛光绪，与荣禄一起跑到慈禧那里告状，慈禧突然回宫，问罪光绪，于是，“戊戌政变”发生了。

在清政府“帝党”与“后党”之争中，翁同龢、陆润庠站在光绪这一边，成为

---

① 清末太监李莲英（又作：李连英），原名李进喜，慈禧太后赐名连英，俗作莲英。他是清王朝慈禧时期的总管太监，被人们呼为“九千岁”，是清末最有权势的宦官。

“帝党”，与慈禧的“后党”对立，没吃到好果子。翁同龢被罢官，送回老家，交给常熟故里的官员“严加管教”，并规定“永不叙用”。陆润庠则没有受到牵连，作为慈禧用人上的“艺术”，有区别才能体现政策的宽严有度，留了下来，而且继续升官。

正所谓：书生喝酒留美名，险些误事丢性命。和易方能化险境，最终不伤是好人。

感言与物议

陆润庠以和易立身，是他在职场遭遇风险时能逢凶化吉的法宝。但这未必具有普遍意义。由于每个人的气质、个性、风格等不同，和易可以成气候，刚烈也照样能成功。问题的关键不在这里，而在如何给自己定位，即如何正确地认识自己、对待自己、评价自己。

一是要了解自己的气质特点，找到与自己的气质更匹配的工作和工作方法。气质表现在情绪产生的快慢、情绪体现的强弱、情绪状态的稳定性和持久性、情绪变化的幅度，以及言语、动作和速度等方面。情商心理学理论有一条重要的原则：情绪控制对发展自我有推动作用。心理学家把气质分为四种类型：气质型、胆汁型、黏液型和抑郁型。每一种气质都有着与之相对应的职业与工作方法，只有了解自己是什么气质类型，才能了解什么工作与自己更匹配，做起事来也才能够取得事半功倍的效果。

二是要梳理自己的追求，树立正确的职业价值观。价值观是指个人对客观事物及对自己的行为结果的意义、作用、效果和重要性的总评价。它是推动并指引一个人采取决定和行为的原则、标准，是个性心理结构的核心因素之一。它使人的行为带有稳定的倾向性。因此，价值观能够让我们了解自己追求的是什么，如何在追求中给自己的职业定位。有了正确的职业价值观，我们就知道自己应该做什么、选择什么对自己有意义，进而设定自己的职业方向，确定并实现职业奋斗目标。

三是要发现自己的特长，找到合适的定位。每个人都有与众不同的所长，也有与众不同的所短。短跑高手不一定都能跑长跑，马拉松的健将八成参加不了百米赛。人只有充分了解和发挥自己的特长，找到才华的最佳点，充分利用自己的才干，才能少走弯路，迈向成功。但寻找自己的长处有时候不一定准确，常常会发生对自己估计过高的情况，所以，要准确定位就是在自己认识的基础上减去三分之一，大约取“黄金切割率”0.618为宜。

四是要发掘潜能，把自己的才能发挥到最大。人生最大的骄傲，不在外来的掌声、名利或权势；掌声会停，名利、权势也不过是过眼云烟。不如试着学习认识自己的潜能，充分发挥自己的潜能。鲁迅、郭沫若、陆润庠原来都是学医的，作为医生，他们并不出类拔萃，万幸的是，他们后来都改行了，要不可能就埋没了他们的才能。

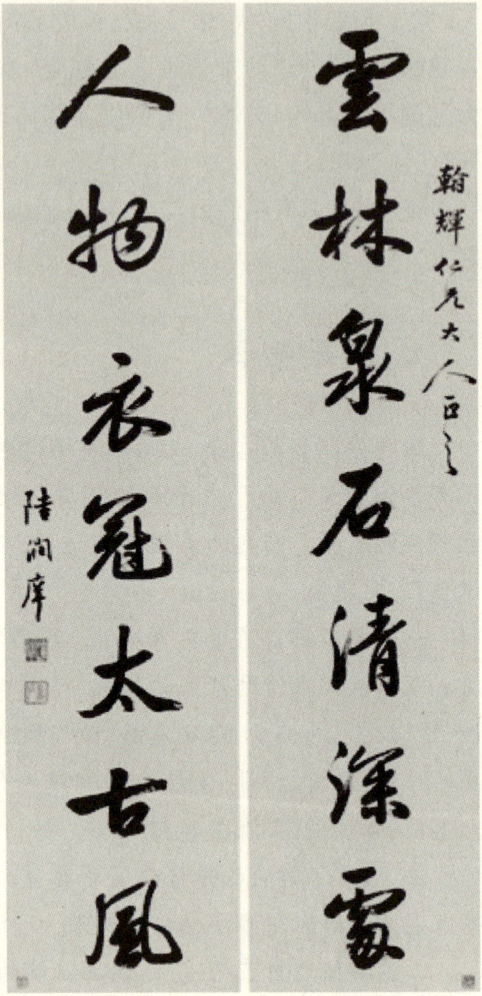

衔其山川，拾其香草；

蒸以灵芝，润以醴泉。

——陆润庠题浙江平湖春晖堂联

第十八章

永乐典抢救得保护　图书馆收藏古善本

陆润庠状元从火海中拯救《永乐大典》的佳话，在清末民初的北京城里妇孺皆知。

64 本《永乐大典》

《永乐大典》是我国明代时期编纂的大型综合性类书，也是世界上编纂最早、篇幅最长、体量最大的一部百科全书。《永乐大典》编纂于永乐年间，由翰林院大学士解缙担任总纂修，历时六年(1403—1408 年)编修完成，是中国最著名的古代典籍，也是迄今为止世界上最大的百科全书。它的规模远远超过了前代编纂的所有类书，为后世留下了许多丰富的故事和难解之谜。该百科全书共计 22937 卷、目录 60 卷，分装成 11095 册，全书约 3.7 亿字。它保存了 14 世纪以前中国历史地理、文学艺术、哲学宗教和其他百科文献，与法国狄德罗编纂的百科全书以及英国的《大英百科全书》相比，都要早 300 多年，堪称世界文化遗产的珍品。据粗略统计，《永乐大典》采择和保存的古代典籍有七八千种之多，数量是前代《艺文类聚》《太平御览》《册府元龟》等书的五六倍，即使是清代编纂的大型丛书《四库全书》，收书也不过 3000 多种。

一册完整的《永乐大典》，高 50.3 厘米，宽 30 厘米，用明代营造尺来量，应该是高一尺五寸六分，宽九寸三分。开本宏大，很有皇家的威仪和气魄。每册《大典》约有50叶(页)，主要都是两卷一册的，也有一卷一册或三卷一册的。书叶采用雪白、厚实的树皮纸，翻开书发出淡淡书香，十分考究和美观。古籍的书衣就是现代书籍的封面，因为像人穿的衣服一样包裹在书的外面，就有了“书衣”这个形象的称呼。《永乐大典》的书衣用多层宣纸硬裱，最外面有一层黄绢连脑包过，格外庄重。这种很像现代书籍的装帧形式叫作“包背装”，是元朝和明朝前期书籍装帧普遍采用的方式。包背装书籍应该是立着插在书架上，不像后来的线装书是躺在架子上的。可以想象，一万多册开本宏阔的《永乐大典》摆在架上，几乎是一个小型图书馆的规模，真可以说是皇皇巨制了。书衣正面的左上方黏有一个长方形的书签，框内题“永乐大典”四字，字下方还有双行小字，说明该册书的卷数。书衣正面的右上方还黏有一个框，里面用墨笔题写这一册所属的韵目，又低一字注明这一册是该韵目的第几册。如果手里有一部当时通用的《洪武正韵》的话，按图索骥，就能十分方便地从一万多册《大典》中检索到自己需要的内容。《永乐大典》中的3.7亿个字，都是书手们用明代官用的楷书字体——馆阁体一笔一画抄写出来的。大典中所绘山川器物也全用白描手法，精丽工致。这3亿多字在编纂时应该至少抄过一遍，两千多人连编带抄用了5年时间；定稿后清抄，只用了不到两年时间就完成了，平均每天要抄50万字之多。清抄的书手中大多是各地有名的书法家。《永乐大典》完整的时候，插图的式样和种类一定非常多，如果单独编一本《永乐大典》插图集的话，那简直就是古代文明的一次大展示。清代大学者纪晓岚在他的《阅微草堂笔记》中曾经说到他编纂《四库全书》时，有一次有机会翻到《永乐大典》上宋代兵器“神臂弓”的图画，很是惊讶。按照《永乐大典》上的记载，“神臂弓”可以立在地上，扣动扳机，箭飞出去可以穿透300步以外的铁甲，宋朝的军队用“神臂弓”来对付金兵很有效果。宋军对这一利器的使用有严格的军法要求，绝不允许遗失或被金兵得了去。“神臂弓”在元世祖的时候失传了。纪晓岚也因为考虑到满族统治者对汉人起义的恐惧，不敢将《永乐大典》中的相关记载辑出来，结果“神臂弓”最终随着《永乐大典》而消亡了。我们今天在电影里有时还能看到与“神臂弓”类似的弩机的仿制品，看了真让人心胆俱丧。其实，像这样失传的珍宝不计其数。

以金黄色丝绸装订而成的多达万卷册的《永乐大典》，在嘉庆二年(1797年)紫禁城内乾清宫的大火中，正本被付诸一炬(究竟是不是在这次大火中被烧毁，史学研究者认为只是一种猜测，另外的猜测是拿去给皇帝陪葬了）。副本（一说是底本）珍藏于翰林院中。光绪二十六年（1900 年），八国联军入侵北京前夕，翰林院于 6 月 23 日发生一起大火，翰林院宏伟的建筑全部焚毁，《永乐大典》副本 11095 本几乎全部烧光。据外国一些报刊的报道，当时在大火中，一些人把包括《永乐大典》《四库全书》在内的这些珍贵书籍点燃，扔向与翰林院一墙之隔的英国使馆，试图焚毁英国使馆，结果书是烧了，火被扑灭了，英国人毫发无损。火灾后，到翰林院火中抢书、捡书的中国人、外国人也不少。珍贵典籍的状况惨不忍睹。《永乐大典》在这场天灾人祸后余下 400 多册，几乎又被掳掠一空。

这时，曾经在翰林院供职的陆润庠做了一件实实在在的大好事：他悄悄地把残存的 64 册《永乐大典》全部运回府中保存。

1912 年，鲁迅从日本留学回来后，经许寿裳引荐进民国教育部当了公务员，职务是社会教育司第一科科长，主管图书馆等业务。鲁迅听说陆润庠保存了部分《永乐大典》，便托人辗转找到陆润庠，带话要求把《永乐大典》交给国家。陆润庠起先觉得鲁迅就是一个刚回来的“海归”毛头小伙子，交给他不放心，担心民国教育部不能妥善保管古籍，未答应交。后鲁迅三番五次上门，告诉陆润庠《永乐大典》将被珍藏于京师图书馆，这是国家图书馆，陆润庠遂将其所保存的 64 册残卷全部交给鲁迅，其中 4 册用作展览，其余 60 册入藏当时的国家图书馆——京师图书馆。（崔石岗：《鲁迅、郑振铎与〈永乐大典〉》，《图书馆理论与实践》2001 年第 3 期）

民国教育部致京师图书馆的函写道：

> 1912 年（民国元年）7 月 16 日，翰林院所存《永乐大典》残本，前经本部咨请国务院送归本部，交贵馆储藏。昨准国务院函称：“此项书籍，仅余六十四本，在陆凤石先生（即陆润庠）处。”当即派员往取到部。兹由本部酌留四本，庋置本部图书室，以资展览，藉留纪念。其六十本专差送上，请贵馆妥为整理储藏可也。
>
> （见袁咏秋、曾季光主编：《中国历代国家藏书机构及名家藏读叙传选，1909 年—1949 年北京图书馆纪事》，北京大学出版社，1997 年出版）

2009 年 10 月 9 日《人民日报》发表《流失海外的古籍何时回家》一文，介绍了《永乐大典》残本搜集的情况：

> 在2009年6月举办的“国家珍贵古籍特展”上曾传出消息：“一册散佚海外的《永乐大典》重现于世并将入藏国图。”近日经记者确认，这册《永乐大典》已经正式入藏国家图书馆。国家古籍保护中心办公室主任陈红彦透露，从一位加拿大华人手中获得的这册《永乐大典》是卷2272至2274“模”字韵的“湖”字一册，与国图所藏的《永乐大典》可以前后缀合。至此，国图收藏的《永乐大典》已达222册，数量居世界首位。
>
> 《永乐大典》的流散与回归是近代以来中国流失海外古籍命运的一个缩影。据陈红彦介绍，《永乐大典》成书的时候有1万多册，现存只有380册左右，不到原书的4%，分散在十几个国家的30多个机构，其中英、美、德、日等国收藏数量较多。
>
> 这部中国古代最大的百科全书之所以会流失海外，帝国主义列强的野蛮侵略负有不可推卸的责任。1900年6月，八国联军攻入北京。位于东交民巷的翰林院因靠近使馆区，沦为战场，保存于此的《永乐大典》几乎全遭焚毁，幸存的残本或被侵略者作为战利品劫掠而走，或被国内一些懂得此书价值的人翻检拾走。此后，外国侵略者还从一些书商、收藏家手中收购大典。最后，翰林院仅剩的64册大典被清朝大臣陆润庠运回府中。国家图书馆收藏的第一批《永乐大典》就来自陆润庠所藏。
>
> 新中国成立以后，党和政府高度重视文化遗产的保护工作，流失海外的《永乐大典》在政府和社会各界的努力下渐次回归。20世纪50年代，中苏关系比较好的时期，苏联曾归还过一批《永乐大典》。1951年，苏联列宁格勒大学东方系将11册大典赠还中国；苏联国立列宁图书馆赠还52册；苏联科学院通过中国科学院图书馆移赠1册。当时的东德也赠还我国3册。在60年代国家经济十分困难的情况下，周恩来总理特批专款从香港藏书家陈清华手中购回了一批珍贵古籍，其中有4册《永乐大典》。陈红彦说：“这些散失海外的《永乐大典》历经沧桑，能够回到国内，确实令人欣慰。”但她同时指出，回归的只是少数，更多的珍贵古籍依然静静地躺在异国他乡的图书馆、博物馆和私人手中。

该报道中专门提到陆润庠抢救保存的善本，并说明“第一批《永乐大典》就来自陆润庠所藏”。陆润庠抢救保存的《永乐大典》占到现国家图书馆保存总数的四分之一多，可以说他功勋卓著，为民族、为国家、为人类做了大善事，善莫大矣！

1951年，天津市副市长、著名学者周叔弢（其祖父是曾任两江总督的周馥，前文说过，他曾与陆润庠一起“参议”官制改革方案）将自己所藏1册《永乐大典》也捐了出来。他在给北京图书馆的信中写道：“仆旧藏《永乐大典》一册（“杭”字韵、卷7602—7603），谨愿捐献贵馆，不敢妄希附伟大友邦之骥尾，以传珠还合浦，化私为公，此亦中国人民应尽之天责也。”当时，天津市市长黄敬对周叔弢说：“叔老，书籍是生活资料，个人藏书是你的合法私有财产。”周叔弢说，他只想到要让这批珍品得到一个最好的归宿，并没有考虑其他，并申明捐书之心“起于新中国诞生之时”。周叔弢所捐的书中，还有宋版《陶渊明集》和《陶靖节先生诗注》。当时出面接受捐赠的文化部副部长郑振铎对周叔弢说：“您把最心爱的都献了出来，真是毫无保留，难得！难得！”①

著作等身

著名清史专家宋元强说：“陆润庠，在经史著述方面，有很高的成就。”陆润庠注重史志和文献的搜集整理，还有很多事迹。光绪二十四年（1898年），陆润庠刚从老家苏州丁忧、办工厂回到北京，继续任南书房行走、国子监祭酒、内阁学士、工部侍郎，就上奏“请设馆编纂洋务巨帙”，但是朝廷没有采纳他的意见。“现已由出使大臣于各使馆内就近编译，较为便捷，似可毋庸另行设局。”

陆润庠这个人有一股子牛劲：朝廷缺钱不来办，我就自己来编。为了在政治改革中应用国外经典，他呕心沥血，编辑了巨著《新宪约章大全》73卷、《续编》2卷，此书有很高的史料价值和实用价值。据《续修四库全书总目提要》记录：

> 陆润庠编著的《约章大全》七十三卷（宣统元年石印本）“录辑约章，始康熙二十八年迄光绪三十四年。凡为俄、英、法、美、德、瑞瑙、丹荷、日、比、义、奥、日本、秘、巴、葡、韩墨，十有八国，其属各国共立者，别之为公共，每

① 《唯留书香沁后人》，《人民政协报》，2014年3月14日。

国分三大纲:曰条约、曰章程、曰文牍、曰分缔约、交际、画界、租界、开埠、通商、行船、禁令、狱讼、聘募、招工、游学、传教、偿借、铁路、矿务、园法、邮政、电政、赛会等门,门复分类……所收颇称宏富,去取亦精。得悉列强肆意要挟,往往出于事理之外,折冲辩难,挽救甚难,俱可发人惕省,不徒为研讨约章之资助也。挽清末造,民气激扬,辄以政府疲弱,遇有交涉,集众力争。如拒约、还款、赎路、争矿、上海会审、西江缉捕等事,函电交驰,愈烈,此书录而存之,更与史事有关。

该书是对俄、英、法、美、德、日、韩等十八个国家分别进行研究的大型资料书,按国别,每个国家分别介绍公共条约、法律、工商、交通、教育、宗教、邮政等,"所收颇称宏富,去取亦精",从中可以看到西方列强为什么能肆意蹂躏中国人民,看到其中隐含的历史规律,有助于发人深省、引以为戒。

陆润庠还与世续等共同编纂了《清德宗实录》(中华书局出版,1986 年影印)。当时的稿本有 791 卷(日本出版为 597 卷),是从溥仪继位之后开馆纂修的,但刚整理到光绪二十八年(1902 年)的事,帝制即取消,以后由逊清皇室的内务府大臣主持继续修撰,陆润庠未再负责,该书直到 1920 年才修完,因已改朝换代,民国不再承认清政府的合法性,该书未得到正式出版的批准,仅缮写两部,以备存查。1986 年,中华书局将之影印出版。

陆润庠为他的朋友、亲家洪钧的《元史译文证补》刊印出版也做了大量工作,使洪钧的这部重要但自己没有来得及整理完成出版的书得以面世。这本书开创了用域外史料与国内汉文资料对照、互补互证研究中国历史的先河。陆润庠在该书的序文中说:"证者,证史所误;补者,补史所缺。"表明了他对洪钧这一创新的肯定。

陆润庠还为其父亲陆懋修完成了《内经运气病释》这部非常重要的医学著作的编辑校对工作,这本书对《黄帝内经》中关于运气七篇大论的主要经文做了注释和阐发,分析了运气变化与疾病机理,还收录了宋人陈无择的"三因十六方",对后人运气疾病的辨证论治有很重要的指导意义和启发价值。直到今日,该书仍然被作为中医学生必读教材,在科学研究中的地位也很高。2013 年 4 月 19 日,《中国中医药报》发表了一篇题为《从五运六气分析 H7N9 禽流感的中医药防治》的文章,对产生 H7N9 禽流感疫情的原因进行分析:

《黄帝内经·至真要大论》说:厥阴司天。客胜则耳鸣掉眩,甚则咳。所谓“客胜”是“客气之胜”,陆懋修《内经运气病释》说:“此言客初气燥金胜,客二气寒水胜,客三气风木胜也。……燥胜、寒胜皆能致咳。”现在三个客气均表现为较强烈的可以“致咳”的胜气,出现 H7N9 禽流感疫情,也就不足为怪了。

陆润庠为父亲补编的另一部书是《苏州长元吴三邑科第谱》,全书共 4 卷,以科举及第作为线索,对清代江苏省苏州府所管辖的长洲县、元和县、吴县这三个县的人才进行了全面梳理,具有重要的历史价值。

正所谓:火焰丛中写华章,道德止处水流长。绮霞千种长街幕,信手沽来玉液香。

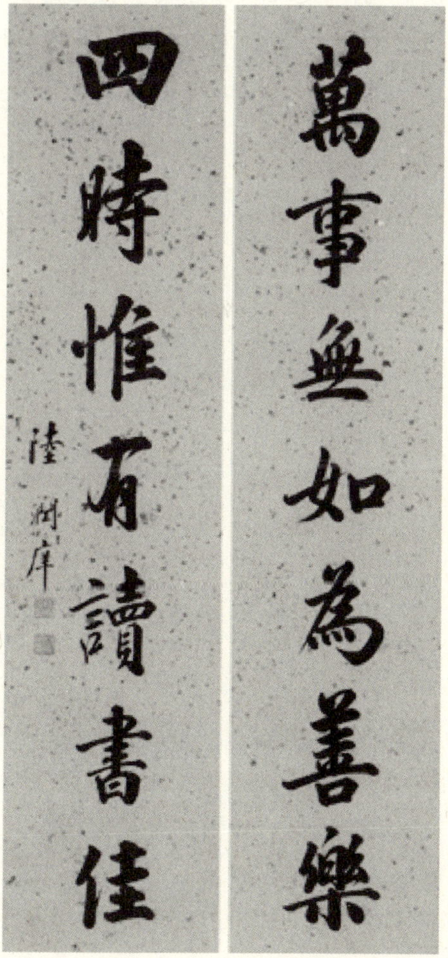

感言与物议

这里我想谈谈“文人情结”,一种很多中国人都有的重要的无意识组合,或者说是一种藏在很多人心里深处、略有些神秘的、往往是无意识的、但常常是强烈的冲动。当同一种人生境遇、同一种审美情境在历史上不断地重现,这些东西便逐渐沉淀下来,成为后世人心灵上的情结。这些东西一旦遇到合适的情境,便在人的身上重现出来。中国古代长期崇文,文人在历史文化传承过程中的作用不断得到放大,逐渐形成了人们共同的心理习惯,包括思维、情感、审美及价值取向等。这些共同的心理习惯可以概括为中国人的“读书人情结”,或者叫学术情结。

中国的文人情结不仅在古代文人身上有经常的表现,而且在所有人心中也已深深地扎根,一直到现在,对现代人都有很大的影响,包括看上去很浮躁的人,或者很强权的人,或者很无奈的人,或者与学术没有半毛钱关系的人,在他们的内心最柔弱的地方,也有文人情结的一席之地,想做一个读书人、喜欢和读书人交往这些品质也得到了传承。中国人自孔子始便一直为了自己的理想而奔波不已,后世人不断地沿袭这一传统,形成了建功立业必须读书的共同理想。孔子"在奔走于列国之间的年代里……多次碰壁之后已知自己的主张、抱负不能实现,仍能坚定地为之奋斗,被称为'知其不可而为之'的人"(匡亚明《孔子评传》,齐鲁出版社,1988年出版)。可见孔子对人的读书、入世、有所作为的强烈渴望,对后世人有着极为强大的典范作用,中国人即使是文盲,也懂得并崇敬学有所成、匡济天下的读书人。中国历代文人的"修身、齐家、治国、平天下"的读书观,既是文人自身统一的道德要求,也同时成为社会对所有想成才的人的衡量标准。读书、爱书、护书、写书、用书,是中国每一个人都向往的事情。发扬光大这一优良传统,对于我们现在正在建设的社会主义核心价值体系,具有十分重要的意义。了解陆润庠读书、写书、编书的历程,其现实价值即在这里。

不除庭草留生意；
爱养池雨悟化机。

——陆润庠手书联

第十九章

主考官科举再选才　刘春霖成为末科元

陆润庠一生中有大半从政时间是在做与教育有关的事情，其中负责科举的考试事务时间很长，包括担任提督山东学政（相当于现在的山东省教育厅厅长）一届（按照规定每届三年），曾五次任乡（会）试主考官或副主考官，到湖南、陕西、江西等地负责国家统一考试。他提出了“变通科举”“讲求实学”的观点，他说：“当今之士，识见不可不开通，而宗旨不可不纯正。不开通，则其蔽也固；则其蔽也嚣。”他成为力推科举改革的重要人物。

科举改革

中国的科举考试分为乡试、会试和殿试，乡试选出的是举人，可以参加会试，清代会试选出的是贡士，由贡士经过殿试录取者为进士，再参加殿试，第一名为状元，第二名为榜眼，第三名为探花，前三名合称鼎甲。乡试在各省举行，会试是中央考试，在北京内城东南方的贡院举行。由于1900年八国联军毁了贡院，1903年尚未修复，因此这一年考试的地点改在河南的开封。陆润庠作为副主考官，参与主持了封建社会的最后一次会试，为中国1300年科举史画上了句号。陆润庠在为《光绪甲辰恩科会试录》写的序中详细记载了这次科考的全部过程。

经过戊戌变法的触动，科举考试已不再沿用八股文体，开始采用中外政治史论和具有现代性的考试题目。第一场考中国政治史论，试题内容灵活多样，体现出了命题官员注重现实、着眼改革的思想。第二场考各国政治五道，都是关于当时内政、外交、教育、实业的重要问题，如怎样振兴农业，怎样保护侨民，怎样看中国古代的理财与外国的预算之间的异同，等等，试卷要求考生联系实际，提出自己的见解，体现清末科举制向现代文官考试制度转型，试图以此形成制度推力，在科举"指挥棒"下为变法培养人才。

根据陈夔龙的日记，他与裕德（字寿田，喜塔腊氏，满洲正白旗）、张百熙、陆润庠、戴鸿慈、熙琪共同负责这次考核。陈夔龙（1857—1948 年），字小石，号庸庵。《庸庵尚书奏议》卷四《恭报会试知贡举入闱日期折》（光绪三十年三月初六）详细记录了考试的过程：

六日，"奏为恭报借闱会试入闱日期，仰祈圣鉴。事切照本年举行甲辰恩科会试，仍借闱河南，蒙钦派内阁学士熙琪、夔龙知贡举，由礼部司员齐到，关防业将应行筹办事宜遵照例章，参酌上届会试借闱办法。遴委各项员弁，并饬藩司会同礼部提调妥为备办，今正考官裕德、副考官张百熙、陆润庠、戴鸿慈既同考官内监试等先后抵达豫进场，臣即于三月初六日入闱会同熙琪认真弹压稽查，务期益加缜密，以仰副朝廷拔取真才至意"。

陈夔龙在《梦蕉亭杂记》卷二《七甲辰会试填榜记》如此记录：

揭晓日，余与诸公齐集至公堂升座，拆卷填榜。陆文端（即陆润庠）手持一卷语余曰："此卷书法工整，为通场冠。廷试可望大魁。"揭封，知为肃宁刘君春霖。其同乡阎太史志廉，亦系同考官，谓刘君平日所书大卷不下数百本。正欣羡间，张文达又执一卷示余曰："吾乡本朝二百余年，三鼎甲俱备，独少会元。场中得湖南一卷，写作俱佳，以正大光明次序而论，我班次居二，例中会魁。科举将停，机会难得，情商裕相，恳将此卷作为会元（即第一），庶使吾乡科名免留缺陷。承裕相允让，即此卷是也。"揭弥封，乃茶陵谭君延闿，为前粤督谭文卿制军之少子，咸庆主司得人。迨殿试唱，刘君果获大魁，谭君亦以高第入词馆。私揣两君异日文章位业正未可量，讵不数年间，时局日非，国步已改。而此两人者，一则憔悴京华，仍效牛马之走；一则驰驱岭表，徒为蛮触之争，已忘其为故国词臣，先朝仙吏。"

这里提到的张文达就是张百熙，湖南长沙人，他推荐他的老乡谭延闿，首席主考裕德卖了一个人情给他。谭延闿（1880—1930 年），字祖安、祖庵，号无畏、切斋，湖南茶陵人，曾经任两广督军，三次出任湖南督军兼省长兼湘军总司令，授上将军衔，陆军大元帅，曾任南京国民政府主席、行政院院长。1930 年 9 月 22 日，病逝于南京。蒋介石和宋美龄结婚时，谭延闿为介绍人。

保举刘春霖

陆润庠阅卷后，将刘春霖作为他的提名。刘春霖毫无背景，在朝中没有任何关系，在陆润庠看到刘春霖卷子前未有人向他打招呼。后来，陆润庠知道，刘春霖家道贫寒，世代为农，其父先后在济南、保定府衙当差，其母亦在知府家中做女仆，刘春霖先跟随父母在济南，因生活困难，6 岁时被送回老家，托靠哥嫂扶养，8 岁时入私塾读书，他天资聪颖，学习刻苦，深受老师喜爱。后来，父亲把他带至保定，入莲池书院读书，连续攻读十余年，学业长进很快，颇得院长吴汝纶赏识。

陆润庠看着刘春霖的答题，欣赏着他的书法，感觉与自己的风格很像，加之内容确实写得很好，决定将这个年轻人收入自己的队伍，于是点了他进入前三名，并向慈禧做了推荐。按照清朝科举的规定，只有皇帝才能确定第一名。

第二年，1904 年的农历五月二十一日。考点：保和殿。

考官：王文韶（字夔石，浙江仁和人），鹿传霖（字润万，直隶定兴人），陆润庠，张英麟（字振卿，山东历城人），葛宝华（字振卿，浙江山阴人），陈璧（字玉苍，福建侯官人），李殿林（字春丞，山西大同人），绵文（字东乔，皇帝宗室，满洲镶白旗人）。

考题：策题四道：

1. 世局日变，任事需才，学堂，警察，交涉，工艺诸政，皆非不学之人所能董理。将欲任以繁剧，必先扩其见闻，陶成之责，是在长官。顾各省设馆课吏，多属具文，上以诚求，下以伪应。宜筹良法，以振策之。

2. 汉唐以来兵制，以今日情势证之欤。

3. 古之理财，与各国之预算决算有异同否。

4. 士习之邪正，视乎教育之得失。古者司徒修明礼教，以选士，俊士，造士为任官之法。汉重明经，复设孝廉贤良诸科，其时贾董之徒最称渊茂。东汉之士以节义相高，论者或病其清议标榜，果定评欤唐初文学最盛，中叶以后，干进者至有求知己与温卷之名，隆替盛衰之故，试探其原。……今欲使四海之内，邪慝不兴，正学日著，其道何之从？

主考大臣经过认真挑选，把入选的十份试卷按名次排列，呈请慈禧太后“钦定”。她首先翻开主考官列为头名的试卷，是广东人朱汝珍的卷子，她放到一边，翻开第二份试卷时，看到的是刘春霖的卷子，大笔圈定，名列榜首，发榜时刘春霖由原来的第二名而成了头名状元，经过主考官的保奏，朱汝珍的名字居刘春霖之后。

陆润庠保举成功，刘春霖成为中国历史上最后一名状元，所谓“第一人中最后人”。他没有辜负陆润庠的期望，先后任中央农事试验场场长、总统府秘书厅厅长、直隶省教育厅厅长、直隶自治筹备处处长等职，他曾两次代表中央政府到山东曲阜主持孔子大成节典礼，并因此名噪一时。刘春霖于 1928 年辞官，在上海、北京以诗书为生。日本侵略中国后，自 1931 年“九一八”事变到 1937 年“七七”事变，日本人拉拢刘春霖，希望他出任“满洲国教育部长”“北平市市长”等伪职，他严词斥责，坚辞不就。为此，日伪当局将其历年收藏的书画珍宝洗劫一空。刘春霖是个有民族气节的文人，去世于 1944 年，未等到抗战胜利那一天。

经陆润庠他们几位考官选拔出来的末科进士，在科举制废除之后，对这一制度本身做过研究与反思。第二名朱汝珍也曾游学东京法政大学，回国后曾任国史馆编修、实录馆纂修，民国时期他所编《词林辑略》由中央刻经院印行，该书对清代翰林的科分、出身、字号、籍贯、简历、著作等都有详细的记载。末科探花商衍鎏在 20 世纪 50 年代曾任中央文史研究馆副馆长，受国家领导人的指示，以 83 岁之高龄，写出了《清代科举考试述录》一书，该书于 1958 年由三联书店出版。商衍鎏写的这本书是同类著作中介绍最详尽的，具有很高的学术价值，出版后受到社会的关注。商衍鎏还在 1961 年由中华书局出版了《太平天国科举考试纪略》一书，至今仍是研究太平天国科举制度最全面的著作。另外，末科进士贾景德根据自己参加科举的亲身体验，写出《秀才·举人·进士》一书，1946 年在香港出版。末科进士们以他们的人生经历现身说法，为研究中国科举学史敲响了特殊的音符。废科举后出版的由科第中人撰写的科举研究著作只有寥寥几部，而末科进士就占了 4 部，这也可以算作是陆润庠们在选拔人才上做出的历史性贡献吧。

正所谓：十年寒窗无人问，一举成名天下扬。状元未必照汉楚，时代还须读书郎。

感言与物议

科举考试作为中国封建社会的一种人才选拔和评价制度，它的产生冲击了当时士族对国家政治权力的垄断，让平民能够通过平等的竞争参与国家政治生活。它背后的精神价值是值得继承的，也很有现实意义。废除科举考试制度之后，西学成为中国学校教育的主要内容，但科举的影子仍然存在，人才的选拔和评价方式仍然带有科举的痕迹，或者说两者有着不可分割的密切关系，学校教育不能因为失去了科举就失去原来的为平民子弟向上层流动提供机会的功能。

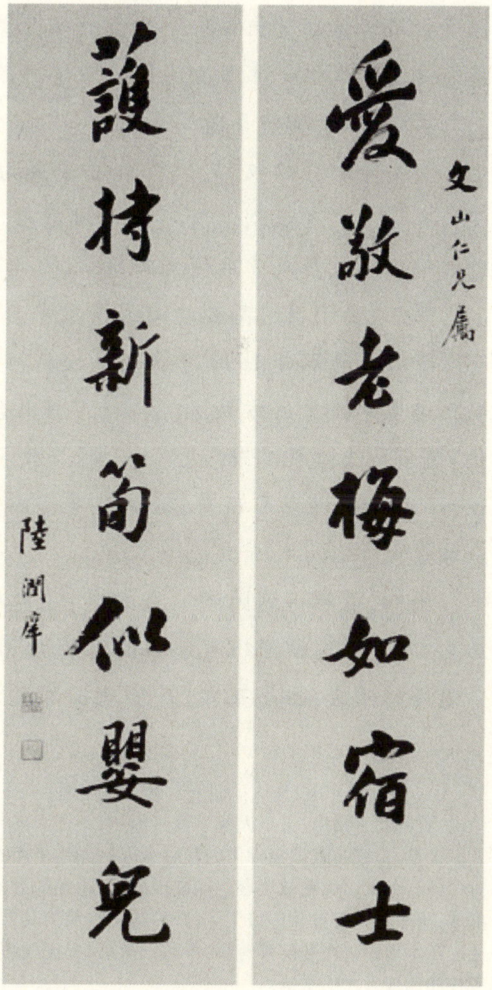

这里我想谈谈对我国高等教育考试制度的看法。普通高等教育入学考试是一种选拔性考试，其教育制度是教育体系中的精英教育制度。在这一制度下，学生入学参加的是全国统一考试，实行“严进”，学生入学后教学与毕（结）业考试则由普通高校自己负责（即“教考合一”），实行“宽出”。在这种教育制度下，高中阶段与高等教育阶段像“一条无形的河”，学生像“河”中的一条条“鱼儿”；在“河”中有一个“门”，“鱼儿”们如“跃”（考试）过了这个“门”，再经过2至4年的“时间修炼”，“熬完了规定时间”就成了“龙”！因此，有学者把这种教育考试称为“鱼龙游戏”！

这一制度的优点是：

第一，由于我国还处于欠发达国

家行列，是“穷国办大教育”，没有能力和条件使所有人都接受高等教育，这一选拔性的“精英”教育制度，总体符合我国现在的国情，应该说是公平的。

第二，这一制度可在高中阶段学生中形成一种竞争机制，激励学生为能够升学而刻苦读书，对我国教育水平的提高起着决定性的作用，为学生将来接受大学教育和研究生教育打下了良好的基础。

第三，这一制度有利于在高中阶段的学校之间形成一种竞争机制，促使和激励其为提高“升学率”而想方设法教好、管好学生，有利于高中阶段学生整体素质的提高。

但是，这一教育考试制度也存在着一些可以改的以及很难改的弊端：

第一，普通高等教育的“一纸定终身”的特征，决定了一次性的高考在一定程度上不容易测量出每一个学生的实际素质，存在着一定的不公平。这个问题将通过国家提供一年多次考试以及不断改进考试方法和命题方法得到解决。

第二，由于现行普通高等教育是“非全体性”教育，从而也就剥夺了部分学生接受高等教育的权利，使其失去了成为优秀人才的机会。在这一意义上讲，现行高等教育考试制度有不公平性存在。这个问题实际上在大学扩大招生的进程中已经或多或少地得到解决。

第三，由于普通高校的淘汰率几乎为零，学生的学习压力减小，大学生素质有所降低。特别是1999年普通高校扩招之后，在招生方面基本上已是“宽进”，而在学生毕业考试方面，依然实行“教考合一”制，就使普通高等教育的“严进宽出”制实际上演化为“宽进宽出”制，“放羊”式教育。这需要对高等学校加强管理，而不要一说素质教育，就仅盯着小学、中学。因为，真正培养爱因斯坦的还应该是大学。

第四，最难得到圆满答案的是，究竟要不要把高考当作指挥棒？综观中国历史，从尧舜选拔接班人采取的考试开始①，到孔夫子的教育方法，都把考试当作老师的法宝，推而及之，是治理国家的法宝。我国自1977年恢复高考后，考

---

① 尧在晚年时，与大家研究其接班人问题，一开始大家一致推荐尧的儿子接班，尧脑子非常清醒，他说：我的儿子接班，天下人都不高兴，只有一个人高兴；而我要找的是天下人都高兴、就一个人不高兴的人。于是，大家一致推荐舜作为其继承人。尧为了考察他，以“妻二女、和五典、入百官、宾四门”四道题对舜进行考试。舜在被考察期间表现出色，顺利地继承了尧的位置。舜在位期间，每五年巡视一次所属部落，听取各部落首领汇报工作，并根据汇报情况及自己巡视的印象论定功过，予以奖惩。除此之外，他还每三年考核一次各部落首领，考核三次后，根据成绩，决定升降赏罚。可见，我国早在尧舜时期，就有了考核和选拔人才的举措。

试制度在人才选拔上的公开、公平和公正，对社会发展所产生的影响极为重大，也成为抵制社会不公的最后防线，其意义是不能低估的。再看东亚其他国家和地区，日本在政治上学习西方的制度，但是在高考上仍然坚持传统的考试方法，韩国等国家、我国台湾地区，都没有废除传统的高考。可见，制度的创新，关键要看基本性质，总体适应、局部不适应的制度，改其部分，不要丢弃其全部。高考制度也是这样，我们完全可以在考试机制、考试内容和考试方法等方面入手，加以不断改进，而不要一说素质教育就把什么是国家的最重要的素质给忘记了。

蝌蚪尝收古鼎；
龙蛇走遍老藤。

——陆润庠赠星泉联

第二十章

赛金花亲家狭路逢　老夫子如何处命案

刘半农说：中国有两个“宝贝”：慈禧与赛金花。一个在朝，一个在野；一个卖国，一个丢脸；一个可恨，一个可怜。

妓女成为亲家

赛金花在清末民初是个大名人，在北京城里的名气与陆润庠差不多。赛金花原名傅彩云，江苏盐城人。生于1872年，幼居苏州，1936年去世。她的父亲以挑水为业。光绪十三年(1887年)被苏州状元洪钧[①]纳为妾。洪出使俄、德、奥、荷，赛金花随夫出国。1890年归国后不久，洪病故。洪钧与陆润庠是亲家，于是，一个最传统的老夫子陆润庠与一个最花哨的妓女之间就有了冤家路窄的意思了，故事有点复杂，还是稍微详细点介绍一下。

陆润庠的女儿名叫陆玉珍，嫁给了洪钧的儿子洪洛。这个洪钧比陆润庠大三岁，早陆润庠六年考上状元，人称“洪状元”。当时，苏州城里有“一红一绿两状元”的美称(“红”就是“洪”，而“绿”在吴语中与“陆”是同音)。两位状元结

① 洪钧(1839—1893年)，字陶士，号文卿，江苏吴县(今苏州)人。同治年间中状元，任翰林院修撰。后出任湖北学政，主持陕西、山东乡试，并视学江西。1881年任内阁学士，官至兵部左侍郎。1889年至1892年任清廷驻俄、德、奥、荷兰四国大臣。

亲家,算得上是一件美事。洪状元是个风流倜傥的新派人。洪钧回家乡的时候,在苏州的花船上认识了15岁的雏妓傅彩云,洪钧在50岁那年,娶了傅彩云,虽然是偏房,用的却是明媒正娶的行头。洪钧回到北京后,正值光绪亲政重用洋务派的时候。清政府要派一位充任出使俄国、德国、奥地利、荷兰四国的外交大臣,而洪钧对历史、地理素有研究。于是,一道圣旨传下,洪钧成了中国历史上唯一的中过状元的外交官。出洋是要带夫人的,但洪钧因原配体弱多病,于是就带了傅彩云出去。没有人能够想象得到,就是这样一番出洋的历练,将洪钧这位小妾造就成为中国近代史上有名的赛金花。

赛金花学习语言的能力很强,在西方很快就能用流利的外语交流。在她的打理下,洪钧在国外赢得不少赞誉。但一场变故突然降临。洪钧在出使欧洲四国时,因为酷爱元史,曾依据市场上买到的一张俄文地图绘制了一幅中俄边界图。洪钧不懂外文,就请人翻译地图上的地名,谁知道竟然出了大错,将我国帕米尔地区的一些卡哨画到了国境之外。俄国人将这张地图收藏起来,关键时候作为"证据"端出,证明那些地方属于俄国,这一来洪钧无形中有了卖国的嫌疑。慈禧太后大怒,洪钧连气带吓,生了一场大病,于光绪十九年(1893年)一命呜呼,时年五十五岁。

洪钧死后,赛金花又重操旧业,在北京城里的红灯区"八大胡同"营生。此时,八国联军进了北京。一天,德军来"八大胡同"骚扰滋事,当他们进入赛金花开的妓院时,情况发生了戏剧性变化,赛金花用标准雅致的德语与德国战士聊天,还拿出她与德国总理等名人的合影给他们看,这些小兵惊讶得半天合不上嘴,连滚带爬回去向统帅部汇报。第二天,赛金花就被德军派来的车接到了瓦德西[①]统帅的驻地——中南海仪銮殿(后因失火烧毁,复建后名为怀仁堂)。原来,赛金花陪同洪钧在德国时见过这位瓦德西将军。于是,赛金花就成了瓦德西的常客。赛金花在与瓦德西的交往中,成功地阻止了德军的不少滥杀无辜、烧毁房屋等恶劣行径,在一定程度上保护了北京市民和古建筑。这在北京城里成为美谈,有的甚至越传越离奇。赛金花在一次记者招待会上讲:"关于这个问题,可以说,做的事情太多了!也是一时讲不完的。不过我可以举两个实例来介绍一下。一件事是,联军有一次把北京很多老百姓赶到一个大寺院里,准备

① 阿尔弗雷德·冯·瓦尔德泽伯爵(Alfred Graf Von Waldersee,1832—1904年),在中国通称瓦德西。德意志帝国第二任总参谋长,晚年担任八国联军统帅。他在德国是以政治将军闻名的,外号为"狐狸"。

了许多砖头瓦块，叫老百姓用砖头去打佛像。凡是打了的老百姓站在一边，不肯打的另站一边。我闻听此事后，急忙赶到现场，了解到联军是想用这个办法判明谁是义和团、谁是好百姓。他们认为凡是不想打佛像的都是义和团，准备一律处死。我当时给他们解释，这个庙是关帝庙，不是佛像，关帝最讲义气，老百姓对他十分崇敬钦佩，怎能用砖头去打呢？不打又怎能就是义和团呢？经我这番质问和解释后，联军就把这一批老百姓放走了。第二件事是：联军与清廷'议和'时，很长时间达不成协议，主要争端就在德国要求恢复和赔偿克林德[1]名誉，条件十分苛刻。此事我曾出面与德方交涉，说明按中国传统风俗，为克林德立个纪念碑要比其他任何赔偿都要体面，后来德国也就到此为止。"赛金花说的"克林德纪念碑"，原来建在东单大街，第一次世界大战结束后，这个纪念碑被迁移到中山公园，改为"公理战胜"四字；新中国成立后，又将"公理战胜"四字改为"保卫和平"。

林语堂先生在《京华烟云》中有这样的喟叹："北京总算得救，免除了大规模的杀戮抢劫，这都有赖于赛金花。"京城人对赛金花多有感激，称之为"议和人臣赛二爷"。赛金花凭借一口流利的德语以及外交经验，与八国联军统帅瓦德西结识，并有过很多接触。这件事在许多史料和民间传说中有记载。民国著名学者刘半农、商鸿逵著有一本《赛金花本事》，是在与赛金花本人多次会晤以后写的，完全根据了她的谈话，纪实性强，可信程度较高。其中详细记载了赛金花和洪钧的生活经历，以及洪钧去世后赛金花二次沦为妓女。

难断家务事

对洪钧娶赛金花这件事，陆润庠一开始就非常不满，但碍于情面，不便多过问。后来发生的事情更加复杂，把陆润庠卷入了进去。

1903 年 4 月，户部尚书鹿传霖的儿子在赛金花的妓院宴请客人。赛金花叫手下一名花了 600 两银子买来的北京姑娘凤铃接客，遭到凤铃的拒绝，赛金花恼羞成怒，用鸡毛掸子抽打凤铃，凤铃乘人不备，吞食大量鸦片，于翌日黎明前死亡。依照大清刑律，赛金花被巡城御史逮捕，送至刑部，罪名是逼良为娼、虐

---

① 克林德（Klemens Freiherr von Ketteler，克莱门斯·佛雷赫·冯·克林德，1853 年 11 月 22 日—1900 年 6 月 20 日），德国男爵，德国驻华公使，1900 年义和团事变期间，在北京街头为清军枪杀。这一事件成为八国联军对华用兵的导火线之一。

侍致死。

对于审讯赛金花，清人笔记中有这样的记载：

堂官派一满一汉两司员鞫之①。

上堂时，满族的官员先拍案，金花仰面上视，曰："三爷，你还恫吓我，独不念一宵之情乎？"满族的官员乃由后堂鼠窜。

汉族的官员，正人也，谛视其貌久之，心怦怦动。旁有录供者，笔落于地。司刑隶手软，不能持锁。

汉族的官员乃叹曰："此祸水也！吾其置之死地，以杜后患。"

此语传出，各路人马前来说情者无数，提出可以出钱摆平，免其一死。遂定为"误伤人命，充发三千里，编管黑龙江"。听说发配黑龙江，说情者又来了，"乃改发苏州"。

此时陆润庠任工部尚书，与刑部尚书孙家鼐很熟，当年他们都是一起给光绪皇帝出主意、当高参的②。对赛金花的处罚，是陆润庠与孙家鼐商量的结果——既看在洪钧的面子上保全了赛金花的性命，又给了鹿传霖一个说得过去的"交代"。《赛金花本事》中称："我知道这是陆润庠同孙家鼐商量好了的，要撵我走。"

陆润庠对这个结果比较满意，笑着说："蛤蟆送入湿地矣。"

然而，赛金花在半道上去了上海，在那里以公使夫人的名声艳帜高扬。陆润庠气坏了，实在无法忍受洪钧的名声遭到如此辱没。于是陆润庠向上海知府打招呼，借故迫使赛金花离开上海，回到苏州。苏州洪家不收留她，却要她把与洪钧生的女儿留下，洪钧的弟弟还吞了洪钧留给赛金花的五万块钱。

赛金花遭到洪家人的如此欺负，实在没有办法，只得写信给陆润庠，请他出来评理，主持公道。陆润庠思前想后，自己的女儿年纪轻轻就成了洪家的寡妇，如果让赛金花回到洪家，就成了一门两代寡妇，很难相处。最后陆润庠做出了这样的"裁决"：不同意赛金花回洪家，但要求洪家善待赛金花的女儿；不同意洪钧家人（其族弟洪銮）私自独吞洪钧留给赛金花的钱，把五万元巨款交给赛金花。洪家得女，金花得钱，这个结果双方都接受。

后来，赛金花拿了洪钧留给她的五万块钱，离开洪家去了天津，继续以"状

① 鞫（音 jū），审问。

② 孙家鼐（1827—1909 年），字燮臣，号蛰生、容卿、澹静老人，安徽寿州（今寿县）人。清咸丰状元，与翁同龢同为光绪帝师。历任工部、礼部、户部、吏部、刑部尚书，内阁学士、文渊阁大学士。

元夫人、公使夫人”招牌，开始了第三度卖淫生活，在滨江北道江岔口胡同一家叫“金花”的倒闭妓院原址租房，挂牌“赛金花书寓”，从此正式改名为赛金花，并组织了充满南方风情韵味的“金花班”，在天津塘沽一带名气很大。

赛金花在她自己本人那篇《追述庚子国难讲演录》中有着这样一句深明大义的话：“国家是人人的国家，爱国是人人的本分。”

赛金花蹉跎的一生，可以说远超过小仲马笔下的玛格丽特。清末四大谴责小说之一的《孽海花》，就是以赛金花为原型写的，当时这部小说在国内轰动，但毕竟没像《茶花女》《羊脂球》等小说一样走向世界。赛金花过世后，北京各界人士义卖所得为其办理后事，传说下葬当日天降大雪，丧服飘飘，京城一万多人为其送葬，将其葬于陶然亭锦秋墩南坡上，香冢之西。墓为大理石砌成，墓碑为高1.8米的花岗岩，墓碑是著名书画家齐白石所题。“文革”中墓地被夷，留下三块石刻，还有就是墓碑的照片了。

正所谓：清官难断家务事，陆翁只得做恶人。钱归金花女留下，不乏两权选其轻。

感言与物议

人生是复杂的。在生活和工作中每个人都会经历各种各样两难的选择，让人感觉无所适从。官至宰相的陆润庠，遇到家务琐事还需三思而后行，何况平民百姓？比如遇到两个领导意见不一致、工作和生活不能兼顾，甚至感情生活中父母和爱人的关系，等等，都会难以做出选择。在心理学上，认为两难选择起源于心理冲突，冲突分为三种基本类型：双趋冲突、趋避冲突、双避冲突。双趋冲突即两个目标都对自己有吸引力，不想失去任何一方而又不得不选择的情况；趋避冲突存在于一个目标同时具有利和弊，或者几个目标都互有利弊的情况，这种情况最难抉择；双避冲突则为在两个目标均为不利的情况下，事主又不得不面对的情境。长期地处于两难情境中，容易造成心理压抑，进而产生心理问题，如果不处理好这类问题，往往会使现实生活越来越糟。那么面对两难困境，我们该怎么解决呢？选择时，需要遵循这么一条原则：两利相权取其重，两害相权取其轻。也就是说，选择相对自己能接受的。如果都不选，那就是逃避，一旦进入逃避的状态，我们所面对的就不是两难而是三难了，任何事总该面对而且总是要解决的，这个道理很多人都知道，只是如何衡量利与害的轻重呢？

就不一定清楚了,所以烦恼便因之而来。我们从选择前后两个方面来考虑:

首先是选择时的标准。我们可以列出两个目标的各自的优缺点,把所能想到的尽可能地列出来,然后从下列几个维度来考察其轻重缓急,答案就不难得出了。1. 选择机会的再生性:如果某种选择的机会是更难得的甚至是不再生的,那么就应该优先考虑;2. 选择目标的强度:即比较两个选择中哪一个的价值最有助于满足选择者的强烈需要,分清哪里是目前迫切需要的,哪些需要是可以先放一放的,哪些优点是你最看重的,哪些缺点是你无法忍受的;3. 选择的后果:即优先选择必须是能够较确定地带来预期后果而不是可能性较小的目标,其效果是较为持久而不是较短暂的,效果的产生是快的,选择后的副作用小,选择后的正面效应强,对其他价值的实现影响大,等等。

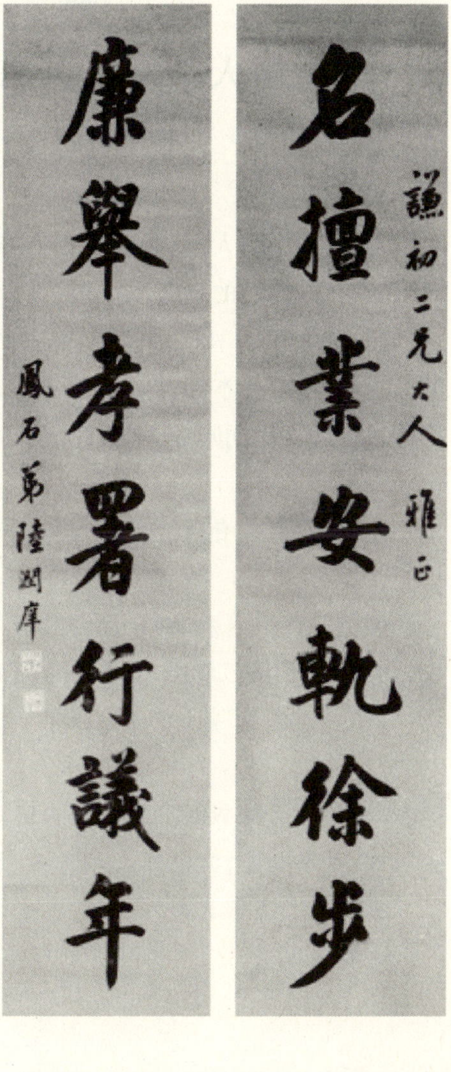

其次是选择后的心理调节。选择一旦做出,得失就不可避免地要产生,不管选择的是哪一种,对另外一种的优点来说,就是一种失去,放弃的缺点却是一种得到;反之,对所选择的目标亦然。对于各有得失的情况来说,我们可改变不正确的得失观。很多时候,我们把一些本来不是对立的事物对立起来了,引起了不必要的烦恼。比如爱情和婚姻、亲情和友情、社会与家庭、本职工作与业余爱好,等等,大多情况下,它们之间并非针锋相对的矛盾体,适当的协调之后,问题是可以迎刃而解的。比较难处理的是已被证明了是错误的选择,人们往往沉浸于后悔和自责之中,这其实是为了一个错去犯更大的错来弥补它,过去了的事实并不会因我们的态度而有所改变,我们能做的就是,如何从中吸取教训,使同类的错误不再发生,这样一来,何尝又不是一种得呢?

著手成春与道合；
用心若镜恐人知。
——陆润庠自书联

第二十一章

周树人杂文引深思　不靠天救济靠制度

鲁迅，即周树人，与陆润庠很有渊源。一是因为鲁迅儿时练字常常用陆润庠写的字帖，鲁迅的弟弟周作人在《雨天的书》中描写过他们兄弟二人小的时候是“映写陆润庠的木刻的字帖”练书法的。二是周树人与陆润庠两人起初都是学医的，鲁迅在日本仙台医学院学医，陆润庠则是中医世家。三是鲁迅在民国政府教育部工作期间为了《永乐大典》专门找了几次陆润庠。

鲁迅杂文中的状元

鲁迅曾在一篇杂文中写到陆润庠。这是发表在 1935 年 7 月 20 日出版的《太白》半月刊第二卷第九期上的《靠天吃饭》，署名为姜珂，其实就是鲁迅，这篇文章后来收入了鲁迅的《且介亭杂文·二集》。鲁迅先生在这篇杂文中写道：

“靠天吃饭说”是我们中国的国宝。清朝中叶就有《靠天吃饭图》的碑，民国初年，状元陆润庠先生也画过一张：一个大“天”字，末一笔的尖端有一位老头子靠着，捧了碗在吃饭。这图曾经石印，信天派或嗜奇派，也许还有收藏。

鲁迅先生讲的清朝中叶就有《靠天吃饭图》的碑，这个碑的中间是一个大图，一个“天”字，旁边坐着一个胡子老头在吃饭，胡子老头靠着这个大大的“天”字在吃饭，然后下面写着很多正规的楷书字体，说什么不可害人，不可诈骗，不可抢夺，不可什么什么，很多，总之是教人不要学坏的道理，左边有道光什么什么的，左下角，有4个印章，其中有成亲王，他是乾隆皇帝第11个儿子，也是当时著名的书写高手。

陆润庠画这幅画，是讽刺“靠天吃饭、无所作为、不思进取”的思想，其中明显包含了对黄天的疑问——中国人靠这个“天”吃饭，已经几千年了，现在回顾往事，定看今日，展望未来，还靠得住吗？因为陆润庠在官位上，不便直接写文章，所以用漫画的方式抨击时弊。石印刊发出来后，在社会上流传很广，被鲁迅看到了，进一步借题发挥。

鲁迅先生写的这篇杂文主要是批驳了“靠天吃饭”的国民劣根性，指出在国民党腐败政府统治下，劳动人民靠天吃饭是“靠不住”的。他写道，连年“旱象”，或者飓风暴雨成灾，天“靠”不上。世界上穷人有份的，只有日光空气和水，可是现在的上海晒不着日光，吸不到好空气；装不起自来水的，也喝不到干净水。天时不正，疾病盛行，其实是冤枉了“天”，“靠”不上的其实是制度不好。沙漠中的居民为了一塘水，争夺起来比我们这里的才子争夺爱人还激烈，他们要拼命，“恐怕也不是纯的自然的原因”。

鲁迅先生从陆润庠的画生发了良多的思考，关注民生，关注生态，其心甚忧。他最大的忧虑是国民性中的劣根性。中国的国民性中有很多优点和美德，这是毋庸置疑的，同样，民族性中也有许多弱点和缺点，有些被继承甚至发展了。鲁迅以锐利的目光洞察到一个事实：“改造自己，总比禁止别人来得难。”“我们生于大陆，早营农业，遂历受游牧民族之害，历史上满是血痕，却竟支撑以至今日，其实是伟大的。但我们还要揭发自己的缺点，这是意在复兴，在改善。”

中国长期的封建统治给传统文化注入了不少消极的因素，人们耳濡目染，极易形成愚昧、麻木、迷信、保守、目光短浅和权力崇拜的心理。陆润庠之所以要奋力去办工厂、建铁路，就是为了建立起现代的生产体系，这是破除小生产状态下形成的传统落后意识的治本之策。陆润庠之所以要推进官制改革，就是为了建立起现代的行政体系，这是破除封建状态下形成的专制统治的治本之策。鲁迅与陆润庠以锐利眼光对自己民族的物质和精神领域中的缺陷进行了深刻的揭露与批判，并指出改造的途径。他们的揭露和批判，目的在于振兴中国。

一个国家或民族的振兴与发展，是要以对自己的认识、反省和改造为基础的，而改造自己是一个痛苦和必需的过程。中国国民性中的弱点和缺点是几千年的传统文化积淀熏陶而成的，需通过精神文明和物质文明两个建设才能逐渐优化国民性，这是一个长期、艰巨而又迫切的使命。

不靠天靠什么

"靠天吃饭"要不得，从另一方面分析，穷人总得靠点什么，这就需要有社会保障。陆润庠对清代社会福利事业的发展是做过贡献的。

满人入关后，各项社会制度逐步建立，从康乾至顺治年间，开始注意建构基本的社会保障制度。比如，清廷要求"各处设养济院，收养鳏寡孤独及残疾无告之人"。乾隆年间的具体要求是：

> 各州县设立养济院，原以收养孤贫，但因限于地额，不能一同沾惠。嗣后，如有外来流丐，察其声音，讯其住址，即移送各本籍收养。令各保甲，将实在孤苦无依者，开明里甲年貌，取具邻佑保结，呈报州县官，除验补足额外，其有浮于额数者，亦收养院内，动支公项，散给口粮，仍将散过额外孤贫口粮名数，按年造册报销，如冒滥克扣，奉行不力，照例参处。
>
> （《光绪会典事例》卷二六九《恤孤贫》）

养济院是由官方出资、收养孤苦无依老人的福祉机构。除了养济院，还有很多地方建立的"义庄"，负责对同族中的贫困者进行救济、扶助，属于民间的慈善事业范畴。陆润庠在《杭氏义庄记》中记载了这方面的情况：

> 凡族中贫乏不能自存者月有支，孤寡残疾无以为养者月有支，病殁殡葬婚嫁生育之费以及子弟之课读、春秋之宾兴，莫不各有所给。
>
> （民国《吴县志》卷三一《公署四》）

普济堂是清代从乾隆朝开始在全国范围设立的官办民间慈善组织，有的地方叫"衣局"，有的叫"饭厂""粥厂"，政府拨银赐谷，社会力量承办。从《大清会典事例》中看到，北京就有著名的粥厂功德林、继德堂和同德堂，官办的常年赈济饥民的粥厂加上私人募办的粥厂，在光绪朝时，多达80多家。还有专门收容贫民乞丐"栖流所"、收养弃婴的"育婴堂"、施舍衣服的"施衣局"、设施棺材的"施棺所"等等。清后期，普济堂因管理不严，收养者大半皆为少壮游惰之人，在光绪三十一年（1905年）五月，御史王振声奏请"变通官设粥厂，改为教养局"，即仿照五城设立的教养局，对所收穷人在给以衣食的同时教以粗浅工艺，实行以工代赈，以此方法对普济堂进行改造，将普济堂从单一的救助机构变通为救助、教育为一体的综合性机构。清政府采纳了这个意见，先在功德林粥厂进行试点，到光绪三十三年（1907年）时，普济堂已经完全仿照五城教养局完成了改造，并正式改名为教养局。实际上，此时的普济堂已从清初的社会抚恤机构转变为劳动教养机构。陆润庠在当顺天府（北京市）主管时，深入街头民间，了解实情，发现这一决定其实不太符合实际。连小小的粥厂都办不好，怎么能把普济堂办成为一个统筹慈善事业的机构呢？实际上大都将之办成了半监狱、准监狱，发现有要饭的穷人扰乱秩序，不用审判，就可以将其抓入普济堂，成为官员"懒政"的借口。他想，还不如实事求是，将之还原为粥厂，也好让没有饭吃的百姓有个吃粥的地方。于是，他专门上奏"为顺天府经管各粥厂酌留三处"一折，对朝阳、安定、西直等门外三处规模大的粥厂予以保留，"各有房屋七八十间"，揭不开锅的穷人到粥厂就立即可以吃到热粥，从而解决了他们的活命问题。

陆润庠在位时，积极推动慈善事业，从他自己祖传的老本行做起，关注当时经常流行的"瘟疫"。

光绪十六年（1890年）夏，东北的安东地区发生了瘟疫，其流行迅速，来势猖獗，死者千余人。这一年的年底，北方是一个暖冬，俄罗斯传来的流感再次袭击东北，先是在瑷珲县城内出现了第一例霍乱病，接着开始大批爆发。患病者都出现剧烈的腹泻与呕吐症状，眼眶下陷，两颊深凹，神志淡漠不清。由于严重泻吐而引起的体内盐类大量丧失，使碱储备下降，出现肌肉痛性痉挛，因而当时史料记载此病为"霍乱转筋"。瑷珲城内一片恐慌，因为霍乱传染性很强，没几天就在城内迅速蔓延开来。当时传染上霍乱的病人都是呈"缩筋构挛"的病症，在一再的腹泻和呕吐后，肌肉出现剧烈的痉挛，病人死亡率极高。官府迅即派军队封锁城门，使城内外居民隔断联系，同时进行医疗消毒防治工作。据驻守在城门的士兵清点，发病期间，每日抬到城外荒野掩埋的病者尸体不下七八百具。这种现象持续了半月之久，前后死了数千人。当霍乱流传时，城内市面萧条，无任何商业可言，街面上几乎没有人行走，老百姓吓得纷纷躲在自己的家里不敢出来。疫情很快就传到了北京,《申报》报道说:“四野天低,一轮日黯,朔风不竞,饶有望云思雪之意,而连朝欲雪不雪,似烟非烟,一片阴霾,弥漫空际。且天时奇暖,不特河道未见冰凌,即沟壑之中,冻者半,未冻者亦半,非天道自南而北,即寒暑之愆期。气候之不正也,或者恐酿冬瘟。”光绪帝的生父醇亲王奕譞得病而亡,工部尚书潘祖荫死了,兵部尚书彭玉麟死了,礼部尚书、两江总督兼通商事务大臣曾国荃(曾国藩的九弟、湘军主要将领之一)死了,户部左侍郎、曾国藩的次子(曾国藩长子曾纪第在两岁时因得天花早殇)曾纪泽以及他的侄子死了,这一年得病作古的达官贵人可不少。

光绪二十一年(1895 年)六月,疫病再次大流行,以安东之大东沟、沙河镇两处最烈,死者不计其数,且多系工人。流行最激烈时,整日掩埋死人不断。有的送葬抬棺人,未行至墓地而中途即发病身死,令人震惊。光绪二十七年(1901 年)七月,安东地区疫情变本加厉,患者以劳动者为多。沙河镇区,每日死者达 30 至 60 人。病死者难计其数。

上述几次疫情,未留下霍乱致病的原始记载,但从其发生时间、流行季节、传播特点、病死状况以及以后连续年间的流行程度等情况分析,专家们基本上均认可系霍乱所致疫情。

光绪二十八年(1902 年)北京瘟疫大流行,《大公报》对瘟疫进行了十分详尽的报道。患者“得病后下泻如白冻者即不可救”,“迅速死亡”。“英国驻华代表年仅二十六岁,于六月三十号染疫殒命,殊为可惜。”皇宫内的嫔妃们也难逃此劫,“京津瘟疫盛行,近闻大内嫔妃中亦屡染时病且患目疾者尤多。太后慈躬亦连日,进药饵以防疫气,故太医院各官每日皆有宣召云”。

瘟疫爆发时,清政府在北京设立临时防疫事务局,下设五科,专司检菌、捕鼠、诊断、检验、清洁、消毒、注射等等,设局长 1 人,副局长 1 人,提调 2 人,医官长 1 人,医官 10 人,书记 20 人,司事 60 人。

陆润庠心急如焚,向朝廷呼吁预防和治疗疫病,并大力推进建立“医总局”,对北京乃至全国的传染病防治工作进行指导和管理。慈禧听取了他的建议,决定增加医疗慈善事业的拨款,并吸引社会资金进入,把朝廷直属的“医总局”逐步改造成为基金会性质的慈善机构。左都御史陆润庠的“遵旨办理医局”奏折于光绪三十一年(1905 年)七月十六日得到批复:

孝钦后于光绪辛丑回銮后,好行慈善事业,特发帑银数万两,交张百熙、陆润庠等经理，施医总局，光宣之际，基金颇富，且有捐款开局施诊。

（［清］徐珂：《清稗类钞》（宫闱类12））

陆润庠在促进卫生机构建设的同时，还推动卫生法规的出台。1909年正月，清廷采用西方的法律形式，颁布了《预防传染病章程》，由国家力量强力介入，对人们的公共卫生行为规范以法律的形式予以界定。如《章程》第二条规定："前条所指容易传染之病，当行预防后，应由该管官临时指定之。"第三条规定："有得传染病及因传染病死者，应于当日速行呈报该管巡警局。"第四条规定："患传染病者，应从巡警局之批示用清洁及消毒方法。"第十一条规定："医生诊视传染病时，须将消毒及清洁各法告其家人，并即时呈报该管巡警局。清洁法有扫除、洗涤、疏浚、搬运。消毒方法有：焚烧消毒、蒸晾消毒、石灰消毒、药品消毒。"[①]此外，晚清时期早已出台了海港检疫章程。

正所谓：靠天吃饭劣根性，两位文豪看得清。作画撰文意相近，愿做民族脊梁魂。

感言与物议

鲁迅鞭挞"靠天吃饭"的国民劣根性，之所以用陆润庠的画来发挥，说明鲁迅在与陆润庠打交道的过程中，认识的这位比自己大整整40岁、当时社会地位比自己高很多的人物，与自己有着同样或类似的思考。对陆润庠，鲁迅是十分敬重的。

陆润庠和鲁迅都是先学医，后弃医从文，又都是出生在经济发达的江南，到北方做官后，出于一种旁观者的视角，对由北方人为主统治的中国有着独特的看法。中国的先人自古生活在东亚大陆，东临沧海，西北横亘戈壁，西南耸立青藏高原，形成一面临海、三面陆路交通极不便利，而内部回旋余地相当开阔的地理格局。这种地理环境中产生的中华民族文化具有典型的大陆民族文化特征。单一的农业经济模式与社会构架，使得社会生产力发展得十分缓慢，生产关系和社会形态处于相应的停滞状态。占人口绝大多数的农民大部分时间被束缚在土地上，由于一家一户的生产是独立进行的，因此他们之间相互隔绝，互不关

① 《清末直隶警务处拟定客店及戏场预防传染病章程》，《历史档案》，1998年第4期。

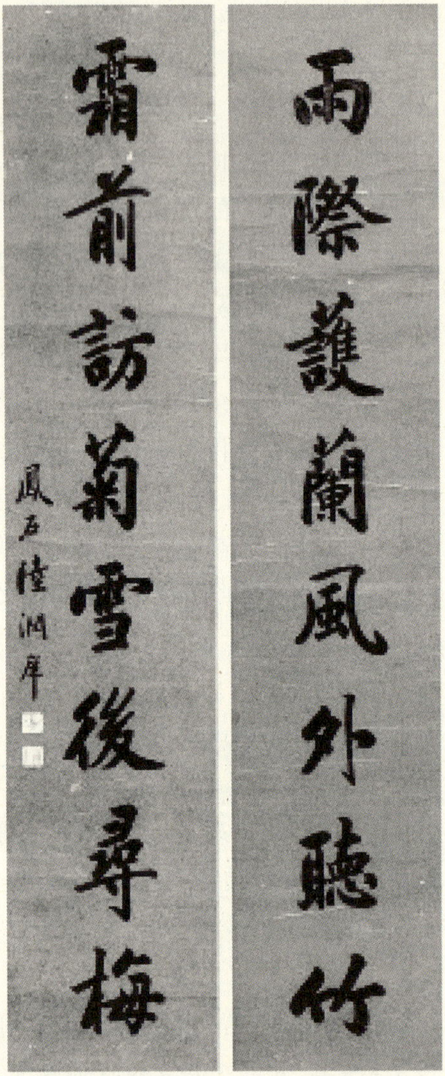

心，至于国家的政治，更是很少问津。小生产的经营方式使得人们抗御自然灾害的能力非常弱，多只能靠天吃饭，掌握不了自己的命运。加之封建统治和传统文化的濡染，使他们极易形成愚昧、麻木、迷信、保守、目光短浅和权力崇拜的心理。延续数千年的建立在小农经济基础上的以父家长为中心的宗法制度，深刻影响了中国人的国民性。中国的封建制国家，始终是父家长制政治体制，父亲在家庭是一家之主，君主在国家则君临一切，宗法关系渗透到社会的各个领域。以小农经济为基础的封建宗法社会，养育了人们崇拜祖训、祖制和权力的价值观，使许多人以升官发财作为唯一追求的终极目标，争权夺利成了官场内外斗争的核心内容，从而影响了整体社会心理，导致国人个性的弱化，给精神胜利法、卑怯、奴性、博弈思维和缺乏率真等提供了肥沃的社会土壤。

时至今日，“靠天吃饭”的思想是不是仍然存在于很多人的脑海深处？“啃老”“拼爹”“挤进体制内”等，也属于变相的“靠天吃饭”。要破除“靠天吃饭”的思想，必须先破除小生产的思维方式，必须先提高自身适应自然和社会的能力，必须建立社会保障制度，只有掌握了社会的规律，才能靠自己吃饭，靠制度吃饭。

夏时周礼守前典；
汉璧秦琏余古香。

——陆润庠手书联

第二十二章

北京城唯一留书院　状元郎知恩送牌匾

“金台夕照”是著名的燕京八景之一，其地点有不同说法。一说是位于朝阳门外关东店南的苗家地，清代时这里是八旗兵镶白旗部的练兵场，新中国成立后这里为3501厂，在2002年初，这里修建金融中心时，曾出土“金台夕照”石碑，石碑长2.7米，背面有“御笔”二字，并有题诗一首。另一说是位于金台路人民日报社大院内，报社在原址处造“金台夕照”碑。还有认为是位于中都西南大房山云峰山，这里有金帝陵墓，明代时因年久失修，仅有残迹，现为一处遗址景观。我更相信是在北京东南城，即在古刹夕照寺、学府金台书院那里。

从“县学”到北京

学区，是近几年来流行的一个词语。北京市东城区有一片学区，每天吸引成百上千的打算在此购买房屋或租住房屋的人来参观，因为这里有一所300多年历史的金台书院小学。小学门前有扇面形的挂瓦影壁作为屏障，门口有石雕卧狮，雕工精湛，甚为壮观，官厅正中的垂花门楼全部用木料雕装镶嵌，油饰彩画，显得文雅而庄重。东西文场不仅修得宽敞明亮，而且还有回廊。场内所添桌椅，为肄业诸生提供了较好的学习条件。这所小学的前身就是北京历史上二十多座书院中唯一保存下来的书院——诞生于清朝康熙年间的金台书院。这里能作为古代建筑和历史文化符号被保存下来，与陆润庠有关。1870年（同治九年），陆润庠由苏州府元和“县学”甄拔为优贡生送到北京，进入金台书院学习。到1874年（同治十三年）中状元，他在金台书院学习了4年。

金台书院是北京历史上最早的学校①。其前身是清康熙年间的“首善义学”，历经康熙、雍正、乾隆三朝，到清乾隆十五年（1750年），经过大规模的修缮扩建，改名为“金台书院”。书院隶属顺天府官署管理，所收学员主要是京师和各省准备参加会试、殿试的举人与贡生，但顺天府的童生亦可就读。书院主持人多为有名之士。康熙年间举人王源、雍正年间进士陈兆苍等都曾做过金台书院的院长。书院设院长、学副、上舍等名额，并聘有主讲。除官课外，每月还有师课（书院定期聘请一些外面的大学者讲课）。教学内宾主要是习作八股文，临摹法帖，有时也讲授一些经书义理。每逢朔望之日，府尹（相当于北京市市长）常亲临考场监考，对考试成绩优秀者给予“膏火”（即灯火，比作灯油费，多指求学费用）奖励，作为就学的资助。书院如发现人才，则立即上疏推荐。这种破格以求的精神和做法，说明书院为清朝培养和物色人才的办学目的是很明确的。

陆润庠住在金台书院，身居闹市，两耳不闻窗外事，一心只读圣贤书，终于修成正果，拔得头筹。为了报答母校的培养，陆润庠怀着感恩之心抽空回到金台书院，把题写好的“状元”二字牌匾送给书院，期望金台书院能涌现出更多的状元。从此，金台书院就得了“状元府”的美名。可惜，陆润庠送的这块牌匾在“文革”时丢失至今也未找回。1990年，全国政协常委爱新觉罗·溥杰书写了“金台书院旧址”。

金台书院对陆润庠的影响，以及陆润庠当大官后对金台书院的影响，都不小。金台书院办学的可资借鉴之处可以概括为以下几点。

一是以德育为首。金台书院把道德教育放在首位，希望学生能够成为国家和社会的道德楷模、谦谦君子，其讲学的主要内容就是向学生传授封建伦理道德，培养学生的“恻隐之心”“羞恶之心”“是非之心”“辞让之心”。这和官学以培养官吏为直接目的不同。在考课题目、书院章程、条规、课规、学训、祭祀等活动中，以及书院的对联、匾额中，都贯穿着品德的“教化”。

二是独特的教学方法。金台书院教学的特点是以自学为主，优游读书，实

---

① 金台书院的旧址在现在的北京市东城区东晓市大街203号，紧邻天坛北门。书院有大小房间64间，其中有聚会、讲学、备考的讲堂文物30间。1984年被列为北京市文物保护单位。现为北京市东城区金台书院小学。见“北京市东城区金台书院小学·书院今昔网站”。http://jtai.eduwindows.com。

行启发式教学方式;师生之间提倡争鸣,盛行自由民主的讲会;教学与学术研究相结合;尊师爱生,师生关系水乳交融。书院树立了“巧读”的办学方针,不仅引导学生的刻苦学习精神,更以“巧”为文化基点,讲究学习的效率。这一读书精髓一直保留到现在的金台书院小学。金台书院小学校长张弦说:学校在学科课程教学中开展“教师巧教、促学生巧学”的课题研究,开设了“慧心巧思”的特色校本课程,培育“巧读文化”,使学生陶冶情操,增长才智,还致力于培养学生的“巧手文化”,促进学生动手能力的提高,开启心智,创新探究。①

三是精简机构,民主管理。坚持民主管理、精简机构的原则,院长和师生共同管理学校,书院仅有少量的管理机构,配备少量的管理人员,平时大量事务性工作由师生共同完成,体现了精简机构与发扬民主在管理上的统一性。

现在的金台书院小学的院子中间有一组大型的浮雕,详细地记录了陆润庠在书院刻苦学习、参与书院民主管理以及后来为官清廉的一些事迹,与校园中一些中华传统文化的名言警句一道,成为营造书香氛围、展现独有文化特质、用以激励学生的校园文化。

与老师发生矛盾

说到书院,陆润庠在到京城读书,进入金台书院之前,曾在苏州的紫阳书院读过一段时间的书。苏州紫阳书院就是现在的“中国百强中学”之一——江苏省苏州中学的前身,它成立于清康熙五十二年(1713 年),是由理学家、江苏巡抚张伯行在苏州府学中创设的。当时,官办学校一律以科举考试为教学内容,而苏州紫阳书院坚持主要讲授朱熹理学,辅以有关科举考试的内容。1874 年,巡抚张树声耗费巨资在紫阳书院原址将之重建。清朝时期在苏州紫阳书院的讲学者全部是进士出身,其中有文学家俞樾、政治家翁心存、诗学家沈德潜、乾嘉名家钱大昕等著名学者。在名师的指导下,紫阳书院培养出了彭启丰、石韫玉、吴钟骏、钱棨、陆润庠等状元。陆润庠在紫阳书院上学时,主讲老师是俞樾,其曾孙是现代著名红学家俞平伯。

俞樾是浙江德清县人,1844 年与李鸿章同时中举,1850 年赴京在保和殿复

① 见《“强化内涵重质量特色　发展重品牌”小学教育论坛举行》。北京市东城区人民政府网站,http://www.beijing.gov.cn/zfzx/qxrd/dcq/t1176444.htm。

试时，以“淡烟疏雨落花天”和“花落春仍在”之语，受到阅卷官曾国藩的赏识，遂成进士，被文宗皇帝钦定为翰林院庶吉士。俞樾时年30岁。1865年俞樾举家南迁，途经南京时拜会了同门李鸿章，李推荐俞樾到苏州紫阳书院做主讲。

俞樾是近代中国第一个主张废除中医的人。俞樾19岁与姚氏成亲，二人一生恩爱，伉俪情深，育有二男二女。然而，这个本该幸福美满的家庭因为一连串的病患而蒙上悲凉的阴影。大约从1860年开始，疾病和灾难就接踵而至。先是大女婚后不久，丈夫便突然病故，1864年改嫁王氏。1866年，次子祖仁又染重病，几近成废。1872年，时任福宁太守的俞樾的长兄俞林又突然病逝。1879年，俞樾夫人姚氏病故，他“奉其柩乃至俞楼，悼亡歌哭，有‘月到旧时明出，与谁同依栏干’之感”。他将夫人归葬于杭州右台山，自己则在墓侧筑室三间，和夫人日夜相守。惓惓之情，不以生死有殊。俞樾的曾孙俞平伯也有点这个精神，他的夫人许宝驯病逝后，俞平伯坚持将其骨灰安放在自己的卧室内，夜里一个人自言自语，甚至是狂吼，表达思念之情，还把自己的抑郁心酸都写在了日记里：“高龄久病，事在定中。一旦撒手，变出意外。余惊慌失措，欲哭无泪，形同木立。次晨火葬，一切皆空。六十四年夫妻，付之南柯一梦。”

家庭的不幸，使懂中医、对医药学有所研究且能处方治病的俞樾愤而提出了一个极端的主张——“废医”，晚年的病弱和无助又促成他进一步“完善”自己的这一理论。他的“废医存药”思想主要体现在《废医论》和《医药说》两部论著中。

陆润庠是俞樾的学生，但陆润庠又是一个热爱中国传统文化、从小喜欢中医、懂中医的人，而且他本来就出身于三代名医之家。老师与自己对中医的看法不同这个问题袭扰着陆润庠。

好在苏州紫阳书院继承了范仲淹在苏州办府学时的传统，形成了严格的校风，其中一项就是不以个人好恶安排教学内容，强调书院教学主要是培养德教之风，以德领先，“用人多取气节，阔略细故”（《吴郡志》卷26），书院内的“思无邪，公生明”碑为北宋名臣司马光手书，南宋淳祐元正摹刻，双面碑刻。碑的阳面刻有宋太宗语：“尔奉尔禄，民膏民脂，下民易虐，上天难欺”，碑的阴面刻有“思无邪，公生明”，告诫官员为官办事应无邪念，公正廉明。书院内还有一块碑刻的是“廉石”二字，此碑为明代弘治九年所立，讲的是晋代郁林太守陆绩与廉石的故事，告诫官员要学习陆绩，为官清廉，以教育府学生员日后要做清官。在书院里，知识主要靠自己学习，书院的环境很宽松，具体学习内容也不必完全受老师支配。所以陆润庠作为俞樾的学生，却可以反其道而行之，不必去反对中医。

正所谓：书生出自好书院，培育良才须良师。巧学宽待善引导，摘得善果会有时。

感言与物议

建设文化强国需要加强文化的继承和创新。陆润庠作为一个传统文人，具有很强的文化创造力，他敢于不附和老师的某些兴趣和思想，独立思考，这在“师傅带徒弟”的时代是难能可贵的。

中国的国学文化比较强调传承，这是我们在促进国学发展的时候要注意的问题。传承当然重要，但更重要的还是应当在传统的民族文化基础上进行创新。但创新有两点困难，一是有风险，容易丢弃掉好的东西，容易给人数典忘祖的印象，这就需要营造适合多种思想发展的土壤和生态。比如你喜欢国学，也要允许别人批评国学。你认为宪政是个好东西，也要让扬弃宪政的声音发出。二是创新需要能力，特别是想象力，就是要有利用现有的各种文化材料、观念进行文化想象以建构新的文化形态、创造新的文化成果的能力。

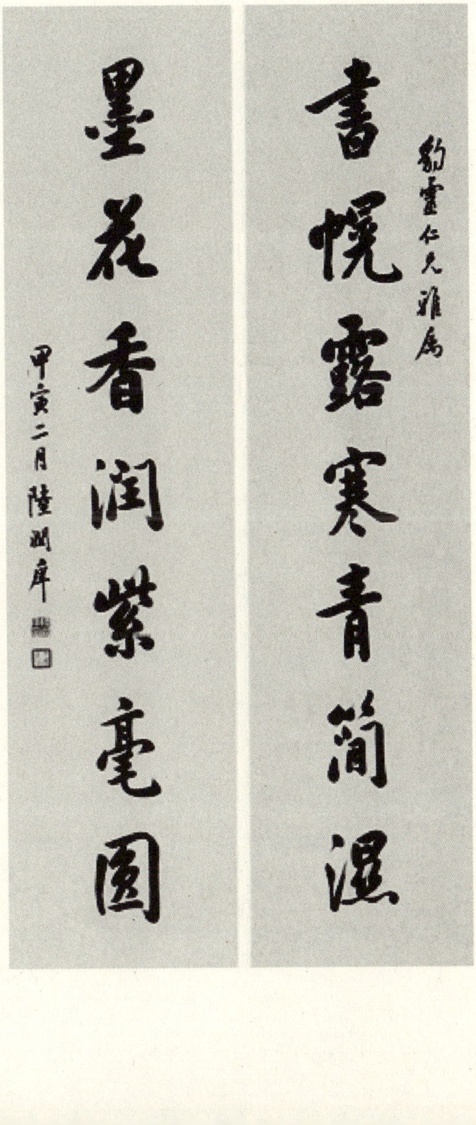

马克思曾说，再蹩脚的工程师也有比蜜蜂高明的地方，原因就在于他在建造一个房屋之前就有关于这个房屋的设想，而蜜蜂只是出于本能来建造蜂房。人关于一个尚未成形的房屋的设想能力，其实就是一种想象力，只不过这种想象力是一种极普通、极常见的能力，往往只是属于再现型的想象。而文化的想象力较之则更加复杂、更加抽象、更加超越当下,也更加自由。它不创造具体的、现实的东西,但却为具体的、现实的东西的创造做准备,也为具体的、现实的东西的创造提供精神导向和动力。把民族的、传统的、本土的东西与外来的、异质的东西相互借鉴,以外来文化特别是西方文化为文化想象提供理论材料和观念来源,在文化传统的基础上借鉴外来文化,进行文化创新,是促进民族文化自强的一条必经之路。

山之凹，神其注来，万民资保赖；
汉以后，公真英烈，百世仰声灵。

——陆润庠题广东鹤山关帝庙联

第二十三章

同乡人遇难伸援手　讲策略不失有原则

陆润庠从政时间那么长，认识的人自然相当多，他又喜欢结交诗词书画名人，对老家的朋友更是关照有加，这三路人马加起来，跟他关系比较紧密的人起码也有好几十。虽然他的性格不是很外向，甚至偏于内向，但他对朋友的事一般总是认真办的。问题是找他的人多了，他也就必须有个底线，有个自己能把握的原则。他在遇到来自家乡和朋友的襄助请求时，小事情、好办的事情，他就办了；大事情、麻烦的事情，办起来违反原则的，他就不办了，但他会让对方感觉到好像他还是尽了力的。

杨崇伊惹祸

陆润庠有个老乡叫杨崇伊，是江苏常熟人，字莘伯，清光绪六年(1880 年)庚辰进士，比陆润庠晚六年，也算是同辈人。杨崇伊在慈禧发动戊戌政变、镇压变法维新中立过头功，先是以“御史”身份请朝廷取缔康有为和梁启超创立的组织宣扬维新的“强学会”，清政府照办了；慈禧发动戊戌政变后，杨崇伊又迅速投其所好，“奏请太后再垂帘，于是太后复临朝训政”(《清史稿》)，杨崇伊飘飘然起来，居“功”自傲，慈禧主政后也看不上他，封了个地方“道”级官给他，还是候补的，他很不满意这个职位，不去就任，寄寓苏州(当时是江苏省会城市)。在苏州，他常常干些下三烂的勾当，只要能赚钱，可以不择手段。比如为人说合、摆平官司，比如找人办事、帮人洗钱等，总之在苏州名声很差。后来，惹出来了一件大事。

苏州有一个名人吴子和，他在苏州创设“济良所”，收容从良妓女，教会她们一技之长，使她们脱离火坑。没想到这件好事却惹怒了一贯喜欢嫖娼的杨崇伊。

一天，苏州城外的山塘街有两名妓女因不堪妓院老板王阿松的凌虐，逃出妓院，进了苏州城，到官府投诉。像这样的案子，照例交家属领回即可，没有家属的，由官家择配。当时有个惯例，地方上的绅士可以自告奋勇具结领人，代择良配。说起来这也算是一桩好事，妓女被领回去以后做婢做妾都行，反正是从良了。

开窑子的王阿松知道杨崇伊路子广，就托人给了杨崇伊两千大洋作为酬劳，让他帮忙找个大户人家把两名妓女领回家，这样王阿松就不会因为虐待妓女而吃官司了。杨崇伊有丧服在身，不便出面，便托他的一个至亲写信给苏州元和县的知县吴熙，希望代为领回要上大堂审理的两名妓女。他这个至亲，是苏州的世家，更是嘉庆七年壬戌状元吴延琛的孙子，名叫吴韶生。吴韶生本人虽只做过一任县学训导，但他的胞兄吴郁生是翰林出身，时任内阁学士，地位很高，所以吴熙会买这个面子，让吴韶生的家人将这两名妓女领了回去。

此事被当廷大官吴郁生知道了，坚决不让杨崇伊派来的人领回妓女，要求交县衙审理。杨崇伊眼看着两千大洋要打水漂，便亲自带了一队持枪卫士冲进吴家把两个妓女劫走。这一幕丑剧在苏州城里造成极坏的影响，被驻守苏州的江苏巡抚瑞澄①知道了，瑞澄等人联名申奏朝廷，说杨挟妓酗酒，有玷官箴，要求参劾，并建议驱逐出京，令其回常熟原籍，交地方官严加管束。

瑞澄等人的折子递到军机处后，军机大臣世续与其他几位大臣商议，感觉问题特严重，严重的不仅是杨崇伊的罪行，而且还有杨崇伊与慈禧的关系，他可是慈禧打压康有为的最大功臣啊，第一个提出来让慈禧重新垂帘听政的大臣也是他！这可怎么办呢？折子交上去吧，怕慈禧不高兴；不交上去吧，又怕纸包不住火。

---

① 博尔济吉特·瑞澄（1863—1915 年），字莘儒，号心如，博尔济吉特氏，是大学士博尔济吉特·琦善之孙，黑龙江将军博尔济吉特·恭镗之子。少年时纨绔成性，与劳子乔、岑春煊并称“京城三恶少”。1908 年任江苏布政使。1910 年任湖广总督。

想不出办法的时候，世续往往就去找陆润庠，况且陆润庠与杨崇伊、吴郁生都是苏州老乡。

帮还是不帮

世续立即去找陆润庠，把折子上的内容以及军机处几位同仁的想法、难处一一道来。陆润庠听完了，一言不发，实在是没辙啊，老乡归老乡，陆润庠早就听说这个杨崇伊的为人了，而且由于他出卖了康有为最终导致光绪维新运动失败、陆润庠的长者翁同龢的政治生涯终止，现在又做出这么伤风败俗的事，还能怎么说？

陆润庠想了想说，这件事实在太大了，不禀报肯定是不行的了，咱们还是禀报上去，相信太后和皇上一定会做主的。

结果，折子到了慈禧那里，慈禧对光绪说，就"准了吧"。皇帝亲笔朱批："着照所请，该部知道。"就是说，同意了，告知"该部"贯彻落实，按照折子上写的意见捕拿归案，给杨一个极重的处分：奉旨革职，永不叙用。

这里的"该部"是指吏部。陆润庠就在那里当差，但不是一般的"差"，是尚书，即部长。

朱批传到吏部这天，陆润庠正好在衙门里，一看军机处抄送的原奏，大为骇异。陆润庠没有想到慈禧会不顾及杨崇伊对她的"贡献"，这么严厉地处理杨崇伊，杨崇伊虽然做人、做官不怎么地道，但同为苏州老乡，他陆润庠也不能不管啊。陆润庠这样想着，又反过来想，自己权力有限，也帮不了大忙，而且这个杨崇伊真的不值得去花大气力帮，那就表示一下即可。

想到这里，陆润庠随即命人誊了一个副本，带在身上，乘车去访另一位苏州老乡吴郁生。

吴郁生，字蔚若，正是苏州那个与杨崇伊闹矛盾的有名的吴姓人士的亲戚，吴郁生也在北京当官，因他是康有为的学生，变法失败后被慈禧免职，整天提心吊胆地待在家里。他家住宣武门外阎王庙街，原在岳钟琪的故居，园亭虽小，结构精致。家境优裕的他，闲来摩挲古董，品题书画，颇享清福。可是这一阵子心境很坏，就为的是杨崇伊与他苏州老家的亲戚闹事，本来关系还很好的，现在反目成仇了，担心杨崇伊背靠慈禧这棵大树，给自己找麻烦。

此时，听门上来报，陆润庠相访，赶紧迎了出来，一看他的脸色，便知有很严重的事发生了。

“蔚若！”陆润庠把抄件递了过去，“你看！你看！”

吴郁生与陆润庠关系不一般。陆润庠去世后，是吴郁生给陆润庠写的行状（即叙述死者世系、生平、生卒年月、籍贯、事迹的文章，常由死者的门生故吏或亲友撰述）。他与陆氏本为同乡，又是同僚，平日关系密切，不分彼此。

吴郁生接来看完，连连顿脚嗟叹，“糟了，糟了！”他说，“结成不解之仇了！”

“杨莘伯虽可恶，处分也未免太严厉了一点。”陆润庠说，“蔚若，我们苏州人都还是明朝留下来的想法，以为我们这些‘吏部天官’的权柄大得不得了呢！哪里知道现在上有军机，更有太后，而何况原奏的批示上既未交议，而且我们吏部根本不知此事。这可如何是好？我怕苏州老家的人会闹误会，说我偏袒您府上，跟杨家过不去，甚至杨莘伯本人或许都有芥蒂，以为我袖手旁观，存心要看他的笑话。总之，我们两个都处在嫌疑之地，休戚相关，该商量商量怎么化除误会了。你看如何？”

吴郁生觉得他的顾虑近乎多余，但既然陆润庠说了“休戚相关”的话，就不便再提异议。所以点点头说：“要化除误会，要化除误会。如今亦只有尽其在我了。”

“一点不错，为今之计，只有尽其在我。事情已经成了定局，无可挽救，我想该尽快通个消息给杨莘伯，让他好有个预备。”

“那就要打电报回去。”

“当然！”陆润庠问道，“你看是直接打给他本人呢，还是托人转告？”

吴郁生想了一下答：“自然以托人转告为宜。不过这个人不大好找。”

两人将彼此在苏州的亲友细细数过去，终于找到了一个人，姓姚，跟杨崇伊常有往来，与吴、陆两人也很熟，于是决定托他转告。

吴郁生走到书桌后面坐下，揭开墨盒，取张素笺，提笔写了姓姚的在苏州的地址，略一沉吟，写下电报正文：“烦即告越公，参案奉朱笔，处分如瓶斋。”下面署名“凤蔚”。

“越公”是隐话，隋朝杨素封越国公，此指杨崇伊。“瓶斋”是翁同龢的别号，“处分如瓶斋”是说杨崇伊将与当年翁同龢之获严谴一样，被开缺逐回原籍，交地方官严加管教。“奉朱笔”意示未交吏部研究，直接由皇帝决定的，这是为陆润庠表白，并非陆润庠不肯帮忙，是根本帮不上忙。最后“凤蔚”二字，乍看像一个人的名字，其实是陆凤石、吴蔚若两个人的名字中各取了一个字。这个电报在局外人看，不知所云，亦就无从猜测。陆润庠觉得很妥当，随即派跟班送到电报局去发，比照吏部特急官电办理，限傍晚之前到苏州。

从陆润庠给杨崇伊、吴郁生帮忙可以看出些晚清官场“潜规则”的门道。首先，作为像陆润庠这样级别很高的官员，又是吏部尚书，并没有真正的人事决定权，权力完全集中在最高执政者一个人手里，组织部、人事部的部长也顶多只相当于一个参谋、秘书。其次，吏部尚书有一个优先获得信息的权力，在“硬权力”不足的情况下，“软权力”也成了稀缺资源，问题是看你怎么来使用这个权力，用得好，信息能发挥帮忙的作用，但是也有很大的风险，否则，陆润庠为什么要那么谨慎。再次，做官也要做人，老乡是必须帮的，不帮会有负面影响。第四，帮忙要掌握分寸，比如，写电文就要让别人来写，不要自己动手，以免留下后患。

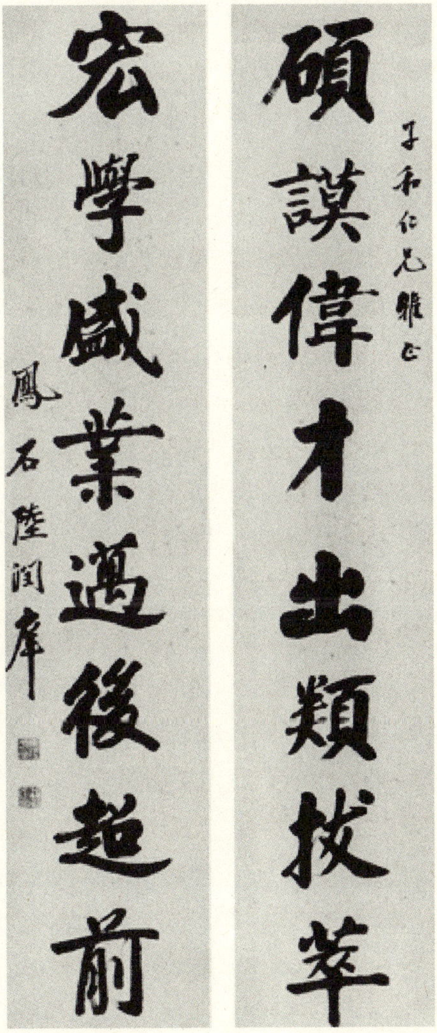

正所谓：正好饮酒时，怀贤在心目。挂席拾海月，乘风下长川。多沽新丰醁，满载剡溪船。中途不遇人，直到尔门前。大笑同一醉，取乐平生年。

感言与物议

这里提出一个问题：如何对待一个人们普遍评价不高的人？在一个普遍不正义的时代，人们如何去行正义之事？

柏拉图说：“各尽其职就是正义。”乌尔比安说：“正义就是给每个人以应有权力的稳定的永恒的意义。”凯尔森说：“正义是一种主观的价值判断。”对于人的评价，关于正义，每个人都有自己的判断，难以形成统一的标准。但是这并不能为诸多社会不公现象提供借口。因为尽管人们对于何为正义难以达成共识，但是对于什么是非正义却往往有惊人的一致。官员腐败、诚信缺失、下作三滥……每个涉及非正义的话题都受到高度的关注和议论。在我看来，对非正义达成共识正是一种对正义普遍意义的认同。当你的朋友向你提出一个不是十分正当的要求时，当你看到他做了不是很光彩的事情之后，或者还有更加坏的表现的时候，你该怎么办？首先当然应该坚持原则，不能迁就错误，然后，在你力所能及的范围内去帮助他走出困境。“外圆内方”，内心坚持你的意见，但是表露出来的则是缓和的态度，以及事缓则行地去办人家托你的事情。正义不要停留在无谓的争论中，而是要每个人逐步地趋于完善。

在山泉清，出山泉浊；
陆居非屋，水居非舟。

——陆润庠题苏州虎丘憨憨泉联

第二十四章

世纪谜光绪为何死 敢担当诊脉直表白

光绪三十四年（1908年），名义上是清朝皇帝，实际上却被囚禁在瀛台的光绪帝和统治中国近半个世纪之久的慈禧太后几乎同时死去。皇帝死于光绪三十四年十月二十一日酉时（下午五至七时），太后死于十月二十二日未时（下午一至三时），前后相距不到二十小时。[①] 陆润庠是家传中医，又经常出入宫廷，他不可能不知道内情。

光绪生病

光绪和慈禧几乎同时死亡，全国的老百姓深感震惊、诧异、惶惑。光绪和慈禧在政治上势不两立，矛盾尖锐，一个是38岁的壮年，一个是74岁的老人，两人同时死亡，这难道是偶然的巧合？其中是否有不可告人的阴谋？会不会是慈禧太后临死之前恐怕光绪皇帝复出掌权、全翻历史的成案，故而谋杀了光绪？满天阴霾，疑云百年。

关于慈禧谋杀光绪的传言是多数人比较相信的版本。

慈禧酝酿废立皇帝的蓄意，从戊戌变法后就有了。光绪二十四年（1898

① 戴逸：《光绪之死》，《清史研究》，2008年第4期。

年)八月初十日,太后在再度垂帘听政后的第四天,即以光绪名义发布谕旨称:“朕躬自四月以来,屡有不适,调治日久,尚无大效。京外如有精通医理之人,即着内外臣工切实保荐候旨,其现在外省者,即日驰送来京,毋稍延迟。”([清]世续监修,陆润庠总纂:《清德宗实录》,中华书局1986年影印,卷436)其实从四月以来,光绪正精神振作、意气风发、雷厉风行地进行百日维新,每天颁发许多诏谕,怎么会“屡有不适,调治日久,尚无大效”?这分明是假话,即使偶有小病,北京有太医院,何以立即要通告全国,征请全国名医为光绪治病!这不过是慈禧怀着废立与弑杀的心肠,在全国制造光绪病重的假象,以便有朝一日实现她的目的。慈禧玩弄的把戏当时许多人已洞若观火,因而有上海绅商经元善等1200人联名发电,“请保护圣躬”。全国各地和海外华侨也纷纷反对。外国公使也关心光绪的安全,强硬要求由法国医生入宫为光绪看病。陆润庠的好友、两江总督刘坤一说“君臣之分已定,中外之口难防”。社会上激烈的反对声浪,阻止了慈禧阴谋的实施。

光绪被软禁后身体一直不很好,这是事实。他幼年即身体虚弱,大婚之前稍感风寒必头疼体瘦,年仅十五六岁已弱不禁风,二十七八岁时患耳鸣脑响,渐次加重,又长期遗精,有时一夜有两次。

戊戌变法失败后,因慈禧虐待,光绪的生活十分清苦,可以说达到了食不果腹、衣不暖身的地步,御前摆上桌子的菜肴看上去仍然与皇帝亲政时差不多,数量不少,但质量可完全不一样了,大多是腐臭的,不能进口,有时光绪令御膳房添换一些菜肴,也都必须先奏西太后,太后常常以“俭德”为名,责备下人多嘴,光绪也不敢言。光绪居住的瀛台涵元殿,年久失修,四处透风,隆冬天气不给炉子烤火,夏日炎炎不给冰块降温。侍候光绪的老太监王商去和内务府大臣立山商量,立山也同情皇帝处境,偷偷整修了涵元殿,糊好了涵元殿的窗户纸。不料慈禧闻知此事,怒责立山:“看来你越来越能干了,会走好运了,明儿我派你去打扫瀛台。”吓得立山连掴自己耳光,连称“奴才该死”。义和团起时,大概以为立山会与光绪、外国人连通一起,慈禧竟把立山处死了。

被征召入京的各地名医为光绪看病一共90多次,平均每天8次,保存的病案记录多达900多份。江苏名医陈莲舫为光绪治病,慈禧根本不给提供好好的看病条件,“叩头毕,跪于下,太后与皇帝对座,中置一矮几,皇帝面苍白不华,有倦容,头似发热,喉间有疮,形容瘦弱……医官不得问病,太后乃代述病状,皇帝时时颔首,或说一二字以证实之。殿廷之上,惟闻太后语音,陈则以目视地,不敢仰首。闻太后命诊脉，陈则举手切帝脉，身仍跪地上，据言实茫然未知脉象，虚以手按之而已。诊毕，太后又缕述病情，言帝舌苔若何，口中喉中生疮如何，但既不能亲视，则亦姑妄听之而已。"（许指严《十叶野闻》）

原来这是所谓看病！所谓"脉案"是依照慈禧所说记录在案，这样的"脉案"怎能确诊光绪的真实病况？不久，陈莲舫通过向太监行贿，告老称病逃回了家乡。

另一位江苏名医杜仲骏在《德宗请脉记》中说，他在七月十六日的第一次入诊后便对户部尚书陆润庠说："我此次进京，满以为能够治好皇上的病，博得微名。今天看来，徒劳无益。不求有功，只求不出差错。"

其他医生亦有类似回忆。内务府总管大臣增崇是带领众多医生入宫看病的官员，据他的儿子回忆：

> 从当时的情况看，无论太医或外省保荐的医士，给光绪请脉，都得依慈禧的脸色行事。凡干不长的，多半是违背了慈禧心意；干长的则是切合了慈禧的'需要'了。至于世人所能见到的光绪的脉案、处方究竟如何，不待言说。对于这些事，我父亲（指增崇）、叔父们心中有数。我听得多了，也有些明白。
>
> （耆存者《关于光绪之死》，《文史资料选辑》总122期）

当时著名诗人陈衍也说："冬，西后与德宗先后一日崩殂。初，德宗久病未愈，征医各省，处方有效则后怒。"（《凌霄一士随笔》）

秉笔直书

当时任吏部尚书的陆润庠曾多次为慈禧看病，慈禧也让他为光绪看看病。慈禧一定是希望陆润庠见风使舵，得出慈禧愿意的结论。然而，他并不阿附慈禧，不看慈禧的脸色和眼色，加之，陆润庠曾经陪光绪读书，建立了一定的个人之间的感情，他对光绪的改革主张是基本持肯定态度的，只是觉得步子迈得猛了一些，应该属于"好心未办成好事"一类。陆润庠在给可怜的光绪诊脉的时候，对自己无法为皇帝排遣忧虑感到十分心痛。他唯一能做的事情就是如实告知病情：

皇上本无病,即有病,亦肝郁耳!意稍顺当自愈,药何力焉。

(《国闻备乘》)

陆润庠认为,皇帝根本没有病,用现在的话讲,顶多是郁闷、有抑郁症倾向而已。

光绪死后,穿戴入殓一反常规,都由宫内太监一手包办,未让内务府插手。"光绪身故后,便是销声匿迹地移入宫中,甚至入殓之际究竟是什么样,也无人能知其详,就连在内务府供职的我的父亲、叔父们都讳莫如深,避而不谈。"(耆存者《关于光绪之死》,文史资料选辑总122期)陆润庠对此十分不满,他顾不得什么保密规定了,而是义无反顾地将自己给光绪诊脉的情况公开地对外传递,以给后人留下一个可以研究的史实。

这是"清宫秘史"中最耸人听闻的一件事。

新中国成立以后,末代皇帝溥仪从战犯变成了平民,写了一本《我的前半生》,其中说:"我还听见一个叫李长安的老太监说起光绪之死的疑案。照他说,光绪在死的前一天还是好好的,只是因为用了一剂药就坏了。后来才知道这剂药是袁世凯使人送来的。"这当然是一种猜测,还有的猜测则认为凶手是慈禧,也有人说是李莲英。

20世纪80年代以后,事情发生了变化。清史研究更加重视清宫档案,档案数量汗牛充栋,涉及各个方面,其中有光绪病史的记录,积存甚多,保存相当完整。于是历史学家、档案学家、医学专家共同合作,仔细收集和研究光绪的脉案和药方,探索其一生的健康情况,得出了和上述截然相反的结论:光绪一生身体虚弱,百病丛生,久治不愈,尤其光绪三十四年(1908年)之后,病情加重,他的去世属于正常死亡,并非慈禧等人谋杀,"光绪之死,既无中毒或伤害性的迹象,也没有突然性早亡的迹象,应该是属于正常的病亡"(《揭开光绪帝猝死之谜》)。

社会上虽有人提出了不同意见,但并没有更强有力的新证据。如启功(启功先生是清朝宗室,其曾祖父溥良为晚清礼部尚书)在《启功口述历史》一书中说:

慈禧太后病痢,他的曾祖父在太后住所外侍疾,"就在宣布西太后临死前，我曾祖父看见一个太监端着一个盖碗从乐寿堂出来，出于职责，就问这个太监端的是什么，太监答道：'是老佛爷赏给万岁爷的塌喇。'塌喇在满语中是酸奶的意思。当时光绪被软禁在中南海的瀛台，之前也从没有听说过他有什么急症大病，隆裕皇后也始终在慈禧这边忙活。但送后不久就由隆裕皇后的太监小德张（张兰德）向太医院正堂宣布光绪皇帝驾崩了。"

显然，启功认为是慈禧害死了光绪，但这段证言并未引起学术界和社会上的重视。

进入21世纪，光绪之死的谜案又被提上日程。由中央电视台清史纪录片摄制组、清西陵文物管理处、北京市公安局法医检验鉴定中心和中国原子能科学院反应堆工程研究设计所四个单位共同合作，组成"清光绪帝死因"专题研究课题组，运用最先进的科学技术，采用最精密的仪器，对光绪遗体的头发、遗骨、衣服以及墓内外环境进行反复的检验和缜密的分析研究。该研究工作极为复杂艰难，研究时间长达五年之久。

在研究分析中，为准确检测和推断光绪帝死时体内微量元素的情况，研究人员将光绪帝的头发清洗晾干，再剪切成1厘米长的若干截段分别测试，结果发现，光绪帝的两缕头发截段中含有高浓度的元素砷（As），其最高含砷量为2404微克/克，远高于正常人头发的含砷量0.25－1.0微克/克，且各截段含量差异很大。砷在自然界分布很广，多以硫化物和氧化物形式存在，主要有雄黄（二硫化二砷）、雌黄（三硫化二砷）、砒霜（三氧化二砷）等，其中砒霜（三氧化二砷）是剧毒的砷化合物。

为验证光绪帝的头发砷含量是否确属异常，研究人员分别提取了隆裕皇后、一清代草料官及当代人的头发样本分别进行同时代、同环境、同性别的发砷测试，结果证实，光绪帝的几处头发截段中最高砷含量不仅远远高于当代人样本，也分别是隆裕皇后的261倍和清代草料官的132倍。为验证光绪帝头发中的异常砷含量是否因长期服用中药雄黄等而导致慢性砷化物中毒所造成，研究人员又将其与当代慢性砷化物中毒的人发砷进行了对比实验，结果显示，光绪帝的头发上最高含砷量是慢性中毒患者最高含量的66倍，且砷分布曲线与慢性砷化物中毒者的砷分布曲线完全不同。由此证实：光绪帝头发中的高含量砷既属异常现象，又非自身服药引起慢性砷化物中毒而成。这次检测和研究的详情、方法、数据和结论由钟里满等十三位专家写成《清光绪帝死因研究工作报告》,结论是:“光绪帝系砒霜中毒死亡。”(戴逸:《慈禧临终前令亲信下手毒死光绪》,《文汇报》,2013 年 12 月 18 日)

2008 年 5 月,《近代史研究》刊登了一篇《光绪死亡原因探析》的文章,称“光绪死于急性砒霜中毒”,该文作者包振远系北京市公安局多年从事刑侦工作的调研员,参与了 2003 年到 2006 年期间北京市公安局会同中国原子能科学院的科研工作。

现代科学研究的结果,与 100 多年前陆润庠的“皇上本无病”的诊断结论完全一致,都认为一定是有人害死了皇帝。在当时那样的政治高压下,连正规的医生都变成了会变戏法的“政客”,不敢讲真话,而陆润庠仍然有勇气把真话讲出来。这说明陆润庠对诊脉医术是有充分的自信的,也说明他具有高超、诚实的政治医术。

正所谓:清风荡万古,迹与星辰高。开吴食东溟,陆氏世英髦。(摘自李白《叙旧赠江阳宰陆调》)

感言与物议

高压下,如何坚持原则? 这是个难题。行政管理以服从为要诀,但是,行政的服从与军事的服从之别在于,军人以服从为天职,军事的服从是绝对的服从,而行政管理的服从是为了提高效率,因为行政的核心问题是绩效,为了遵循“效率”这个原则,就需要相对地集中上级的权力,就需要相对地服从上级。因此,行政的服从,不是简单的服从,不是无原则的服从,不是军事意义上的绝对服从。

陆润庠并不是专职医生,他本可以和其他专职的著名医生一样,不讲原则,看太后的眼色行事,或者说些模棱两可的话,但是他不。他没有服从权力,而是服从了内心的良知。

现在,社会变化快,价值取向多元化,来自上面的和来自外面的压力都很大。而且,上下级之间、平级之间、人与人之间,充满了竞争和博弈,平时往往保持距离,如此脆弱的关系,一遇到争执则不堪一击。不过要现代人去努力和每个人保持良好的关系也是个难题:没有时间、没有精力也没有心情。“人际关系”这个词,某种意义上已经被人们负载了太多内容,变得复杂沉重又猥琐。能和几个知己没有任何功利心地相对而坐谈谈苦闷的事情,几乎成为奢侈。如果工作中既需要保持原则，又需要和人保持良好的关系，该怎么办呢？那这个人大概是要比别人累一些，要付出很多，才能达到这样的效果。

首先，需要弄明白自己要坚持的原则的核心是什么，就是这么做的目的是什么。须知，如果把坚持原则当成卡人的手段，是绝对不会得人心的。只有你弄明白自己坚持的目的和方向，才能理直气壮地走下去。

其次，需要有耐心。在自己不愿服从别人的时候，要仔细想想，多掂量掂量，是不是自己意气用事，是不是思维进入了牛角尖，如果把方方面面都琢磨透了，仍然感到自己确实正确，那么就不要盲目地服从别人。同样，在别人不愿服从自己的时候，也要想想，别人可能有多种原因，应该留出时间和空间，给人家一个解释的机会，耐心地了解他的动机。要注意说话的方式和语气，不要以为自己是真理在握、别人就都成了犯人了。

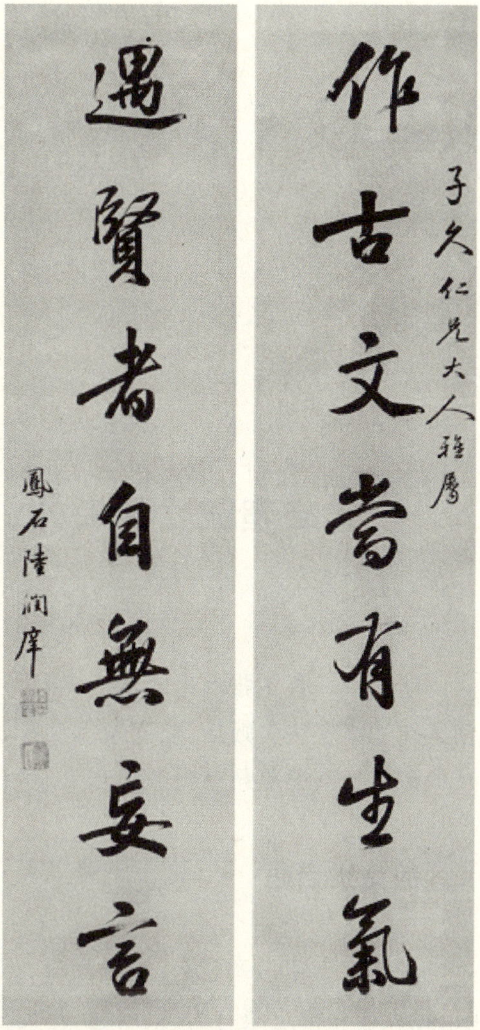

再次，要讲究方式和方法。为了达到某种目的的路途绝不止一条，在能坚持原则的前提下应尽量给予别人方便，可以考虑用不同的方式来实现这个目的，如果只是强硬地让别人去做，而不考虑别人的苦衷，那么大概即使达到目的了，人家的感觉也会打折扣，或者对你本人心生不满。多考虑自己要做的事情，根据环境的变化进行调整，让别人感到其实这是为了他们自己方便，他们就会主动去完成了。

纵横百家，才大如海；
安坐一室，意古于天。

——陆润庠手书联

第二十五章
梁启超流亡在海外　陆润庠助他得平反

陆润庠一直主张渐进式变法，同情并支持康有为、梁启超等维新派人士，即使是在光绪变法失败后，陆润庠也没有如墙头草那样完全倒向太后党。这可以从他积极帮助梁启超获得赦免和平反一事得到证实。

赦免梁启超

光绪三十年（1904 年）五月八日，慈禧借七十大寿之机宣布："从前获罪人员，除谋逆立会之康有为、梁启超、孙文三犯实属罪大恶极，无可赦免外，其余戊戌案内各员均着宽其既往，予以自新。曾经革职者俱着开复原衔，其通饬缉拿并现在监禁及交地方管束者着即一体开释。"康有为、梁启超、孙文这三人被定在永远不得平反之列。

1908 年慈禧死后，1910 年夏秋间，国内立宪派发起了一场开放党禁运动，建议朝廷赦免康有为、梁启超等维新党人，兼及孙中山等革命党。在日本避难的梁启超听到后，感到平反、回国的愿望即将实现，于是开始多方活动。

除孙中山由于已经打定主意选择了革命未参加外，康、梁二人采取了多管齐下的策略来张罗赦免一事。潘之博、麦孟华、长寿卿负责运动朝廷大臣载涛、载洵、善耆等几个王公权贵，徐佛苏、黄与之、侯延爽负责运动国会请愿代表，罗杰、方还二人在资政院提出议案，御史赵熙、温世霖等人也相继上奏建议赦免康有为、梁启超。陆润庠并没有被列入他们“做工作”的名单里。

但在这个过程中，潘之博、麦孟华、长寿卿花了大钱运作，效果却不很明显，至关重要的要给隆裕太后送材料的任务一直没有完成。这时，麦孟华想到了陆润庠——这位陆大学士虽然不张扬、不吃贿赂这一套，但他有正义感，估计可以帮忙。

于是，麦孟华辗转找到了陆润庠，请求陆送信给隆裕太后，陆润庠立即答应了，而且还具体分析了怎么送的问题，陆润庠认为，由他将信件交给庆亲王奕劻，再由庆亲王递交隆裕太后，这样由皇族成员送达更显得正规，更容易得到重视。

在梁启超与麦孟华的通信中，曾谈及他们找陆润庠帮助的情况。

麦孟华，字孺博，与梁启超同在康有为办的万木草堂门下，是梁启超友情最深厚的朋友、同窗，才华横溢，两人被合称为“梁麦”。梁启超在对麦孟华的悼诗《祭孺博》中写道：“同时草堂多俊物，唯君与我尤忘形。”梁启超在旅居日本期间，与麦孟华保持经常的通信。

1910 年，麦孟华在致梁启超的信中写道：

> 石老（即陆润庠）已将文章呈吉（指庆亲王奕劻），吉转交随看，随问从何来？吉以亲戚对（即此一语已极得力①）。将来尚须与月看后，共请龙（本书作者注：隆裕太后）办法。据吉云，龙前曾对彼辈言，凡事须为先皇（指光绪）留点面子，不可全顾孝（指孝钦慈禧）一面云云，则此事龙必愿意也。石（即陆润庠）定二十前再来讨消息，惟一事颇费斟酌，石昨将此物交还，云暂可不需，需时再说。弟推其意含有两层：一则或者石老高义，一则或嫌少，不能出光。然无论那一层，此物若不到，终恐不济。今已极力探取其意，若第一层则尚易斟酌，若第二层，则又费踌躇矣。

通过查阅梁启超与麦孟华全部通信后，明白了大意：我托陆润庠转交的有关您的事情的文章，陆润庠已经转交了，而且陆润庠很负责，约定二十前再来讨消息。这事看来能办成，因为听口气，隆裕太后（光绪皇帝的妻子）也是愿意的，

① 这是原信中的内容。

只是不能急。唯一颇费斟酌的是，陆润庠昨天将此物（应是一万银圆“好处费”）交还，说暂不需要，需要的时候再说。依我的分析，有两种可能：一是陆润庠确实廉洁、道德高尚，二是嫌少。

麦孟华与梁启超认为，陆润庠办事是够意思的，找的人到位，问及关系时，回答是亲戚，“就这一句话就可看出很有力”，这是保证事情办成的关键。陆润庠办事负责还表现在，他落实了本月“二十前再来讨消息”，这真是太好了，一定会有结果。总的说事情办得很顺利，但是有一件事情不放心，就是那一万银圆钱陆润庠没有收受。这让麦孟华很犯难。一万银圆是什么概念？当时两万银圆可以买一栋四层楼的别墅。

但经过各方面几个月的努力，赦免康有为、梁启超一事并未得到预想的结果。

对赦免未成这件事，梁启超的好友、最早研究梁启超思想、将梁的文章汇集编辑出版《饮冰室文集》（上海广智书局出版）的何擎一①，在1911年2月写给梁启超的一封信中总结了几个方面的原因：

> 顷宪子（伍庄，字宪子）自都来，言反对吾党者甚多，单刀直入，以金钱运动（指用金钱贿赂大官争取赦免的活动）宫闱及老吉（指庆亲王奕劻）者，土头（指袁世凯）也；造谣惑众，肆口乱骂者，革党也；阳甚赞成，而阴施其鬼鬼祟祟之手段者，章、陈、陆（指陆润庠）诸人也；不见其反对之迹，而人言其甚为反对者，郑（孝胥）、汤（寿潜）、张（謇）三名士也；之数党者，互为利用，务达其目的而后已，最为可畏。日前，周公（指载沣）向龙寓（指隆裕太后）提议此事，答曰：非此二人（指康、梁），先帝何至十年受苦？此言必有所受之也。
>
> （解玺璋：《梁启超传（24）》上海文化出版社，2012年出版）

这里，何擎一说的陆润庠、郑孝胥、张謇等人，“不见其反对之迹，而人言其甚为反对”，应该是道听途说，说的气话。事实上，康有为、梁启超等人不仅直接找了陆润庠他们这些大官，而且还花大钱请陆润庠找庆亲王奕劻甚至隆裕太后，试图说服，但要彻底否定慈禧的决定，还需要一个过程。后来，隆裕太后在

---

① 何擎一，又名何澄一、何澄意、何天柱，广东香山（今中山）人，光绪末科秀才，长期追随康有为、梁启超，以入门弟子相待，曾为康、梁经办书局。1957年病逝。

各方面的压力下，终于以宣统皇帝的名义发布了赦免令。此事终于办成了。这说明陆润庠他们的工作并没有白做。

宣统三年九月初九日（1911 年 10 月 30 日）内阁奉上谕，资政院奏称速开党禁以示宽大而固人心一折。党禁之祸，自古垂为炯戒，不独戕贼人才，抑且消沮士气。况时事日有变迁，政治随之递嬗，往往所持政见在昔日为罪言，而在今日则为谠论者，虽或逋亡海外、放言肆论，不无微瑕，究因热心政治，以致逾越范围，其情不无可原。兹特明白宣示、特沛恩纶，与民更始：所有戊戌以来因政变获咎，与因犯政治革命嫌疑、惧罪逃匿以及此次乱事被胁、自拔来归者，悉皆赦其既往，俾齿齐民。嗣后大清帝国臣民，苟不越法律范围，均享国家保护之权利，非据法律不得擅以嫌疑逮捕。至此次被赦人等，尤当深自拔擢，抒发忠爱，同观宪政之成，以示朝廷咸与维新之至意，钦此。

（《揭秘：慈禧曾赦免戊戌变法康有为梁启超同党》，《北京晚报》，2013 年 7 月 20 日）

陆润庠不仅帮助梁启超送了请求赦免的文函，还在梁启超从海外回国一事上做了不少工作。

辛亥革命前夕，国内各方政治势力纵横捭阖，纷纷登场，开始角逐权力，反而形成了政治上相对比较宽松的环境，梁启超在海外用各种关系和手段结交清廷权贵，密切注视国内时局的发展，等待归国的时机。麦孟华在广东不断地向远在日本的梁报告国内时局。同时，包括麦孟华在内的梁启超的朋友则积极为梁启超归国筹措经费，主要是筹措在国内买房子的钱。

1910 年末，麦孟华写信给梁启超，告诉他，为了他的回国，已经筹得款项一万五千圆。信中说：

顷得美中书，云筹款万五千圆，专济北需，谓已寄至尊处，不审已收到否？北中需款极急，若、石（即陆润庠）二公已以此事托人，势万不能中止。踞人着炉火上，断不能拱手坐视，若始乱终弃，则若何以对石公？此款倘至，望即寄来转北，以济急用，倘尚未到，则请往银行一询。

（丁任江、赵丰田：《梁任公先生年谱长编》，中华书局，2010 年出版，第 273 页）

由于梁启超在是回国还是不回国的问题上一直很犹豫，麦孟华对他说得很恳切："势万不能中止。踞人着炉火上，断不能拱手坐视，若始乱终弃，则若何以对石公?"意思是说：我们现在请陆润庠等人帮忙，已经上了火炉了，你可不能撤火啊，否则，怎么对得起陆润庠他们这些德高望重的人啊?

在得到了陆润庠等人所提供的包括筹措经费在内的帮助后，梁启超于1912年回国，居住在天津，1914年在天津意租界西马路（今民族路）购买了一块近4亩的空地，按照意租界工部局的规定，梁启超委托他人将房子设计成具有个性的小楼，命名为"饮冰室"。购买洋楼的费用为两万圆。

正所谓：素来办事靠人情，推磨还得雪花银。高义之人尤贵重，好事终归能办成。

感言与物议

如何正确评价中国近代史上的政治改良，是一个值得重视的问题。

首先，不管是革命还是改良，都是近代中国社会的时代要求、客观要求。也就是说，革命与改良，不是某一部分人主观造成的，而是社会发展的客观现实造成的。近代开启以来，中国遭受到西方资本主义国家的侵略，本身的社会制度和社会经济文化遭到西方先进的资本主义文明的冲击。在这种冲击下，国内的腐朽势力愈益抬头，并与侵略势力结成联盟，阻碍中国的发展壮大。中国只有改变现状，奋发自强，才能自立于世界。那么革命与改良就成了改变当时中国现状的两条不同的道路。来自西方的资本主义冲击是一把双刃剑。它一方面给中国人民带来了苦难，造成了中国的落后，并压制中国的发展；另一方面，它又促成了中国人民的觉醒。正是在四面受敌、即将遭瓜分的情况下，中国人民才意识到必须改变现状才能求得生存和发展，也正是在这种情况下，才能虚心地吸取西方的先进文明。

其次，按照中国当时的体制内的主流意见，改变中国命运的最好办法是变法，即改良。因为改良可以在不流血、少流血的情况下，通过逐步的、有序的制度改革，使一个国家和平地过渡到一个强国。改良可以使传统与现代不完全脱节，也可以使变革更持久有效。改良能解决的问题，便不需要革命；改良成功了，便不会发生革命。这个意见错了吗？也没错。

但是，近代中国的历史条件走向了革命的道路。这是因为帝国主义对中国的侵略太紧太深，它们不希望中国走向富强的道路，所以它们也不会真正希望中国通过改良而改变现状。其次，统治阶级中的顽固势力太强大，不甘心在改革过程中丧失其原有的利益，于是，他们便千方百计地阻挠或延缓改革的步伐。再次，改良者本身的弱点及改革过程中的失误，从一定程度上造成了改良的流产。因此，革命不是天然的，也不是革命者人为造成的，而是由中国近代社会各种主客观条件造成的。

改良与革命有着紧密的关系。革命者的革命活动，促使当权者必须以改良来压制革命。比如慈禧太后就明确表示过立宪的目的就是要杜绝革命。反过来，改良的很多措施也在客观上为革命的兴起提供了有利条件。从某种意义上说，改良就是革命的先声。比如，戊戌变法运动促成了第一次思想解放运动，使西方民主进步思想大量涌入，客观上为民主革命提供了思想基础；清末新政中，清政府实行废科举、兴学堂、派遣留学生、编练新军等措施，本意是为了维护其统治，但实际上却为自己培养了一批掘墓人。改良如果能顺利及时地进行，能够得到有效的控制，则其改良的措施无疑是必要的；但当改良受到延迟阻碍，则其已经实行的措施必然造就推动继续改良的势力，如果不能对这些势力进行有效疏导的话（其实最有效的方法还是继续进行改革，实现其最初的承诺），那么这股势力必然要寻求体制外的道路。此道路便是革命。辛亥革命便是在这种情况下爆发的。

毛泽东是怎样从接受改良思想到革命行动的？他曾对采访他的美国记者斯诺说："我读了一本叫作《盛世危言》的书，我当时非常喜欢读这本书。作者是老的改良主义者，认为中国之所以弱，在于缺乏西洋的装备——铁路、电话、电报、轮船，所以想把这些东西引进中国。""我读了以后，对国家的前途感到沮丧。我开始认识到，国家兴亡，匹夫有责。"1909 年秋，一位具有维新派思想的教师李漱清从外地回到家乡韶山冲，积极主张废庙宇、办新式学校以开发民智，他对少年毛泽东非常赏识，毛泽东被他描述的变革前景与爱国热忱感动了。毛泽东在长沙读书的时候，发表的第一篇文章贴在学校的墙上，文章如此写道：清王朝腐朽透顶，必须彻底推翻。只有实行维新，组织民国新政府，实现共和，反对外国列强的侵略，我中华民族才能崛起，中国才有出路。欲达此目的，唯有以孙中山、康有为、梁启超组织新政府。我辈应立即把孙中山从日本召回来任新政府的总统，康有为做内阁总理，梁启超当外交部部长。这篇文章立即在全校引起了巨大的反响。后来，全国各地反清情绪不断高涨，清政府又倒行逆施，颁布了

“铁路国有”政策，一手向地方收回铁路主权，另一手又将铁路主权作为抵押而向英、美、德、法四国银行大借外债。这样做的结果，必然使铁路的主权不可避免地被帝国主义攫取。四川、湖南、湖北和广东等省的人民纷纷抗税、罢课、罢市、罢工，开展声势浩大的保路运动。湘乡驻省中学的学生也非常气愤，于是，毛泽东与同学们一道，以剪辫子的手段来表示反抗清朝政府。他的思想发生了很大的变化，而且在行动上主张与封建的东西彻底决裂，投入到革命的洪流之中。后来，他曾感叹道：“政治思想是怎样能够改变一个人的观点啊！”辛亥革命后，毛泽东参加了新军，并作为一名列兵服役半年。从军后的毛泽东被编入湖南新军第二十五混成协第五十标第一营左队。当时，程潜担任湖南督军府的参谋长和军事厅长。所以，1949 年 9 月 7 日，程潜从湖南到达北平时，毛泽东、朱德、周恩来等人到火车站迎接。程潜客气地说，不应该劳主席大驾，亲自到车站迎候。毛泽东却热情地说：“我应该来接。我们是老乡而且你又是我的老上级。”接着，他还诙谐地对同去的战友们说：“枪上肩，枪放下，瞄准、射击那几下子，我至今还没有忘记。这是我从你程颂公指挥的新军那里学来的呢！”毛泽东从信奉改良主义到参加革命、进而领导革命的经历，揭示了历史的必然性。

所以，历史是不能被忘记的，改良抑或革命最终是由历史决定的。

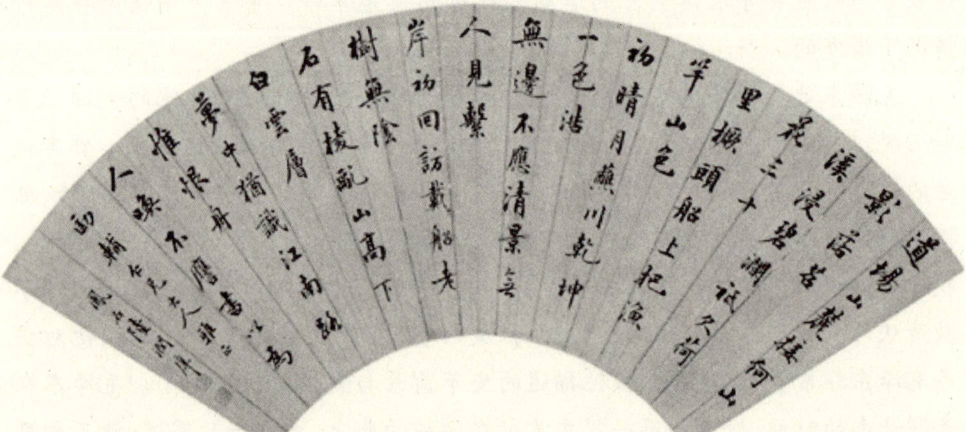

杜老乾坤谢公山水；
右军翰墨吏部文章

——陆润庠晚年自题联

第二十六章

帝王师最后过把瘾　减机构裁员节开支

陆润庠晚年有两个职务，一个是担任弼德院院长，第二个是担任皇帝典学，就是溥仪的老师。

“弼马温”

弼德院是清末仿日本枢密院这个机构设立的国务顾问机关。1911 年(宣统三年)5 月，清廷在成立“内阁”的同时设立了弼德院，规定其“权限与内阁相为维系”，“用备顾问”。就是说，名义上讲，弼德院与内阁是平级的，是皇帝与内阁的咨询性机构。弼德院设院长、副院长各 1 人，顾问大臣 32 人，另有参议 10 人。弼德院下设秘书厅，有秘书长 1 人。弼德院的奏事章程规定：(1)奏事均由面奏或用片奏，不具正折；(2)所奏之事以特旨咨询事件为限；(3)所奏事件不登载官报。

弼德院基本上是个养老的地方，实际上没有什么政治作用，院长完全是个闲职。徐一士在《吴郁生笑谈一则》中写道：

> 宣统辛亥，设弼德院，以陆润庠为院长。润庠拜命后，曾与乡人宴。席间，吴郁生忽发一问曰：“古来官名亦有第一字为‘弼’字者乎?”众言未有，郁生徐曰：“有之，见于《西游记》，弼马温也。”众为哄堂，润庠亦笑不可忍也。

弼德院前不见古人，后面的来者也没有几位。陆润庠自己也笑了。

弼德院前后一共四任。陆润庠和荣庆（满族人）分别为第一任院长、副院长。后荣庆与奕劻曾任第二、第三任院长。不久，清廷灭亡。1917 年张勋拥溥仪复辟后，清室曾委任徐世昌为第四任院长、康有为任副院长。

帝师难当

在中国古代，皇帝的老师叫“太傅”。这是自周代设置的一个虚职，但承担辅弼天子之重任。爱新觉罗·溥仪出生于清朝光绪三十二年（1906 年）。其祖父是醇贤亲王奕譞——道光皇帝的第七子，初封郡王，后晋亲王；溥仪的父亲载沣是奕譞的第五子，奕譞的长子、三子、四子早殇，第二子载湉（光绪）当了皇帝，奕譞死后，由载沣承袭了王爵。溥仪是第二代醇王的长子，道光皇帝的曾孙。1908 年（农历十月二十日）慈禧太后和光绪皇帝病重，慈禧突然决定立溥仪为嗣皇帝，承继同治（载淳，是慈禧亲生子，光绪的堂兄弟）兼祧光绪的名分入宫，入宫后的两天内，光绪和慈禧相继去世。十一月初九日，溥仪登基，成为清朝第十代皇帝，也是中国最末一位皇帝，年号宣统。当时溥仪三岁。

宣统三年（1911 年）溥仪六岁，隆裕皇太后选好教书的钦天监师傅，选择宣统三年旧历七月十八日辰刻这个吉日良辰（9 月 10 日上午 8 时），溥仪皇帝在中南海瀛台的补桐书屋举行了开学授读仪式。隆裕皇太后亲自为溥仪皇帝择定的老师先后有七位，首批是三位，依顺序为陆润庠、陈宝琛、伊克坦。按照清朝的规矩，选择帝师的标准是，品格完善，行为端方，学识渊博，道德高尚，温和稳健。其时，武昌的炮声已经响过，新内阁总理大臣袁世凯上了台，“议修和息战祸，取隆裕太后懿旨，颁示天下，改建国体，于是逊位诏下矣”。不过，还曾给溥仪保留着皇帝尊号，只把读书地点从中南海补桐书屋迁到紫禁城内毓庆宫去了。

在陆润庠的仕途生涯中，有过多年当老师的经历，不但陪过光绪读书，还曾以吏部尚书协办大学士身份作经筵日讲，就是在翰林院掌院学士、国子监祭酒等位子上的工作也主要是讲课。现在叫他去给一个逊位的皇帝当老师，怎么个当法？

溥仪开始学习了，但他毕竟还是个小孩子，生性无拘无束，突然被关进书房，要规规矩矩地读书，不是件容易的事。一天，陆润庠给溥仪讲《四书讲义》，其中第 31 号中有论述“夫所以谓之观物者，非以目观之也。非观之以目，而观之以心也。非观之以心，而观之以理也。天下之物，莫不有理焉，莫不有性焉，莫不有命焉。所以谓之理者，穷之而后可知也。所以谓之性者，尽之而后可知也。所以谓之命者，至之而后可知也。此三者，天下之真知也，虽圣人无以过之，而过之者，非所以谓之圣人也”。由于枯燥而冗长，溥仪坐不住了，开始闹腾。

根据溥仪写的《我的前半生》记载：

有一次，我的陆润庠师傅竟被我闹得把“君臣”都忘了。记得我那次无论如何念不下书，只想到院子里看蚂蚁倒窝去，陆老师先用了不少婉转的话劝我，什么“文质彬彬，然后君子”，我听也听不懂，只是坐在那里东张西望，身子扭来扭去。陆师傅看我还是不安心，又说了什么“君子不重则不威；学则不固”，我反倒索性站起来要下地了，这时他着急了，忽然大喝一声：“不许动！”我吓了一跳，居然变得老实一些。可是过了不久，我又想起了蚂蚁，在座位上魂不守舍地扭起来。伴读的来了之后，果然好了一些，在书房里能坐得住了。我有了什么过失，师傅们也有了规劝和警戒的方法。

我每天念书时间是早八时至十一时，后来添了英文课，在下午一至三时。

桌子北边朝南的独座是我的，师傅坐在我左手边面西的位子上，顺他身边的是伴读者的座位。这时太监们把他们的帽子在帽筒上放好，鱼贯而退，我们的功课也就开始了。

陆润庠在与其他两位老师共同的教学过程中，难免会发生一些矛盾，每次陆润庠都以忍让了之，从不以势压人，更不仗着自己有学问、年龄和资力的优势欺人。在柴小梵《梵天庐丛录》一书中有这样的记载：“陆凤石殿撰润庠，仕清，位至师傅，无所表白，唯唯诺诺，和同他人，说者谓正是其福厚处。”“人以为耻，而陆乃安之若素。在宫讲《孟子》，一依村鄙陋儒之说，陈宝琛同在讲席，曾面斥其非，陆惭而退，却不较量。”他的“门生故旧之到苏执绋者半中国”，“腆然作长乐老直，君子犹多之”。

65 岁的陈宝琛师傅虽然是排在陆润庠之后的，但担任“帝师”授业的兴趣似乎更大些，经常利用上课的机会向溥仪灌输“卧薪尝胆”“遵时养晦”“静观其变”的复辟思想。陈宝琛认为，“革命、共和都长不了，民国刚建立，就已经天怒人怨，国朝两百多年深仁厚泽，人心思清，终必天与人归”。他希望溥仪有朝一日能够恢复“皇清大业”，“重登九五”宝座。这对于年幼的溥仪影响很深，后来溥仪赴东北充当伪满傀儡，陈宝琛是极力反对的，但他万万没有想到自己做“最忠于大清、最忠于自己、最稳健谨慎”（溥仪语）的人，倒成了卖国贼的“教唆犯”。陆润庠则无心去教授什么复辟的事，坚持只讲历史文化知识。他负责讲解《四书讲义》，有时溥仪听不进去，陆润庠也就会心不在焉，讲着讲着就讲错了历史故事，陈宝琛立即会打断他，而且还耻笑他，陆润庠也表现出无所谓的态度。陈宝琛受到溥仪更多的“恩宠”，清室给陈宝琛每月发一千元，而给陆润庠及其他师傅只有四百到六百元。①

精简皇室机构

陆润庠考虑得比较多的是，在这个岗位上还能不能做一些实实在在的事情。陆润庠一面忠诚于授读之职，一面利用这个位子为国家做些有用的工作。

1912 年 11 月 15 日溥仪传旨：

朕钦奉隆裕皇太后懿旨，现在时局变更，规模自应改定；财力匮乏，烦冗亟宜删除。所有内务府及所属各衙门暨有关皇室各衙门，事多专司，用款不无靡费，官沿定制，额设不无冗员。自应酌其繁简，量加裁并，庶足以昭核实而期久远……为此着派总管内务府大臣世续以及陆润庠等体察情形，通盘筹划……随时会商醇亲王载沣，妥拟办法，奏明办理。

陆润庠参与并主导了这项清室机构改革和人员精简工作。两个半月以后完成，通过溥仪的又一道谕旨传出了结果：

御前大臣、御前行走、御前侍卫、乾清门行走、乾清门侍卫，着暂仍旧制。其三旗侍卫，现在差务较简，即以三百员为定额，余着一律裁撤……唯念侍卫情形困苦，着加恩一律赏食原俸，以示体恤。

---

① 左远波：《清宫旧影珍闻》，百花文艺出版社，2003 年出版，第 262—263 页。

对于清室机构改革和人员精简，溥仪在回忆录中做了记载，他将此看作是在力所能及的范围内“做了一点对人民有益的事情”。

辞职

陆润庠给末代皇帝溥仪当师傅一年有余，隆裕皇太后授予他为“太保”的荣誉。但是，陆润庠认为自己该做的事情已做得差不多了，年岁也确实大了，办完这件事之后，他就提出了退休。1913年1月14日，陆润庠给清室总管内务府大臣世续（字博轩）写了一封信：

博轩中堂执事：数日不晤为念！庠日来更觉气体衰惫，唯静坐养息则可稍舒，不能劳动。毓庆一席，万不能支，暮年精力有限，只可奏请致仕，倘能邀准，则为万幸。奏底附呈，明早千万照拂，总以得请为度。敬祈台安。晚润庠顿首。

得到了老朋友世续的赞成后，陆润庠以恳切的言辞给隆裕和溥仪写了奏折，表达了辞教的原因，请代为呈送：

臣陆润庠跪奏，为微臣年力就衰，恳恩致仕，沥陈下情，仰祈圣鉴事：窃臣服官三十余年，受恩深重。光绪廿六年拳匪之祸，孑身出险，护驾西安。上年变起仓猝，举朝棼散，臣以感激知遇，复以皇上典学方新，正资启迪，未敢言去。而年逾七十，老态日增，每逢秋冬喘逆不止，近更行步艰难，两耳重听，皇上读书有时错误未能指正，于毓庆宫讲授一事尤不相宜，若再以衰庸窃位，势将贻误圣学，关系匪轻。虽私衷耿耿，瞻恋阙廷，而精力已疲，无从报称，不得已，沥陈衰病情形，仰恳天恩，准予致仕并停给养廉，开去一切差使，俾得优游退老，以尽天年，则犬马余生，何莫非君恩所赐，臣不胜迫切待命之至。所有微臣陈请致仕缘由，谨恭折具奏，吁求恩准，伏乞圣鉴，谨奏。宣统四年十二月初八日。

递上奏折的第10天，隆裕批准了他的辞教之请。以溥仪名义下的谕旨是这样写的：

> 朕钦奉隆裕皇太后懿旨，陆润庠奏力疾销假，恳恩开去授读差使一折，陆润庠着准其开去授读差使，仍在毓庆宫照料，并仍赏给每月津贴，以示体恤，钦此。

陆润庠回禀，一方面表示感谢，另一方面希望不要再给他发那么多津贴，只要一半即可。他写道：

> ……闻命之下，惭感莫名。窃臣居官三十余年，入侍内廷，出司文柄，历受两朝恩遇，派充大小差使，莫不敬慎从公，从未敢稍形退缩。兹因年力衰颓，不得已恳请恩准开去要差。仰蒙慈怀体恤，俯察下情，渥荷纶音，有加无已。臣虽肝脑涂地，不足云报，唯有勉竭愚忱，于毓庆宫常川照料，时时仰瞻天颜，得遂冀幸私衷，皆出慈恩所赐，唯蒙温谕，仍给每月津贴，此则臣心实有不安。可否再恳天恩，量予核减，照授读养廉只领其半，庶几两得其宜，吁求恩准。

作为清末最高的文职官员，陆润庠深深怀恋着传统的教育和制度，却并不反对历史变革，而且还在力所能及的范围内推动了改革。

陆润庠辞教之后不到一个月，隆裕于1913年2月22日“驾崩”，溥仪尊谥她为“孝定”，陆润庠被派去参与丧仪。当年12月13日，在清西陵崇陵安葬了德宗景皇帝、孝定景皇后隆裕。陆润庠与世续、徐世昌一起“敬题神主”，为此，12月19日溥仪为他们颁发嘉奖谕旨：“敬题德宗景皇帝、孝定景皇后神主之太保世续、陆润庠，太傅衔徐世昌，斋肃洁诚，恪恭将事，世续、陆润庠、徐世昌均着加恩赏戴双眼花翎，钦此。”次年，溥仪过生日，照例行赏，对陆润庠这位退休的“宰相”“着加恩赏加太傅衔”。

关于陆润庠去世的情况，晚清名臣、训诂学专家唐文治的《记陆文端公事》一文叙述颇详。唐文治曾任清末工部尚书，与陆润庠有忘年之谊，来往亦多，所叙自是亲闻，固然可靠可信。《记陆文端公事》云：

> 宣统初即位改元，吾苏陆公凤石（即陆润庠）以大学士总师傅职，启沃

君德，翊赞嘉谟，老成典型，一时宗仰之。辛亥政变，两宫逊位，当是时，铜驼荆棘之感，怵目恫心，公常含泪出入禁庭，虽风雨靡间。越岁余，当事者有改迁太庙之议，咨皇室召大臣会议画诺。公嘿然不发一言，遽叩首上前曰："老臣将随先皇帝（指光绪）逝矣。"上曰："噫！师傅何为出此言也，竟忍舍我去耶？"公复嘿然饮泣出，即具疏乞病假，日饮猛攻刻削之药，家人不知也。徐菊人相国往访之，询病状。徐亦达医理，索方阅之，骇曰："公老病可服此等药耶？"公转诘之曰："若服此药，吾疾果可不瘳乎？"徐憬然悟，叹曰："公能如此，吾辈之罪深矣！"公曰："不然。古人有言，死易，立孤难，吾为其易者，此后皇室经费，唯子是赖矣。"徐怅然别去。逾月，公遂不起，上震悼，予谥文端。

其中"立孤难"一句，徐世昌解释说，陆润庠曾托孤给他，也就是把溥仪的命运交给他了。

此时，"洪宪皇帝"即将粉墨登场。陆润庠痛苦不堪，终于想不出继续活下去的理由和勇气。他在遗折中概述一生经历说：

窃臣江左旧族，赋性迂庸，由翰林历官四十余年，僕直南斋三十余年，叠掌文衡，累晋清秩。渥荷孝钦显皇后、德宗景皇帝先后特达之知，历掌都察院、工、吏二部。宣统初元，叠承恩命，入赞纶扉。嗣因皇上入学读书，蒙孝定景皇后派在毓庆宫授读，侍直两年，惭无报称。复蒙恩授太保，寻又赏加太傅衔。只以衰龄重听，累疏乞休，蒙恩体恤，改为照料。鸿慈稠叠，浃髓沦肌，间日趋公，不敢求退。臣夙患肺喘，逢秋辄发已十数载。今年挟有伏暑祛邪发表，元气渐伤，自揣羸孱，恐无生理。谨口授遗折，命臣于宗振恭缮呈递，叩谢天恩。伏愿我皇上及时念典，日进高明，则臣虽死犹生，矢图衔结，区区寸诚，不胜凄恋之至。伏乞皇上圣鉴，谨奏。

陆润庠75岁卒，溥仪十分悲痛，皇室赏给陀罗经被，派贝勒载润前往奠醊，赏银3000元治丧。

正所谓：万里浮云卷碧山，青天中道流孤月。孤月沧浪河汉清，北斗错落长庚明。怀余对酒夜霜白，玉床金井水峥嵘。人生飘忽百年内，且须酣畅万古情。（李白《答王十二寒夜独酌有怀》）

感言与物议

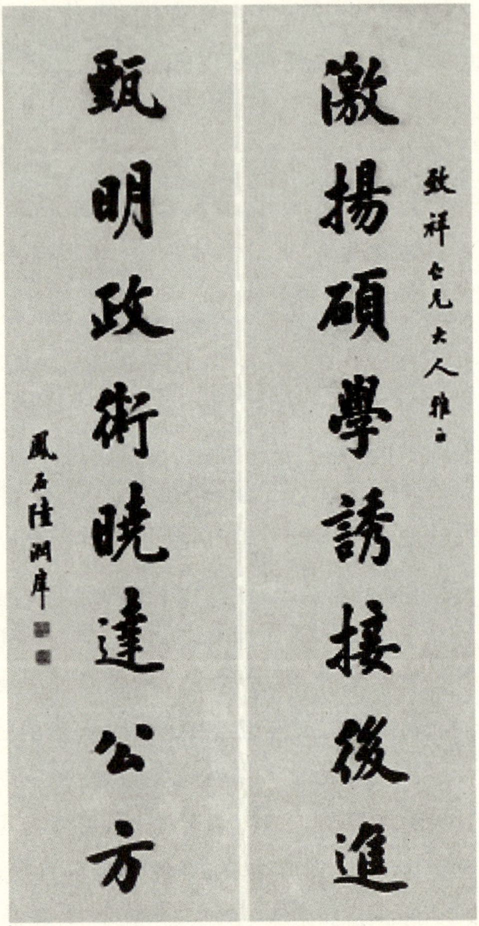

谈及陆润庠的生平成就，著名清史专家罗继祖教授评论说：“吴门固多才，历翰苑赍揆席台阁者相踵，同光之际，翁松禅（同龢）、潘郑庵（祖荫），为一时坛坫宗盟。”“易代之际，惟凤石（陆润庠）独存。”“凤石，《清石稿》有传，在官建言甚多，于新旧两派不为左右袒。”

陆润庠有着历史的局限性，在“圣旨出不了紫禁城”的岁月里，他想做些有益的事情很难。康有为、梁启超的维新活动，陆润庠既同情相帮，又必须吸取翁同龢的教训，防止走极端而事与愿违。对于孙中山、宋教仁与国民党的革命活动，他已经垂垂老矣，纵有想法也已力不从心。1915 年，陆润庠在一帮跳梁小丑为袁世凯复辟帝制卖力的时候，满腹愤懑地以命抗争，死又何憾！我们对历史人物可以点评，但最好不要脱离历史实际地去苛求。

与其求全责备，不如认真总结。

蝌蚪尝收古鼎；

龙蛇走遍老藤。

——陆润庠赠星泉联

第二十七章

公休制确立国际化　宣统帝放假休一天

中国长期以来以农立国，日出而作，日落而息，历法以月亮运行为依据，遇到“节”就可以放假，“春节”是最大长的假期，唐代建立了“旬休制”，十天休息一天。那么，什么时候开始按照西方的星期日放假公休的呢？这个原本只属于西方的作息制度是怎么传到中国并得到官方认可的？在这一重要变革中，直接参与并决策、成为关键性人物的，是陆润庠。从此中国人的日常生活节奏有了新的规律，人们的生活和工作周期定格为如今的以七天为一个单元。

礼拜日传入中国

1807年，英国基督教传教士马礼逊来华传布新教，同他的中国教徒们一起在礼拜日进行传道祈祷，这是中国人对西方的星期日（当时多被称为“礼拜日”）休沐制度最初的认识。鸦片战争后，西方人大量进入并长期在中国生活和工作，他们按照本国习俗在星期日休息娱乐，对此中国人始而好奇，后逐渐认同。1872年6月13日，上海《申报》发表社论称：西洋各国的星期日休息制度，于人生有益，中国应该仿行。1875年出版的早期维新思想家王韬的《瀛堧杂志》①,1876 年上海文人葛元煦撰写的《沪游杂记》等著作,都介绍了寓居上海的西方人士在星期六过周末的热闹场景。当时,中国人只是从教会、洋行等的作息制度及外侨的生活中知道星期日为国家规定的公休日,但是没有人出面倡导推行,星期日对民众的影响主要还停留在认识阶段。

到了 19 世纪 80 年代,星期日休息制度开始进入个别新式学堂。最先实行这一制度的是福州船政学堂——一所洋务运动中设立的著名学校。该校为了照顾外国教习的生活习惯,给部分师生放假过星期日。1882 年船政学堂规定,在洋教习任教的一班,学生随同教习星期日休息,其余由中国教习任教的三个班,星期日不休息。同校而不同制,显然有校方的顾虑,为的是避免被指责全校通行西俗,但多少也体现了先行者的勇气。

1895 年戊戌维新运动后,社会风俗改良运动加快了步伐。对西学的推崇使试行星期日休息制度被提上了日程,大批新建立的新式学堂在其制定的本学堂章程中大都明确规定了全校师生星期日休息的制度。当时还很少有"星期日"这个称呼,通常以"房""虚""昴""星"四字代替,这是根据中国的二十八宿值日法推算而出,以后的"星期日"名词即来源于此。1897 年创办的江宁江南储材学堂规定:"每逢房、虚、昴、星日,照西例休息。"同年,浙江求是书院(今浙江大学前身)也定了此规。宁波中西学堂校方规定:"凡遇礼拜日,则停止讲读。"但并非所有新式学堂都实行星期日放假制度,这要取决于学校当局的态度。武昌两湖书院是张之洞创办的一所著名的中西并重的学堂,张之洞喜谈新学,却深恶西俗,所以两湖书院仍依旧例,"十日放旬假一日"。当时,维新派创立的社会团体大多实行星期日聚会或休息制度。当时的一些报纸也采取星期日休息制度。维新志士唐才常、谭嗣同创办的《湘报》,即每逢星期日停止出报一期。

由于社会的认同,鉴于教育部门的特殊需要,1902 年 8 月 15 日清政府颁布的《钦定中学堂章程》《钦定高等学堂章程》,首次由政府出面,规定全国中等、高等学堂一律实行星期日休息制度。从 1906 年起,清政府中央内阁各部机关也相继在星期日放假公休,率先实行这一制度的是一些新设立的中央机构,如主管教育的学部是第一家。陆润庠主管的工部是紧跟着实施的部门。随后,陆军部开始休星期日。陆润庠担任吏部尚书后,推动这个较守旧的部门也跟潮流实行了星期日公休制度。地方政府机构也闻风而动。在司法系统,1907 年天津

① 堧(音 ruán),城郭、宫殿旁的空地。

审判厅已实行星期日休息制度。1908 年各地普设地方自治机构,成都自治局的办公条例规定:“年节照例放假……星期休息。”

皇帝制度即国家制度

星期日休息这一制度真正在国家层面得到确认,应该以进入皇宫为节点。

1909 年,三岁的溥仪登基,改元宣统。1911 年 7 月,清廷在毓庆宫为其举行隆重的典学仪式,由陆润庠、陈宝琛等三人授读。开学后,帝师们为星期日给不给小皇帝读书放假一事颇费踌躇,如果在星期日给小皇帝放假,有违祖制;不放假,则不合时宜。陆润庠思想比较开明,主张按照国外习俗,实行星期制度,在周日给小皇帝放一天假。为此他专门上报皇室请求裁决。

> 陆润庠、陈宝琛、伊克坦三大臣近查历朝皇上典学,本无星期休息之条。惟现今时势变迁,所有各学堂曾经学部定章,星期皆予放假。今上似可不必拘定往例。只以事关重大,特为奏请监国。转请皇太后裁夺。

摄政王载沣(监国)在与皇太后商量后决定,同意不拘泥祖制,适应潮流,星期日给小皇帝放假。懿旨为:

> 皇上尚在冲龄,未便过于勤学,所请星期休息之处,着照所请,该大臣知道。

(《大公报》,1911 年 7 月 27 日)

这样,实际上属于国家制度层面的星期日休息制度产生了,而且还统一使用了“星期”这个词汇而不用“礼拜”一词。中国建立这个制度的时间比日本晚了 40 年。

正所谓:逝者如斯昼夜补,南山可移时悠悠。明日何多我不待,万事蹉跎水东流。

感言与物议

时间观、时空观与物质观、意识观、运动观、真理观一样，是哲学构成的基本板块，为一切完备的哲学体系所必需。任何一个博大精深的哲学思想，都要有对自然时空、社会时空、历史时空的总体认识和深刻把握。

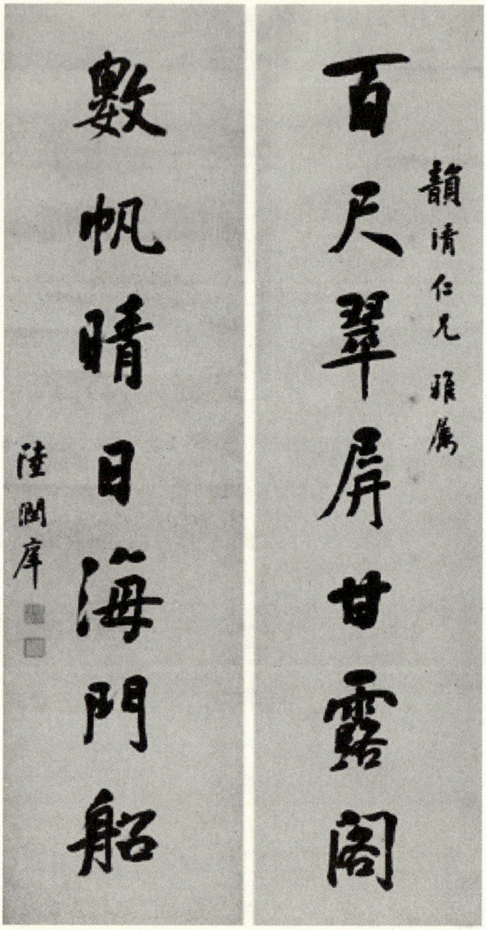

科学的时空观应该是绝对与相对的统一、连续性与中断性的统一。过于看重绝对性，人们就容易导致无所作为的认识论；过于看重相对性，人们就容易产生急于求成的方法论。过于看重连续性，人们就容易对传统产生迷恋而不愿意革新；过于看重中断性，人们就容易陷进想入非非和不切实际的泥坑。我们通过陆润庠在星期制度上的革故鼎新，可以发现他在时空观问题上所具有的变革和创新意识，基于这种哲学认知层面的意识产生的原始动力，使他在动荡的社会中能做到居安思危、左右自如、有进有退、求变不乱。同时，通过陆润庠推动实行星期制度，推动国家层面开启与国际制度接轨的新一页这一件小事，我们可以发现，中国社会的现代化进程其实就是由这样一个个小小的坐标点连接而形成的轨迹。随着数字化时代的到来，虚拟时空、虚拟时空哲学将会提上研究日程。时空的相对性得到极大的拓展，“时空穿越”常常成为人们津津乐道的话题。这将使我们现有的时空观得到极大的丰富，我们需要反思：传统时空观对“一维性”的认识是不是僵化了一些？诚如在国家的发展中对“硬实力”与“软实力”关系的认识一样，过于强调时间“一维性”，会不会使我们始终生活在局促之中？我们是不是也要给“一维性”放个星期日休假?

但是,我们相信,无论社会怎么七十二变,也改变不了生产方式、生活方式所具有的基本规律性和这个规律对其他事物的决定性作用,就好比,上了一点年纪的人可能前段时间没有上QQ,后来上了微博,或者后来也没有上微博,却直接开了微信,或者现在还是不上QQ、微信、微博,但仍然来得及过几天上个什么新"东东",没关系的。

分庙堂忧，诗息后言窥相业；
联文字饮，重寻海屋失人豪。

——陈三立挽陆润庠联

第二十八章

爱京剧听戏比人生　写楹联落笔讲意境

陆润庠在人生最后的岁月，回想自己从考上状元开始走过的一条官场道路，感慨万千。清帝退位，一个时代落下帷幕后，陆润庠晚年赋闲在青岛居住，与京戏和诗画为伴。

京剧票友

陆润庠酷爱京剧。人生如戏，官场更是比戏还要惊心动魄。作为当朝一品，陆润庠见证了清朝大厦倾颓之最后时光的风风雨雨。他和诸多事件紧密相连，又与众多人物有着撕扯不开的关联，他看戏与其他人会有不同的感受。

在光绪年间，陆润庠有空的时候，常常会去北京的广和楼看戏。广和楼即现在的广和剧场，在北京前门外，建于明末，曾为京城最早最出名的戏楼，与华乐楼、广德楼、第一舞台并称为京城四大戏园。早在明代，这里就是小有名气的茶楼，后来逐渐形成戏园。广和楼历史悠久，其前身是康熙年间的酒馆戏楼，名叫“查楼”，因为老板姓查。查氏分为南查、北查。南查有浙江海宁的查氏，以文脉胜，明清时便有以查慎行、查嗣庭兄弟等为代表的“一门七进士，叔侄五翰林”，康熙曾亲题“唐宋以来巨族，江南有数人家”于查氏宗祠，当代的代表人物有诗人、翻译家穆旦（查良铮），以及小说家金庸（查良镛）等。北查主要分布在京津两地，一直以来因经商（主要是盐务）而成为京津一带的巨富。查楼兴建于明代，清代吴长元《宸垣识略》中说，“查楼在肉市，明代巨室查氏所建戏楼。本朝为广和戏园，入口有小木坊，旧书‘查楼’二字。乾隆庚子毁于火，今重建书‘广和查楼’”。可见查楼本是私家花园里的戏楼，康熙年间改为茶园对外营业，初名查家茶楼、查家楼，后改称广和查楼。

旧时的戏院，极重视戏台的柱联，因为它一方面表示了拟定柱联的文士的文采，另一方面它也是观众们欣赏玩味的对象。广和楼的柱联一共换过多少次已无法考据，但是其经历的三个朝代，有两副对联是值得一提的。光绪年间，广和楼有一副非常有名的对联，据清人杨静亭所著《都门记略》记载，是陆润庠写的，内容是：

学君臣，学父子，学夫妇，学朋友，汇千古忠孝节义，重重演出，漫道逢场作戏；

或富贵，或贫贱，或喜怒，或哀乐，将一时离合悲欢，细细看来，管教拍案惊奇。

此副楹联，比较全面地诠释了京剧的功能，形象地把舞台上展现的世间万态和人们观剧的各种感受集于一体，既确切，又富有哲理，淋漓而尽致，形象而深刻。现在的人们不大看京剧了，恐怕也就少了很多这么细腻的体验。

在陆润庠之前，康熙皇帝曾到广和戏楼看戏，并也赐有对联一副：

日月灯，江海油，风雷鼓板，天地间一番戏场；

尧舜旦，文武末，莽操丑净，古今来许多角色。

梅兰芳第一次登台就是在广和楼。梅兰芳、周信芳等人都同台演出过。梅兰芳先生曾回忆说：“我十一岁初次在广和楼出台，参加的是俞振庭所组的斌庆班。是一种临时的、纯粹客串的性质。到我十四岁那年，才正式搭喜连成班。每天在广和楼、广德楼这些园子里轮流演出。”广和楼演戏不登广告，以二门外堆着的演出应用的“砌末”（道具）作为广告。如《挑华车》的大铲头枪、《御碑亭》的亭子、《艳阳楼》的石锁和仙人担等，熟悉戏的观众只要看见戏院门口堆着的道具便能知道当天演的是什么戏码了。广和楼的戏票，每张仅收一小枚铜钱,很实惠。

广和楼在光绪年间连遭两次大火,损失惨重。后来,北京的“白薯王”王静斋(王杰)将其买下,重修后改名广和楼戏园。戏台分两层,上层是台冠,下层是舞台。舞台的周围有栏杆,是宋元时代的勾栏遗风。舞台有三面突出在观众席中,无形中给演员的演出提出了一个很高的要求,即侧影也得带出表情。后台供有“老狼神龛”,龛上面悬着的黑底金字横匾上写着“念兹在兹”。龛上还刻有“述古鉴今”的横额。

1937 年“七七事变”后,北平沦陷。王氏新一辈人不善经营,加上剧场建筑设备陈旧,终至停业。王氏后人以九十万元伪币将戏楼出让给一个名叫李文轩的日本翻译。日本投降后,李文轩将广和楼拆毁,准备重建。后因财力不足,李又被当局逮捕入狱,地皮交与银行做抵押,直至北平解放时,这里仍是一片瓦砾场。后来,中国人民银行出资重建,作为银行业的内部礼堂。后根据上级指示,该建筑交给北京市文化局。经重新修整后于 1955 年国庆节投入使用,更名广和剧场。五十年代至六十年代,广和剧场划归北京京剧团使用。号称五大头牌的马连良、谭富英、张君秋、裘盛戎、赵燕侠等著名京剧表演艺术家是当年该团的正副团长。“文革”开始后,广和剧场停止使用,七十年代末划归北京市河北梆子剧团。八十年代中期以后,又因戏曲演出不景气,从事过电影、录像的放映等业务。这座古老戏园遂成为历史的珍存。

我们知道,历史人物对历史总会有影响。皇帝信佛教,佛学研究就加强,老百姓中信佛教的人就多,寺庙里的香火就旺盛。中国京剧的成熟期、发展期、昌盛期就是在清代的同治、光绪年间,这与咸丰帝和慈禧太后对京剧的痴好有很大的关系。

慈禧也是京剧票友。她看戏分为本宫戏和外班戏,本宫戏是在长春宫内由内侍太监戏班演出,外班戏就是花钱请外面的“专业剧团”来演出。以光绪二十二年(1896 年)“差事档”统计,四喜、玉成、承庆、同春、宝胜和、义顺和、福寿等班社总共在紫禁城和颐和园演出近 50 场戏,每次获赏银多为 400 余两,最少也有 300 多两。慈禧等全年观看外班的花销不少于 2 万两白银。这对于刺激我国戏剧发展和提高艺术水平,创排精品,成熟京剧,起到了推波助澜的作用。慈禧在逃西安回銮后,再没有请外边戏班整班进宫演出。这一方面是为了顾及“影响”,王朝都危在旦夕了,还歌舞升平,显然不妥;另一方面也是由于此时京城里最为出色的京剧艺人都已选入升平署[①]，他们带入外间的新戏，随时可以在宫廷中演出。

清代举人沈宗畸对宫廷演出作过较详细的记载，还专门提到慈禧看戏的地方有一块阁横小匾，字为“陆润庠书”。《便佳簃移杂抄》中写道：

自慈禧柄政，乃大度其例。一月之中，传演至数次之多，并自编小梨园一部于内教坊。慈禧观戏处，名阅是楼，在养心殿右，距慈禧寝宫约数十步。正厅为楹三，慈禧自书额，中设宝座，暖阁复之。阁横小匾，长五六尺，字细不可卒读，仅辨下款为“陆润庠书”。厅前左右，有廊不甚广，凡福晋、命妇蒙特召者，均坐于是间。听廊四壁，被以金色缎，录《万寿赋》，字如胡桃大，皆南书房翰林手笔。戏台方式不甚大，而极华丽，是为宫内之小戏台。戏目慈禧自定，命内监传内务府人员，然后以黄纸大书口传懿旨，演某某戏，分粘之前后台。每一出上，必先有内务府司员二人，朝冠补服，自幕后出，分立台左右，谓之带戏，出止随之。所演多文戏，如《捉放曹》《定军山》《红鸾禧》之类。演毕，内务府照例犒赏。其尤负盛名各伶，则慈禧另赏以内帑，多寡无定额。各伶皆至台前谢恩讫，始由内务府人员领之出宫。

（周贻白：《中国戏剧史长编》，上海书店，2004 年出版，第 545 页）

陆润庠在青岛看戏，民间流传了他的一些趣事。

据青岛市文史研究专家鲁勇说：“陆润庠好京剧，但他从来不自己提出去看戏。别人喜欢叫好，捧角，而他正襟危坐，纹丝不动，不叫好，不鼓掌，有时还闭着眼睛，类似老僧入定。其实，陆润庠那是在倾心听戏，暗中击节，心中随唱呢。戏园子里的服务员见他一身布衣，认为他是高官的仆人，但又看到他坐在池座中央，都很奇怪，一问才知道是位‘相爷’。”鲁勇分析道：“他是个城府极深的人，喜怒不形于色，对于老一套的修炼已经到了极深的境界。”

1913 年，当时著名的女伶刘喜奎到青岛演出，戏班中人希望能拜见陆润庠，

---

① 升平署是清代掌管宫廷戏曲演出活动的行政机构，又称南府、南署，始于康熙年间。隶属于清廷内务府。乾隆时，南府规模较前扩大。道光七年（1827 年），将十番学并入中和乐内，增设档案房，改南府为升平署，仍主持宫内演出事务。该署于宣统三年（1911 年）撤销，前后历时 162 年。升平署旧址位于北京南长街南口路西，包括今北京六中和二十八中校舍。升平署内的戏楼院是保存较好的一组建筑物，建筑面积约 200 平方米，这座戏楼院是一组四合院，内有北向戏楼一座，四合院北房前出轩，适合观赏演出。为北京市重点保护文物。

于是派人给他送去戏票和邀请函。但陆润庠看惯了传统京戏的男扮女装，不喜欢新戏中女人扮演女人，就婉言拒绝了。大家都以为他不会来看戏了，但当大幕快要拉开的时候，他却意外地出现了，引来观众的一片掌声。陆润庠不仅去了，而且一听就是连续六天，一天不落。他还是一副老样子，端坐在那里，几乎是闭着眼睛，不叫好，不鼓掌，别人问他对戏的评价，他依然摇摇头。

一个孤独而矛盾的老人，一个有着深厚的道学和儒家文化学养的旧朝高级官员，即便是在看戏时，也表现得那么冷静而执着。

陆润庠对中国戏剧的理解，特别是他对京戏里梅派唱腔温润华贵特色的情有独钟，加上他的书法的浓重馆阁体风格和楹联的大开大合格局，基本构成了他的中国文化学养的框架，如果再加上他官场行政的剑走中锋和炉火纯青，那么，大体可以理解作为文人的陆润庠的全貌。

楹联家

现在我们来看陆润庠写的楹联。他的楹联具有工整而极富跳跃性的特点，这正与中国戏剧的特征相符，也与官场中于静处出奇迹有异曲同工之趣味。比如，陆润庠写过这样一副对联："蝌蚪尝收古鼎，龙蛇走遍老藤。"把最小的蝌蚪与最大的龙作为上下联的对偶词，其实人生也是充满了这样的起伏。还有一些对联，如："平江烟雨单衫皱，全蜀山川缩本摹"；"名花弄果雕栏护，古欹新铭小篆镌"；"公羊笔墨能超俗，司马文章妙入神"；"餐胜如归，聆善叵始；和神当春，清节为秋"；"威凤祥麟，浑金璞玉；松风水月，仙露明珠"；"春水方生，花来镜里；吾庐可爱，酒满床头"；"学古入官，于人有济；遵贤乐义，其德克明"；"纵横百家，才大如海；安坐一室，意古于天"；等等（凡是在本书每一章开头已经引用的楹联这里就不再写入，其意义应该说是相同的）。陆润庠题写的楹联一般不直接讲做官、做人、做事的道理，而是通过具体物象的描写和跃动式的思考，让读者自己在风花雪月、诗酒人文之外，细细品味出弦外之音。他在楹联中力图体现天与人的统一，人与物的统一，雅与俗的统一，文采与哲思的统一，知识与智慧的统一,历史与现实的统一。中国四大名园之一的苏州拙政园,其“远香堂”①内挂的陆润庠题写的52字长联:“旧雨集名园,风前煎茗,琴酒留题,诸公回望燕云,应喜清游同茂苑;德星临吴会,花外停旌,桑麻闲课,笑我徒寻鸿雪,竟无佳句续梅村。”字字无政治,却引人深思,充满了对做官、做人、做事的思考。拙政园另一处建筑内有陆润庠题写的楹联:“迎春地暖花争坼;茂苑莺声雨后新。”读者是不是也能从中看到作者内心对美好事物的向往,以及字外表达的对新生事物的展望呢?

陆润庠在青岛备受当地人尊重,这主要有三个原因。第一,他是状元。当时,清朝的官员上上下下很频繁,当过高官的人很多,但唯独状元是经过乡试、会试、殿试,三年才出一个的。第二,陆润庠当过皇帝的老师,即便民间有这样那样的评价,但不能否认他确有学问。第三,陆润庠是个著名的清官,贪污受贿从来与他无关。所以,在青岛,如果陆润庠和别人见面,或者出席聚会,只要他一进门,其他人都会起身尊称他“相国”。不过陆润庠大多目不斜视,沉默寡言。

在青岛传教的德国人卫礼贤对儒家文化非常倾慕,专门拜访陆润庠,说了很多仰慕的话。但陆润庠只对他说:“卫君欲为圣人之徒,学圣人之道,要去曲阜拜谒至圣先师。”于是,卫礼贤听了他的话,专程去了一趟曲阜祭拜孔子。后来,卫礼贤还在他《青岛的故人们》一书中写了陆润庠。在青岛的诸遗老中,陆润庠品位最高,日本人宗方小太郎拜见陆润庠,询问治理国家之道。陆润庠详细说了自己对清王朝灭亡的看法,认为主要是因为实施新政的时候过于着急,各方面承受不了。

陆润庠在青岛参与了逊清学部副大臣劳乃宣组织的“十老会”,这个团体还包括吕海寰、周馥、赵尔巽、张人骏、刘云樵、李惺园、童次山、王石坞等十人。他们常常会饮于周馥的书斋中,并赋诗以记之,他们还曾合拍过一张照片,称“十老图”。在这十个人中,陆润庠年龄不是最大的,但劳乃宣等还是推举陆润庠为

① 远香堂是中国四大名园之首拙政园(另三个分别是颐和园、避暑山庄、留园)中部的一个主要厅堂。古人造园,厅堂位置的确定均要再三推敲斟酌,因为古人认为“奠一园之势者,莫如堂”。所以,堂一般均位于离园大门不远的主要游览线上,是园内佳景的理想观赏点。远香堂的立基是这一造园理论的完美实践。堂是一座四平厅,平面为矩形。南北为主向,开有一列落地长窗,东西两面亦是,但一般均关闭,这一四周为窗的做法在古典园林营造学上称为落地明罩,能使厅堂内非常空透,方便赏景。堂之南数步,是一泓清池,其间一色清雅花砖铺地,池边栽广玉兰数株,枝叶婆娑。池上架一座小桥,跨水而去,通向彼岸的黄石假山和曲廊。山岩古拙,古榆依石,幽竹摇曳,坐厅中南望,是一轴自然古木竹石小景,看不出明显的入口腰门,堪称园林造景上“隔”的大手笔。

首。“十老会”经常举行一些活动，陆润庠在聚会时很少说话，而且一说就和其他人意见不合。十老中大多数人是同情袁世凯的，陆润庠听后虽然不直接反驳，但脸色铁青，使别人不知所措。不久十老会就名存实亡了，偶尔有机会聚会，也不邀请陆润庠参加。

这一时期，陆润庠也还偶尔参与少量的宫中活动。据溥仪1914年11月12日传下的谕旨，作为钦派筹划裁并事宜大臣，陆润庠参与了议定御前大臣处常年经费核定数目的事项，以及上虞备用处、向导处、虎枪处、御鸟枪处的裁撤事项等。

陆润庠对自己以写的文章好而能进入社会的盛宴之中所具有的偶然性，对自己老之将至更加感觉《孟子・尽心上》里孟子说的“天下有善养老，则仁人以为己归”的必然性，对自己因为走到一个汉人能走到的最高位置所能体验到的“高处不胜寒”的艰辛感，感慨万千。抚今追昔，他写了一首诗，作为人生的总结：

偶从海澨解征鞍，破涕同为一席欢。
入座尽多耆献在，暂归幸荷圣恩宽。
桃园不隔人间事，玉宇终愁高处寒。
回首觚棱劳寤寐，犹闻天语许甘盘。

（这是1914年陆润庠在青岛参加“十老会”成立大会发表的诗）

写过“数百年旧家无非积德，第一件好事还是读书”这副著名对联的张元济①，在听到陆润庠去世的消息后写下了一副挽联，他给予陆润庠的评价是：

使立朝不为奸慝所排，讵令人火热水深至此；
岂神州终有陆沉之祸，故夺我泰山梁木于先。

正所谓：人生之戏在台下，唱词还在功夫中。对仗缘于天与地，无须落笔自中庸。

① 张元济（1867—1959年），号菊生，浙江海盐人。出身于名门望族，书香世家。清末中进士，入翰林院任庶吉士，后在总理事务衙门任章京。1902年，张元济进入商务印书馆，历任编译所所长、经理、监理、董事长等职。新中国成立后，担任上海文史馆馆长，继任商务印书馆董事长。著有《校史随笔》等。1959年8月14日在上海去世。

感言与物议

这一章我们从陆润庠听戏讲到慈禧看戏，再讲到陆润庠的楹联，好像东扯西拉，没有什么内在联系。其实，这些都是表现在陆润庠身上的中国传统文化。

自古以来，中国主要有六个学术流派，即儒、道、墨、法、禅、兵。赵士林在《国学六法》一书中将其归纳为二十四个字：以儒做人，以道养生，以禅清心，以墨尽责，以法为基，以兵入市。这一说法不能说没有道理，但还不能把中国的思想历史说清楚。起码存在两个问题：一是这六种思想流派对后来的影响可是区别大了去了，影响最为深远的当推儒家思想，经典的四书五经，即《论语》《孟子》《大学》《中庸》《易经》《尚书》《诗经》《礼记》《春秋》等，影响了近八十代华人；二是在这些思想之上，或者说更加深一层次的，是什么思想？抑或说，所有中国传统的思想是不是应该做一个层次的划分，以及历史的划分？

陆润庠与众多历史人物一样，深受儒家思想影响是毫无疑问的。其主要思想是追求"中庸""和为贵""平衡"。问题是，儒家文化，或者进一步推而言之，中国传统文化，与现代化就一定是矛盾的吗？张成福在《公共行政学：管理、政治和法律的途径》的译者前言中写道："平衡各种结构和冲突正是公共行政的神髓所在。"

威尔逊在1887年因提出政治行政二分法而创立了行政管理学，中国唐代柳宗元就提出"周之失，在于制；秦之失，在于政，不在制"的论断，也包含了把"政"与"制"加以区分的道理。这说明，中与西，确实存在着可以相互师法、相互观照的地方。

当然，中国的官制与西方文官制度还是有着原则性的差别。事情绝对没有这么简单。在清末，连普通人都知道要向西方的现代化学习，陆润庠对中国传统文化十分熟悉，如果能将中西文化简单地进行嫁接，他焉能不知，何必那么痛苦地思考？他的老朋友张之洞提出的"西学中用"说，人们都比较熟悉。而陆润庠的思考可能比张之洞还要深些，起码是更加具有独特性。

在所有中国传统文化里，"道"的理念是最深厚、最底层的，也即是《易经》所体现的阴阳、变化、互应、刚柔相济、自强不息、厚德载物等等。《周易》是一部论变法的千古奇书。"道"的理念即为《易经》的核心思想。"道"用现在的语言讲就是"道路"，但不是具体马路的那个道路，是根本的道路，比如我国讲的"中国特色的社会主义道路”“道路自信”。《周易》之后出现的儒、道、法等流派，应该说，概出于“易”的这个源头。

这一思想发展到了朱熹那个时代，就产生了一个重要概念：“理”。朱熹是1130年生人，1200年离世。朱熹继承了儒学，兼采释、道各家思想，形成了一个庞大的哲学体系。这一体系的核心范畴是“理”。朱熹所谓的理，有几方面互相联系的含义：一是“理”为自然现象和社会现象的形而上者。他认为“理”是根本，逻辑上“理”先于“气”，即具体事物；同时，“气”有变化的能动性，“理”不能离开气。他认为万物各有其理，而万物之理终归一，这就是“太极”。二是“理”为事物的规律，是对“道”进行主观认识的客观存在。三是“理”又为伦理道德的基本准则。四是“理”在人的身上就是人性。每一个人和事物，都以“理”作为它存在的根据，都具有完整的“理”，就是说，“理”是为“一”的。朱熹的历史性贡献是，他把中国1000多年来不很系统的东方思想做了全面梳理，使之成为一个理论体系，并冠名为“理”。“理”的本意是物质自身的纹路、层次，如纹理、肌理，用来比喻客观事物本身的次序、规律。“理论”这个词虽然出现得要晚得多，但朱熹在哲学意义上用一个“理”字已经初步揭示了这个意思，就是说，理论是对世界存在的主体把握性认识。

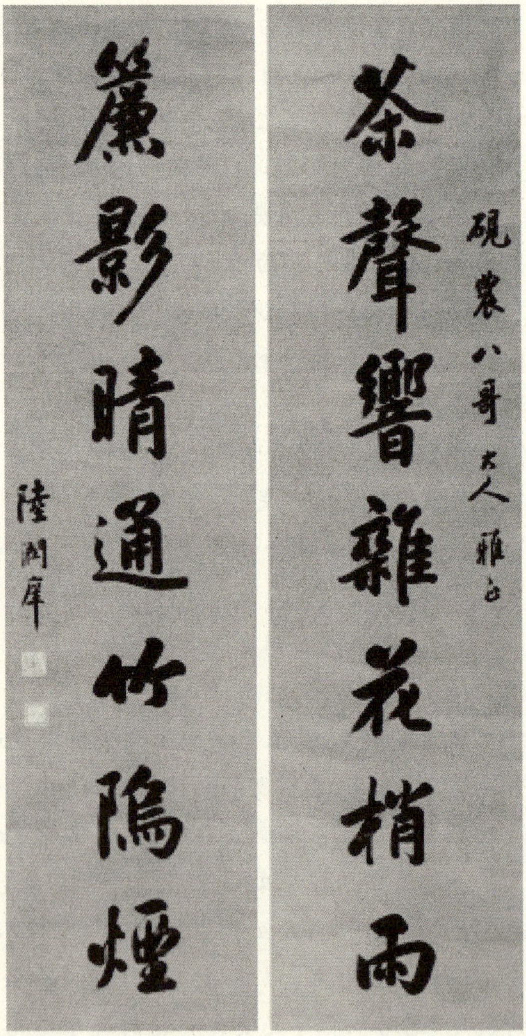

又过了大约1000年，到了19世纪末至20世纪末，人们大体用100多年的时间对2000多年来的中国传统社会进行了反思，提出了“制”“治”“管理”“变法”“改革”等思想，对传统的法家思想进行了

重新发现和挖掘。法家是中国历史上研究国家治理方式的一个古老学派，与其他诸子百家主要研究的哲学及宗教不同，法家的研究范围属于社会领域，更具有社会科学属性。法家的主要代表人物有李悝、管仲、子产、申不害、商鞅、韩非子、李斯、桑弘羊、王安石、张居正、严复、梁启超等。他们有一个共同的地方，就是主张社会变革、呼吁强化法制。法家讲的“法”是通过具体的法制、法治和变法等手段，做到“治者务法”，实现以法“定分止争、兴功惧暴”（《管子·七臣七主》）、“循名责实”（《淮南子·主术训》）、“刑名赏罚”（《韩非子·二柄》）、“时移而治、不易者乱”（《韩非子·心度》）、“不法古，不循今”（商鞅：《商君书》）、“法术势结合”等。法家的研究范围涉及法律、经济、行政、组织、管理等。19世纪末开始的变法实践，实际上就是将法家的思想与其他思想特别是儒家思想结合，呈现出渐渐远离“道家”的态势，却又在更高层次上回归了对“道”的追求，这是对中国传统文化做出的重大创新发展，其实质是要解决一个“制度”问题。《易·节》里有“天地节，而四时成。节以制度，不伤财，不害民”。孔颖达疏：“王者以制度为节，使用之有道，役之有时，则不伤财，不害民也。”《左传·襄公二十八年》中说：“且夫富，如布帛之有幅焉，为之制度，使无迁也。”宋代王安石在《取材》中说：“所谓诸生者，不独取训习句读而已，必也习典礼，明制度。”邓小平在1980年8月18日发表的《党和国家领导制度的改革》这篇重要讲话中提出，“制度问题更带有根本性、全局性、稳定性和长期性”。以上这些都是对中国2000多年来历史的深刻总结和反思。可以看出，中国文化中的“理”和“制”是在“道”的基础之上逐步归纳、实践出来的。中国特色社会主义的道路、理论、制度，是将马克思主义的基本原理与中国当代的实际结合的产物，其中中国之特色，来源之一便是中国传统的“道”“理”“制”。

这些想法，不是陆润庠的，是我在研究陆润庠的书法和其人、其文、其事中体验到的。

附录一：

陆润庠状元文

详养老于周政，帛与肉交足焉。（破题）[1]

夫欲老者之衣帛，故蚕桑有专责也；欲老者之无失肉，故鸡彘有定数也。周政之养老如此。（承题）

尝读《豳风》一篇，懿筐载绩，取以为裳；春酒羔羊，用以介寿，此言美俗之成，非详养老之事也。乃若辨种植之宜，勤女红者责无旁贷；尽孳生之利，饶物力者，数有常经，则不必考深衣之制，备贰膳之珍，而问耆艾于闾阎，夫固已挟纩有资，而常珍无缺矣。（起讲）

试即文王之治岐以观其老养，夫老者之所急者，非帛与肉哉？（入题）

葛衣宜夏不宜冬，而沤麻岂能卒岁；裘服宜表不宜里，献豚未即为温。老者而欲使衣帛，当思帛所自生矣。瞻檿柘于周原，而取斧取斨，无不载缫车而治茧，则其事有勤焉者也。（第一股）

藜藿岂难以下箸，而哽噎在所宜防。麋鹿亦取乎编萑，而草野何能常给。老者而使无失肉，当思肉所由致矣。陈几筵于豳馆，而荷蓑荷笠，莫不求刍牧以耒思，则其利有储焉者也。（第二股。以上为起二股）

夫不有蚕桑乎？嘉树而植彼中原，或恐伤我稼穑，则于五亩之宅为宜。春风采叶之辰，墙以筑而无虞逾折；夏日称丝之地，妇有职而独任勤劳，杼轴非空，庶可慰我胡耇也，则足以衣帛矣。（第三股）

夫不有鸡彘乎？微物而不资蕃息，奚能佐我饔飧，则必无失春时为可。桴粥详夏正之册，五之而伏卵者多；生纵载尔雅之篇，二而胎生者众。旨甘可奉，庶得娱我高年也，则足以无失肉矣。（第四股。以上为中二股）

吾乃由衣帛推之，而知老者之心有欣然者焉。高堂之愿望多奢，曲植籧筐，

① 括号里标注的是八股文每个段落的格式要求，为本书作者所加。

每乐课家人之生计。乃者夕阳散乱，或负曝而游沃之阴，见夫缩版既成，条桑者应鸽鹕而出；浴川甫皆，饲桑者听戴胜而来。其欣慰于娣姒之承欢者，固不独纤缟之足以适体也，而养其身非即养其心哉？（第五股）

吾乃由非失肉推之，而知老者之意有快然者焉。耄耋之精神犹健，牲牢埘桀，每乐睹物产之繁生。乃者日夕而观，或扶杖而数家珍之细。见夫率场啄粟，雌伏者哺雏而呼群；硕大蕃滋，豢养者放豚而入苙。其愉快于物类之咸若者，更不独食甘之足以属餍也，而养其志何啻养其口哉！（第六股。以上为后二股）

合观八口无饥，而文王之民，犹有冻馁者乎？此所以为善乎！（收结）

附录二：

陆润庠任职简表

同治九年(1870 年),由苏州府元和县学甄拔为优贡生送京,入北京金台书院学习。

同治十二年(1873 年),顺天乡试举人。

同治十三年(1874 年),会试成进士,殿试一甲第一名,成为同治帝时期最后一届科举生,清朝第 101 名状元,翰林院编修(正七品),翰林院修撰(从六品),掌修国史、官制史。

同治十五年(1876 年),湖南乡试副总裁,陕西乡试副总裁。

光绪八年(1882 年),南书房行走,会试同考官,翰林院侍讲学士,詹事府左赞善(从六品),詹事府右中允(正六品),詹事府司经局洗马(从五品),日讲起居注官,咸安宫总裁。

光绪十年(1884 年),南书房行走(正五品),翰林院侍读学士,詹事府司经局洗马。

光绪十一年(1885 年),翰林院侍读学士,提督山东学政。

光绪十二年(1886 年),应邀主持上海蕊珠书院讲席。

光绪十四年(1888 年),南书房行走,翰林院侍读学士(从四品),翰林院庶吉士,詹事府右庶子,国子监祭酒。

光绪二十年(1894 年),江西乡试正考官,国子监祭酒,内阁学士(正三品)、工部右侍郎(从二品)。

光绪二十一年(1895 年),在苏州创办苏纶纱厂、苏经丝厂。

光绪二十四年(1898 年),回京,继续任南书房行走,国子监祭酒,内阁学士(从二品),工部右侍郎。

光绪二十五年(1899 年),国子监祭酒,内阁学士兼礼部右侍郎并兼管钱法堂事务。

光绪二十六年(1900年),工部左侍郎兼礼部右侍郎,经筵讲官,告祭中岳大臣,户部左侍郎,都察院左都御史,两宫西巡时,奔赴行在,代言草制。

光绪二十七年(1901年),礼部右侍郎(尚书衔)。

光绪二十八年(1902年),礼部右侍郎临时兼户部左侍郎,兼都察院左都御史(从一品),医总局副总裁,顺天乡试副考官,赐“在紫禁城内骑马”。

光绪二十九年(1903年),临时兼工部尚书。

光绪三十年(1904年),会试副总裁。

光绪三十一年(1905年),工部尚书。

光绪三十二年(1906年),厘定官制大臣,尚书兼管顺天府府尹事务。

光绪三十三年(1907年),吏部尚书,进讲大臣,参预政务大臣,国史馆副总裁。

宣统元年(1909年),以吏部尚书身份入阁,任协办大学士、大学士(正一品)、体仁阁大学士,实录馆正总裁、实录馆稿本总裁。

宣统二年(1910年),东阁大学士,禁烟大臣。

宣统三年(1911年),弼德院院长,参与机务,宣统皇帝的首席师傅。

民国元年(1911年),宣统帝宣布退位,隆裕太后授陆润庠太子太保衔。

民国四年(1915年),陆润庠去世。已退位的清帝追赠其为太子太傅,谥号“文端”。

参考文献

一、档案资料

[1] 第一历史档案馆藏. 军机处. 朱批奏折.

[2] 第一历史档案馆藏. 军机处. 录副奏折.

[3] 第一历史档案馆藏. 军机处. 随手档.

[4] 第一历史档案馆藏. 军机处. 早事档.

[5] 第一历史档案馆藏. 光绪宣统两朝上谕档.

[6] 国家档案局明清档案馆编. 戊戌变法档案史料. 中华书局,1958.

[7] 故宫博物馆明清档案部编. 清末筹备立宪档案史料. 上下册. 中华书局,1979.

[8] 故宫博物院编. 清光绪朝中日交涉史料. 故宫博物院.

[9] 秦国经主编. 中国第一历史档案馆藏. 清代官员履历档案全编. 华东师范大学出版社,1997.

二、史料汇编

[1] 中国史学会主编. 中国近代史资料丛刊. 洋务运动. 上海人民出版社,1961.

[2] 中国史学会主编. 中国近代史料丛刊. 戊戌变法. 神州国光社,1953.

[3] 清华大学历史系编. 戊戌变法文献资料系日. 上海书店出版社,1998.

[4] 杨家骆编. 戊戌变法文献汇编. 第 3 册. 鼎文书局,1973.

[5] 中国史学会编著. 中国近代史资料丛刊. 中日战争. 第 1—7 册. 新知识出版社,1956.

[6] 中国史学会主编. 中国近代史资料丛刊. 中法战争. 新知识出版社,1955.

[7] 戚其章编. 中国近代史资料丛刊续编. 中日战争. 中华书局,1993.

[8] [清]张树蕃.清朝御史题名录.台北文海出版社.

[9] [清]戴璐辑.国朝六科汉给事中题名录.清光绪三十年刻本.

[10] [清]刘恩溥辑.国朝六科满蒙给事中题名录.清光绪十三年刻本.

[11] [清]盛康辑.皇朝经世文编续编.台北文海出版社,1972.

[12] 中国史学会编.辛亥革命.上海人民出版社,1959.

[13] 夏新华等整理.近代中国宪政历程史料荟萃.中国政法大学出版社,2004.

[14] 李舜臣、欧阳江琳编著.历代制举史料汇编.武汉大学出版社,2009.

[15] 章伯锋、顾亚编.近代稗海.四川人民出版社,1988.

[16] 舒新城.近代中国教育史料.上海书店出版社.

三、官书政书

[1] [清]延煦等.钦定台规.光绪朝版.

[2] [清]昆岗等.钦定大清会典事例.光绪朝.中华书局影印本.

[3] [清]托津.钦定大清会典事例.嘉庆朝.台北文海出版社,1992.

[4] [清]昆岗等.钦定大清会典.台北文海出版社.

[5] [清]朱寿朋编.张静庐等校点.光绪朝东华录.中华书局,1958.

[6] [清]刘锦藻.清朝续文献通考.浙江古籍出版社,2000.

[7] [清]章梫.康熙政要.中央党校出版社,1994.

[8] [清]左宗棠著.左宗棠全集.岳麓书社,2009.

[9] [清]乾隆官修.清朝文献通考.浙江古籍出版社,2000.

[10] [清]乾隆官修.清朝通典.浙江古籍出版社,1988.

[11] [清]张廷玉等.明史.中华书局,1974.

[12] [清]官修.清德宗实录.中华书局影印本,1987.

[13] [清]官修.清世宗实录.中华书局影印本,1987.

[14] [清]官修.清圣祖实录.中华书局影印本,1987.

[15] [清]世续、陆润庠等.宣统政纪.中华书局影印本,1987.

[16] [清]纪昀等.历代职官表.上海古籍出版社,1989.

[17] [民国]赵尔巽等.清史稿.中华书局,1976年.

四、笔记、文集

[1] 康有为.日本变政考.外二种[M].中国人民大学出版社,2011.

[2] [清]张之洞.张文襄公全集[M].台北文海出版社,1963.

[3] [清]左宗棠. 左宗棠全集[M]. 岳麓书社,2009.

[4] [清]陈夔龙. 梦蕉亭杂记[M]. 中华书局,2007.

[5] [清]胡思敬. 国闻备乘[M]. 中华书局,2007.

[6] [清]翁同龢撰. 陈义杰整理. 翁同龢日记[M]. 中华书局,2006.

[7] [清]江春霖. 江春霖集[M]. 马来西亚兴安会馆总会文化委员会出版,1990.

[8] 麦仲华、康同薇编. 戊戌奏稿[M]. 台北文海出版社影印本,1985.

[9] 中国科学院历史研究所主编. 刘坤一遗集[M]. 中华书局,1959.

[10] 梁启超. 饮冰室合集[M]. 中华书局,1989.

五、报纸杂志

[1] 东方杂志. 上海,1904—1913.

[2]《时报》,1904—1905.

[3] 梁启超主编. 新民丛报. 中华书局,2008.

[4]《大公报》,1905.

六、今人著作

[1] 艾永明. 清朝文官制度[M]. 商务印书馆,2003.

[2] 卞修全. 立宪思潮与清末法制改革[M]. 中国社会科学出版社,2003.

[3] 宝成关. 慈禧奕訢政争记[M]. 吉林文史出版社,1990.

[4] 陈寅恪. 寒柳堂集[M]. 台北文海出版社,1984.

[5] 茅海建. 戊戌变法史事考[M]. 生活·读书·新知书店,2005.

[6] 马勇. 晚清二十年[M]. 人民文学出版社,2011.

[7] 马勇. 超越革命与改良[M]. 上海三联书店,2001.

[8] 戚其章. 晚清史治要[M]. 中华书局,2007.

[9] 雷颐. 走向革命细说晚清七十年[M]. 山西人民出版社,2011.

[10] 林明. 中国法制史[M]. 上海人民出版社,2003.

[11] 萧功秦. 危机中的变革[M]. 上海三联书店,1999.

[12] 曾繁康. 中国政治制度史[M]. 台湾华冈出版有限公司,1979.

[13] 张金鉴. 中国吏治制度史概要. [M]. 台北三民书局,1981.

[14] 张金鉴. 中国文官制度史[M]. 台湾:华冈出版有限公司,1978.

[15] 杨天石. 晚清史事[M]. 中国人民大学出版社,2009.

七、学术、学位论文

［1］方梅、何凤英. 苏州状元陆润庠及其书法［N］. 苏州日报,2006 年 1 月 10 日.

［2］金春风. 明清八股文程式研究［C］. 中国知网. 博士论文库.

［3］李阳. 清末民初苏州士绅的转变与坚守［C］. 中国知网. 博士论文库.

［4］李书源、赵矢元. 晚清政治史研究的新探索［J］. 近代史研究,1990(5).

［5］李细珠. 张之洞与《江楚会奏变法三折》［J］. 历史研究,2002(2)

［6］裴伟. 晚清状元陆润庠与镇江［J］. 镇江高专学报,2006(7).

［7］曲振明. 清末四位状元实业家［N］. 人民政协报,2000 年 7 月 25 日.

［8］吴福环. 社会变迁中清政府的一个官员群体［J］. 河北学刊,1995(5).

［9］刘佰合. 试议清季科举制度改革舆论的发展过程［J］. 广西社会科学,2007.

［10］郑云波. 言官与光绪朝政研究［C］. 中国知网. 博士论文库.

后　记

“历史是个陌生的国度”。寻觅一百多年前的人与事有种远渡重洋之感。然而历史又是现实的镜子，在某种意义上说，历史就是现实。我们每个人都是在历史上存在过的人，我们都在写历史。

1962 年我上小学，开始是在苏州娄江小学，现在属于苏州新加坡工业园区的地面。学校紧临的娄江，是一条内河，从太湖的胥口出来，穿过苏州的娄门向东，一路迤逦百余里，由刘家港（在今太仓浏河，郑和七下西洋的首发地）入长江。娄江是苏州鱼米之乡的母亲河。我在那里只读了两年书，二年级期末转学到拙政园小学，其实从娄江到拙政园，也就两公里的样子，但小时候会感觉很遥远。转到拙政园小学后，我便与陆庆宪成为同学。因我们两家住斜对门，每天放学后常常轮流到对方家里去玩。有一次我哥哥在家，他见了陆庆宪就问：“你爸爸是不是叫陆晋？”陆庆宪说：“是啊。”我哥哥说：“陆老师教我们历史，他是清朝最后一个状元陆润庠的孙子，那陆庆宪你就是陆状元的重孙子啦！”我哥哥读初中就在陆晋当老师的苏州第六中学，后来上高中又是在陆润庠曾经读书的紫阳书院、现在的江苏省苏州中学，说起来与陆润庠状元还是校友呢。从那时开始，我就知道了，我幸运地与状元后代在一起读书，而且我们成了终生最好的朋友，我们一起在拙政园嬉戏，一起练书法，只是我用的帖是买来的黄自元临柳公权的，而陆庆宪用的帖是陆状元自己写的。小学毕业后，正是“文革”，我们一起进入了苏州市阳山中学，即苏州市第六中学，当时这个中学是由阳山瓷土公司的工人宣传队接管的，改名为阳山中学，后来又改回第六中学。我和陆庆宪都成了他的父亲陆晋的学生。我在 1969 年读初二时，随父母到了苏北盐城地区的射阳县。我和陆庆宪见面机会少了，但是一直保持通信，我每次回苏州都要去看他。这是我想写写陆润庠的缘由之一，就是给老师、老同学、老朋友作一个交流。

我 1982 年初从南京大学毕业后被分配到政府机关工作。报到后发现，我工作的地方与当年陆润庠的办公室只有一墙、一街之隔。这可以说是我想写写陆润庠的第一次真实的心动。之后由于工作关系，我见到过改革开放以来的历任总理。位于北京故宫西华门内的中国第一历史档案馆，我常常去那里，在纸面上与陆润庠又有了进一步密切的“联系”。陆润庠当时在北京的住址是在西四牌楼羊肉胡同①，离我工作的地点很近。这些，常常搅动起我萦绕在脑子里的一些想法，希望将关于陆润庠的一些东西变为文字，只是苦于工作忙，一直不能如愿。

最近，中央倡导学习历史，而且特别强调要学习两个 150 年前的历史，其中近 150 年就是晚清的历史。我终于可以把工作式的学习历史政治与闲暇式的研究历史人物有机结合起来了。

我通过写陆润庠，研究那段时期与陆润庠有关的重要人物，有了两个新的“发现”——一是以前我们那种学习历史的方法有点问题，看正规历史教科书，太枯燥；看戏说类历史小说，不可信；看一个个人物的传记，不全面。我这次学习历史的方法是，抓住一两个人物，围绕他们的所作所为，顺藤摸瓜，逐步了解历史的全貌。比如，看到某一天陆润庠与张之洞在一起吃饭，商议什么事情，就去查张之洞是什么人，他们俩的关系如何，在一起的时候常常谈点什么事，他们之间相互帮助做了什么？这样，既可以比较全面地了解历史，又比较容易激发学习历史的兴趣。这也是我想写陆润庠的缘由之一，就是弥补历史知识太少的缺憾。二是“书生难治国”，“状元不入朝”，究竟是不是这么回事？我没有结论，但书中有一些观点。

历史总是把冰山之一角留给人们。

晚清，是五大矛盾的历史交汇期。中国与西方列强的矛盾，封建制度与资本主义制度的矛盾，满汉之间的民族矛盾，腐败统治者与人民大众的矛盾，传统文化与现代文明的矛盾。这些矛盾导致这一时期成为中国数千年来变化最剧烈、最深刻的时期之一，政治、社会、经济、文化发生了巨大的位移。不要说当时的人们，即使后来的人，也难以看清楚全貌。要破解这个错综复杂的难题，唯有

---

① 老北京有五条“羊肉胡同”，最有名、历史最悠久且今尚存的羊肉胡同当属西四那一条。该名称自元代传呼至今，是北京得名最早的胡同。查有关资料可知，“胡同”之称始于元大都，当时元大都出现过 29 条胡同，但是只有两条胡同有文字记载，即羊肉胡同和旁边的砖塔胡同，这两条胡同可以说是北京胡同的“根”。陆润庠的宅院坐北朝南，大门外有影壁、上马石和石狮，院落五进，东部前为花园，中为祠堂，后为菜地，西北角是马号。

深入了解当时的人，既包括高层的人，也包括中底层的人、普通的人、名不见经传的人，如果仅仅看那些所谓的大事件、所谓的大人物，是不全面的。

陆润庠，晚清重臣，地位不低，但是在清代政治与行政史中只能算是个比较普通的人，在清史研究中算不上重要人物。他的代表性更多地体现在中国文人当官所特有的中庸之道，更多地体现在身处一个政治社会转型期、一个无法"中庸"的时代却仍然在做人做事方面坚守和奉行着中庸之道，从这一点说，陆润庠也是近代中国"士大夫"的一类典型。他作为官场中人，所经历的事件虽然很多最后不是由他决策的，但他在一整幅历史画卷里占有一笔，起到一定的作用，这是研究陆润庠的价值所在。基于此，在陆润庠离开我们一百年的时候，如果我不再去查找资料、写作本书，或许以后也不会有人来写，那么，我们可能会失去一个机会，一个寻找冰山下面的形成水流涌动的几个旋涡的机会。这是我想写陆润庠的另一个原因。当然，我不敢说我读懂了陆润庠，更不敢说读懂了晚清。只是希望能为研究中国近代史提供点滴佐证性资料及可能的启示，为回味中国最后的官方儒家文化代表性人物"温暖的乡愁"寻找一缕炊烟。

我参加工作已经有 40 个年头，在公共组织中也干了 30 多年，写过的东西不算少，现在稍微把笔锋转换一下，写点"别样"的文字，不是写自己，也可借机加入一点自己的评论，算是对行政管理研究工作的一个补充。

写这本书，既有一种疏离之感和隔膜之情，毕竟寻找陆润庠被湮没的史料确实不是一件容易的事，零零星星的材料之间很难连接和使之成为有机体；但又有一份穿越之感和亲近之情。陆润庠离开人世已经整整 100 年了，但他有的思想并未完全过时，如"成规未可墨守，新法斟酌行之，研求国内历史，以为变通"的稳妥变革意见；他的事迹仍有现实意义，如他作为"铁面御史"的廉洁自律；等等。"知往鉴今，驱曹荡吴，非同小可也。"（［明］无名氏《太平宴》）

历史学家顾颉刚说："苏州地主家庭训练子弟适应科举制度之才能，其技术性在全国为最高。就清代一朝而言，所出状元就占了其中的四分之一。"现在很多年轻父母都想把孩子培养成"状元"，看看陆润庠是怎样刻苦学习的，是怎样力求修身齐家治国平天下的，也会有一定的参考价值。

这里要特别感谢我的老父亲高铭尧，今年适逢他老人家九旬，耄耋之年，仍精神矍铄，陆庆宪每次去看望他，他都会马上告诉我"陆庆宪来过哉"，有时还和我讲起他与陆晋（陆润庠的孙辈）、朱敏（陆晋的夫人）一家当年做街坊，老朋友之间的一些往事。我要由衷地感谢陆庆宪、吴柏年、杨永勤、周建国、李兆平，我们从儿时直到现在并将在今后继续保持的友谊，是我写作的不竭动力。要感谢中国外文局方正辉副局长，我们30年的交情，凝聚成一壶浓浓烫烫的“状元红”，没有他的勉励，或许我还会拖很久。要感谢郭宝平友，他在繁忙的工作之余著述颇丰，成为我的榜样，他对张居正的研究给我很多启示，他还在我查找资料遇到困难时做了点拨。要感谢张康之、徐双敏两位教授为本书写了长序。要感谢苏州大学金太军教授和叶继红教授、苏州大学出版社的周建国同志和刘海同志对我的帮助。还要感谢我的各位同事，他们中有的以史学的眼光对书的初稿提出了相当专业的意见，有的从框架结构方面提出了中肯的观点，有的帮我搜集了不少资料，特别是刘杰和张红彬帮我联系草稿印刷和处理图文编排的事，实习生徐浩、硕士生严艺到国家历史档案馆、图书馆复印下载文献。最后，也是最重要的，要感谢妻子和儿子，他们是我生活的全部，我在业余时间的写作就是为了与他们一起享受共同的生命。

我不是从事历史研究工作的，除了哲学史之外，基本没有专门学过历史。本书肯定存在很多观点谬误及史料出入，敬请读者明示。

高小平

2014年7月